HISTÓRIA DA IMIGRAÇÃO NO BRASIL

HISTÓRIA DA IMIGRAÇÃO NO BRASIL

Luís Reznik
ORGANIZAÇÃO

FGV EDITORA

Copyright © 2020 Luís Reznik

Direitos desta edição reservados a
FGV EDITORA
Rua Jornalista Orlando Dantas, 9
22231-010 | Rio de Janeiro, RJ | Brasil
Tels.: 0800-021-7777 | 21-3799-4427
Fax: 21-3799-4430
editora@fgv.br | pedidoseditora@fgv.br
www.fgv.br/editora

Impresso no Brasil / *Printed in Brazil*

Todos os direitos reservados. A reprodução não autorizada desta publicação, no todo ou em parte, constitui violação do copyright (Lei nº 9.610/98).

Os conceitos emitidos neste livro são de inteira responsabilidade dos autores.

1ª edição: 2020; 1ª reimpressão: 2022; 2ª reimpressão: 2025.

PREPARAÇÃO DE ORIGINAIS: Ronald Polito
PROJETO GRÁFICO DE MIOLO E DIAGRAMAÇÃO: Abreu's System
REVISÃO: Michele Mitie Sudoh
CAPA: Estúdio 513
FOTO DA CAPA: Menonitas alemães alojados na Hospedaria de Imigrantes da Ilha das Flores. 1930. Acervo Laeti

Dados internacionais de Catalogação na Publicação
Ficha catalográfica elaborada pelo Sistema de Bibliotecas/FGV

História da imigração no Brasil / Luís Reznik (Organização). – Rio de Janeiro : FGV Editora, 2020.
254 p.

Inclui bibliografia.
ISBN: 978-65-5652-041-4

1. Brasil – Emigração e imigração – História. 2. Imigrantes – Brasil – História. I. Reznik, Luís. II. Fundação Getulio Vargas.

CDD – 325.81

Elaborada por Amanda Maria Medeiros López Ares – CRB-7/1652

Sumário

Apresentação 7
Luís Reznik

Imigração: aportes historiográficos 17
Lená Medeiros de Menezes

Nova Friburgo: a invenção da Suíça brasileira 39
Marieta de Moraes Ferreira

História da imigração (1830-1880) 65
Rui Aniceto Nascimento Fernandes e Julianna Carolina Oliveira Costa

A Grande Imigração no Brasil (1880-1930): números e conjunturas ... 91
Paulo Cesar Gonçalves

A década de 1920 e aspectos da imigração urbana para o Brasil 133
Paula Ribeiro

Política imigratória no primeiro governo Vargas (1930-1945) 159
Fábio Koifman

Entre deslocados e espontâneos: a imigração para o Brasil
no pós-Segunda Guerra 207
Luís Reznik e Guilherme dos Santos Cavotti Marques

Sobre os autores 251

Apresentação

Luís Reznik

O século XXI vive a maior crise humanitária, relacionada com deslocamentos migratórios internacionais, desde o fim da Segunda Guerra Mundial. A chamada crise dos refugiados é matéria obrigatória, e explosiva, em todos os países europeus, penetrando com força nas agendas eleitorais dos últimos anos. Ainda que essa onda tenha chegado de modo mais suave no lado de cá do Atlântico, o tema da imigração ganhou renovado impulso pelas novas correntes migratórias que o Brasil vem recebendo, tanto dos países da América Latina como dos países africanos e asiáticos. Nos últimos tempos, a crise na Venezuela e os milhões de evadidos deste país geraram reações diversas, da violência xenófoba ao acolhimento, em meio propício a usos políticos e eleitorais. A pandemia no ano de 2020 trouxe novos problemas, interdições e, na maior parte dos casos, restrições aos direitos das populações vulneráveis e também dos imigrantes recentes e indocumentados.

Esse contexto estimulou o desenvolvimento de inúmeras pesquisas. Em grande parte, são estudos interdisciplinares que abordam as temáticas dos deslocamentos migratórios internacionais contemporâneos. Geógrafos, sociólogos, antropólogos, demógrafos e outros profissionais das ciências humanas e sociais têm se debruçado sobre esse vasto e complexo território. Sob enfoques os mais variados, em especial abundam as abordagens a partir da memória dos indivíduos e grupos, em uma pegada autobiográfica e testemunhal.

Da mesma forma, como usual, os temas do presente incitam a curiosidade sobre o passado, lançando mesmo novas luzes e outras abordagens sobre as experiências pretéritas. As análises, do ponto de vista dos temas, métodos e abordagens, sobre presente e passado se retroalimentam.

8 • HISTÓRIA DA IMIGRAÇÃO NO BRASIL

De parte dos historiadores, uma obra publicada no crepúsculo do século XX, *Fazer a América* (Fausto, 1999), se tornou referência fundamental. A coletânea foi fruto de seminário, realizado em São Paulo, no Memorial da América Latina, em 1993. Reuniu um grupo de pesquisadores, em sua maior parte historiadores, para discutir a imigração em massa para a América Latina durante a Grande Imigração. A obra se tornou um marco importante, pois sacramentou, na historiografia brasileira sobre imigração, a guinada pós-estruturalista, relativizando a camisa de força de interpretações unívocas ancoradas na matriz *push-pull*, e, ao se afastar dessa vertente, configurava uma tendência já em curso naquele momento.

À exceção do relevante texto de Herbert Klein, com uma clara abordagem macroestrutural, por meio de considerações teóricas sobre "fatores de repulsão" e "fatores de atração", dos grandes contextos temporais, os demais capítulos dedicaram-se a aspectos das migrações étnico-nacionais, por vezes acompanhando trajetórias familiares em meio às cadeias migratórias. O organizador, Boris Fausto, afirma que o livro foi organizado "tomando como vertente básica as etnias imigrantes" (Fausto, 1999:10), em vários países latino-americanos, com predominância para os estudos na Argentina e no Brasil. Não por outra razão, todos os capítulos remetem a uma mesma temporalidade. Entre fins do século XIX e início do século XX, Argentina e Brasil receberam enorme afluxo de imigração estrangeira, especialmente, mas não exclusivamente, europeia. Ainda que as temáticas não fossem inéditas, certamente se tornaram predominantes nos estudos posteriores: os processos de construção de identidades étnico/comunitárias, o associativismo étnico, a participação política e sindical dos imigrantes, as inserções variadas em trabalho rural e urbano, a discriminação racial e as questões de gênero, entre uma multiplicidade de temas, abordagens e perspectivas teóricas e metodológicas.

Na historiografia didática dos bancos escolares, no Brasil, o tema da imigração se mantém confinado a esse momento histórico, em correlação com o estudo sobre a "substituição da mão de obra escrava pelo trabalho livre". Na última versão da Base Nacional Comum Curricular, consta como objeto de conhecimento, em história, somente no oitavo ano do Ensino Fundamental: "políticas migratórias no Brasil Imperial" (BNCC, 2018:422). Compreendemos que as narrativas historiográficas escolares e os livros didáticos da educação básica são coerentes com as sínteses, manuais e coleções que foram publicados no âmbito universitário.

Na primeira grande coletânea sobre a história do Brasil, a paradigmática *História geral da civilização brasileira*, publicada entre as décadas de 1960 e 1980, o tema se encontra, com exclusividade, em um dos volumes relativos ao Brasil Monárquico, "Livro Segundo", intitulado "Da escravidão ao trabalho livre", nos textos clássicos de Emília Viotti da Costa, Sérgio Buarque de Holanda e Teresa Schorer Petrone (Costa, 1967; Holanda, 1967; Petrone, 1967). Recentemente, mais de 40 anos após a publicação da HGCB, em coleção similar publicada pela editora Civilização Brasileira, mais uma vez o tema da imigração permanece restrito ao século XIX (Klug, 2009).

Pois bem, nos últimos 20 anos, os estudos sobre imigração se expandiram sobremaneira, sendo objeto de vários campos disciplinares. Da mesma forma, alargaram-se bastante os marcos temporais, para antes e depois da Grande Imigração. O *campo* dos estudos sobre imigração, em particular a história da imigração, se ampliou e se consolidou, com a constituição de pesquisadores, bibliografia e periódicos especializados. Em grande parte, as pesquisas se desenvolvem a partir da perspectiva da obra *Fazer a América*, a partir da investigação dos diferentes grupos étnico-nacionais: memórias, trajetórias individuais e coletivas, associativismo, entre tantas vertentes já referidas. Correlatamente, as publicações se organizam com foco na diversidade dos grupos nacionais, em coerência com as pesquisas desenvolvidas.

O livro, que ora oferecemos, é tributário desse movimento e, ao mesmo tempo, reflete a carência de publicações de corte cronológico nessa vasta bibliografia. Em diálogo com as pesquisas contemporâ-

10 • HISTÓRIA DA IMIGRAÇÃO NO BRASIL

neas, este livro se organiza em outra vertente. Pretende-se discutir os contextos históricos em sua integridade, correlacionando-os com as políticas imigratórias do Estado brasileiro e com os movimentos demográficos e deslocamentos migratórios internacionais. Para dar conta dessa proposta, ele se organiza em sete capítulos, conforme apresentados a seguir.

O artigo de Lená Medeiros de Menezes, *Imigração: aportes historiográficos*, propõe um balanço da historiografia da imigração no Brasil. A autora corrobora o que já foi afirmado nessa introdução: os estudos, por ela entendidos como pioneiros, publicados nas décadas de 1960 a 1980, tratavam fundamentalmente da experiência oitocentista, avançando até a Primeira Guerra Mundial. Os estudos posteriores se fizeram no interior das universidades, especialmente após a criação dos cursos de pós-graduação em história e sua disseminação por todo o país. São trabalhos com foco em temas os mais variados, regra geral, relacionados com algum grupo étnico-nacional, em alguma região do Brasil: portugueses e galegos no Rio de Janeiro e no Norte, espanhóis e italianos em São Paulo, alemães e italianos no Sul e no Espírito Santo, judeus em toda parte, entre outros. O mais significativo no artigo está no inventário dos vários estudos/trabalhos nas várias partes do Brasil. Forçoso reconhecer que a maioria dos trabalhos citados continua a se debruçar nos deslocamentos da Grande Imigração, com pouca atenção às migrações ocorridas desde o pós-Segunda Guerra.

Marieta de Moraes Ferreira aborda a imigração pioneira, nos primórdios do século XIX, em *Nova Friburgo: a invenção da Suíça brasileira*. O seu ponto de partida são as comemorações do bicentenário da imigração de 1818-1819, e os sentidos e usos políticos mobilizados nos dias atuais. Ao longo do capítulo, a autora argumenta na contramão da tese dominante sobre o fracasso da colonização suíça, defendendo o papel que a colônia de Nova Friburgo exerceu como polo de conexão das recém-inauguradas áreas cafeeiras em Cantagalo com a Corte e chamando atenção para o fato de que muitas famílias suíças alcançaram sucesso e conquistaram posições importantes nos quadros da

APRESENTAÇÃO • 11

nova região que se desenvolvia. Descreve, com argúcia, a partir dos contextos europeu e luso-americano da época, a política joanina de colonização bem como as perspectivas dos novos colonos suíços. O texto apresenta uma narrativa sobre as vicissitudes e sucessos de Nova Friburgo, ao longo das décadas seguintes, assim como a fascinante trajetória de uma das famílias, no melhor estilo micro-histórico.

Segundo Rui Aniceto Nascimento Fernandes e Julianna Carolina Oliveira Costa, o período que percorre boa parte do século XIX tem sido menos visitado pela historiografia. Os autores argumentam, no capítulo *História da imigração (1830-1880)*, que tem se dado maior destaque, de um lado, para as iniciativas imigrantistas promovidas no período joanino, de outro, aos debates pós-1870 em meio às discussões sobre o fim da escravidão e sua substituição na lavoura. Na medida em que, até a década de 1870, o ingresso de imigrantes seria inexpressivo, comparado ao período posterior, menos atenção foi lhe dedicado pela historiografia. Os autores lançam luz sobre o período a partir da análise da política imperial e dos grupos sociais e políticos que interagem e disputam a direção do governo. Como não podia deixar de ser, as políticas de imigração e de colonização — ora favorável para um lado, ora para o outro e, eventualmente, articulando as duas perspectivas — variaram de acordo com o grupo que estava no poder e que exercia maior pressão sobre a administração pública.

A mais expressiva época de deslocamento migratório entre a Europa e as Américas, em particular para o Brasil, é nomeada, não por mero capricho, a Grande Imigração. Esse período é tratado, com maestria, por Paulo Cesar Gonçalves no capítulo *A Grande Imigração no Brasil (1880-1930): números e conjunturas*. A análise dos processos migratórios, para o autor, exige um olhar multifacetado, "entre aspectos econômicos, sociais, políticos e culturais", impelindo a abordagens que conectem as escalas macro, meso e micro. Ao longo do texto, são analisados contextos econômicos e políticas públicas dos dois lados do oceano Atlântico, e disponibilizadas tabelas originais que apresentam, sob aspectos diversos, os volumes populacionais migratórios. O texto

12 • HISTÓRIA DA IMIGRAÇÃO NO BRASIL

acompanha detalhadamente as políticas de imigração dos governos imperial e republicano e do governo paulista, na medida em que São Paulo se constituiu, já no final da década de 1880, no principal receptor desses contingentes populacionais. Ao fim, como modo conclusivo, é apresentado um balanço das cinco décadas a partir dos grupos étnico--nacionais imigrantes, com foco em alguns estados da federação.

Paula Ribeiro, em *A década de 1920 e aspectos da imigração urbana para o Brasil*, aborda as especificidades do período entreguerras. Além das recorrentes motivações para emigração relacionadas com fome, miséria e desemprego, um novo contexto fez emergir outras inquietações. O fim dos grandes impérios europeus, o surgimento de novas nações, a ascensão de regimes autoritários e o recrudescimento de políticas identitárias intolerantes impuseram a indivíduos e grupos a busca de rotas de fuga em relação a perseguições religiosas, ideológicas e políticas. Justamente no pós-Primeira Guerra Mundial, os Estados Unidos, o país com maior recepção nas Américas, impõem restrições ao ingresso de imigrantes, e levas massivas de migrantes se direcionam para o Brasil. Nesse momento, se diversifica ainda mais o leque de grupos étnico-nacionais que ingressam no país. Em particular, o texto busca analisar a trajetória de árabes, armênios e judeus. Ao se estabelecerem primordialmente no meio urbano, a autora narra as vicissitudes encontradas por esses imigrantes no processo de enraizamento na cidade do Rio de Janeiro.

Em *Política imigratória no primeiro governo Vargas (1930-1945)*, Fábio Koifman segue, de forma sistemática e minuciosa, a política imigratória brasileira no período. O autor procede à descrição e análise de decretos, relatórios e documentação originada de agências governamentais atinentes, bem como interpreta suas ações. Da mesma forma, acompanha artigos nos periódicos especializados e a repercussão na imprensa do Distrito Federal. O autor argumenta que o pano de fundo da política imigratória do governo Vargas, não exclusiva a este, era inspirada por conceitos e princípios da eugenia, cujo desdobramento era o estabelecimento de uma imigração seletiva e restritiva. Ao longo de 15 anos,

APRESENTAÇÃO · 13

diversos e contínuos foram os esforços do governo para regular de maneira definitiva a imigração. Como nem sempre as medidas legais foram bem-sucedidas, novos decretos se sucederam, ao menos até o início dos anos 1940, quando, efetivamente, praticamente refluiu o deslocamento internacional de pessoas, devido ao avanço da guerra.

O capítulo que finaliza esta coletânea, *Entre deslocados e espontâneos: a imigração para o Brasil no pós-Segunda Guerra*, de Luís Reznik e Guilherme dos Santos Cavotti Marques, toma como premissa que o conflito internacional encetou novas reflexões e ações no trato dos fluxos internacionais, tanto ao criar massas humanas de "deslocados de guerra", novos refugiados políticos, étnicos e/ou ideológicos, como, ao aumentar a pobreza e os infortúnios da sobrevivência, acrescentou novos números aos emigrantes "econômicos". A fundação da ONU, a emergência de uma nova concepção em direitos humanos e uma nova correlação de forças internacionais ensejaram a criação da Organização Internacional dos Refugiados. O Brasil participou desse processo e de outros acordos para atrair imigrantes para o país. Dos "deslocados", no imediato pós-guerra, passando pelos acordos com o Comitê Intergovernamental para as Migrações Europeias, até os "espontâneos" ao longo de toda a década de 1950, os autores analisam as políticas governamentais, os debates político-intelectuais, os contextos e a composição dos fluxos migratórios que chegaram ao país.

Duas advertências são necessárias. A história da imigração no Brasil não se encerra, evidentemente, nos anos 1950. Nem a história nem a historiografia. Muito já se pesquisou e se publicou acerca dos fluxos migratórios internacionais e das políticas públicas brasileiras relacionadas com a imigração e imigrantes nos últimos 60 anos. Fica, portanto, a promessa de um novo volume dedicado à história recente da imigração no Brasil.

Como segunda observação, queremos sublinhar que, diante da multiplicação das pesquisas nesta área de conhecimento, o esforço de síntese é, a um só tempo, complexo e imperativo. Por ser complexo, as interpretações elaboradas nessa coletânea são, como quaisquer outros estudos historiográficos, suscetíveis ao bom e saudável debate intelectual. Entretanto, consideramos imperativa a construção de sínteses que articulem a miríade de trabalhos em torno da temática da imigração, na perspectiva de contextos históricos temporais delimitados. Nesse sentido, esperamos que o livro seja útil tanto aos pesquisadores do campo como aos estudantes que começam a se interessar, e se encantar, pelo tema da imigração.

Para finalizar, queremos registrar alguns agradecimentos. Em primeiro lugar, aos autores que prontamente se dispuseram a colaborar. Em especial, a Paulo Cesar Gonçalves e Rui Aniceto Nascimento Fernandes, pela instigante parceria na reflexão sobre os estudos sobre imigração e a trajetória de pesquisadores da área. As inquietações que deram origem ao livro foram suscitadas em meio às conversas com estudantes de graduação e pós-graduação, no Centro de Memória da Imigração da Ilha das Flores. Cumpre registrar que este grupo de pesquisa, coordenado por mim, é apoiado pelo CNPq e pela Faperj. Por fim, um agradecimento especial a Marieta de Morais Ferreira, editora da FGV, que de pronto compreendeu a relevância da proposta e aceitou publicar o presente volume.

Referências

BNCC. Base Nacional Comum Curricular, 2018. Disponível em: <http://portal.mec.gov.br/index.php?option=com_docman& view=download&alias=79601-anexo-texto-bncc-reexportado- -pdf-2&category_slug=dezembro-2017-pdf&Itemid=30192>.

COSTA, Emília Viotti da. O escravo na grande lavoura. In: HOLANDA, Sérgio Buarque de (Org.). *O Brasil monárquico*. Tomo II, v. 3: Reações e transações. São Paulo: Difel, 1967, p. 135-188.

FAUSTO, Bóris (Org.). *Fazer a América*. São Paulo: Editora da Universidade de São Paulo, 1999.

HOLANDA, Sérgio Buarque de. As colônias de parceria. In: _____ (Org.). *O Brasil monárquico*. Tomo II, v. 3: Reações e transações. São Paulo: Difel, 1967, p. 245-260.

KLUG, João. Imigração no Sul do Brasil. In: GRINBERG, Keila; SALLES, Ricardo (Org.). *O Brasil Imperial*. Volume III: 1870-1889. Rio de Janeiro: Civilização Brasileira, 2009, p. 199-231.

PETRONE, Teresa Schorer. Imigração assalariada. In: HOLANDA, Sérgio Buarque de (Org.). *O Brasil monárquico*. Tomo II, v. 3: Reações e transações. São Paulo: Difel, 1967, p. 247-296.

Imigração: aportes historiográficos

Lená Medeiros de Menezes

Considerações iniciais

Vivemos hoje uma "crise" sem precedentes no cenário dos deslocamentos internacionais. Um total de 175 milhões de pessoas, segundo a ONU, vivem fora de seus países de origem; parte delas como refugiadas, como resultado de guerras e, cada vez de forma mais visível, de catástrofes ambientais. Presença obrigatória nas pautas política e midiática de tempo presente, os processos migratórios vêm se destacando como campo privilegiado de pesquisa, acompanhando os avanços teóricos e metodológicos da história, que, a partir de meados do século XX, propiciaram o deslocamento do foco para o social, para o mental, para o cultural e para o afetivo, incluídos novos confortos do político, do demográfico e do econômico.

A transformação da e/imigração em objeto de reflexão acadêmica ganhou importante impulso a partir de meados da década de 1990 e, principalmente, após a virada do milênio, em uma temporalidade na qual se multiplicaram e se diversificaram os fluxos, impuseram-se tipologias, e processos discriminatórios foram ressignificados, condenando à falência propostas multiculturalistas. Acrescente-se o drama dos refugiados, que passou a forçar fronteiras nacionais, cada vez mais protegidas, elevando a tensão entre direitos humanos e direitos de exclusividade sobre o solo (Andrade, 1996).

Das explicações macro, conformadas pelo estruturalismo e por enfoques demográficos, surgiram temas novos, possibilitados pela diversificação das fontes e métodos, permitindo o estabelecimento de trânsitos capazes de tornar as migrações tema aberto à transdis-

18 • HISTÓRIA DA IMIGRAÇÃO NO BRASIL

ciplinaridade (Seyferth, 1990; Stolcke, 1986). Aos poucos, os estudos passaram a destacar o indivíduo e suas circunstâncias, desenhando novas cenografias e fazendo emergir narrativas humanizadas. Biografias, autobiografias e testemunhos, transformados em escrita da história, impuseram o diálogo permanente entre história e memória, no qual possibilidades inovadoras de reflexão se tornaram possíveis. Na perspectiva de uma individualidade que dialoga com a regularidade e o coletivo, pôde melhor ser demonstrada a complexidade que envolve os processos e práticas migratórias, dando relevo, entre outros aspectos, a clivagens raciais, econômicas e sociais. A fragmentação do objeto, entretanto, tendeu a colocar, em compasso de espera, análises de maior fôlego, o que, certamente, se torna um resgate necessário.

É importante destacar que o interesse pelos estudos migratórios tende a crescer sempre que os deslocamentos humanos ganham proporção passível de serem vistos como "problema", necessitando explicações e soluções. Nesse sentido, é preciso lembrar que os estudos históricos sobre o tema, em geral, não acompanharam a entrada, na pauta política e jornalística, dos deslocamentos transatlânticos que caracterizaram a chamada "terceira onda" dos processos migratórios, que correspondeu, no Brasil, à época da "grande imigração". A atenção acadêmica destacada sobre eles teve a temporalidade do Pós-Segunda Guerra. Olhar para os deslocamentos de massa da virada do Oitocentos para Novecentos alimentou, portanto, reflexões sobre os tempos vividos nos países de chegada, sendo importante destacar que, hoje, as chamadas "migrações históricas" continuam a ser as mais estudadas, ainda que sejam problemas do presente que continuam a pressionar o olhar para tempos pretéritos.

Nos caminhos seguidos a partir do pós-1945, para pensar um processo que, para existir, envolve lugares de partida e lugares de chegada, as contribuições dadas pela História das Relações Internacionais, de tradição francesa, não podem ser esquecidas. Ao contemplar as migrações no contexto das forças demográficas, uma das "forças profundas", contempladas por Pierre Renouvin (1967), nutriu reflexões

IMIGRAÇÃO: APORTES HISTORIOGRÁFICOS • 19

sobre a importância das migrações no cenário internacional, bem como sobre as tensões que envolviam um processo que unia o "lá" ao "cá". Acrescente-se, décadas depois, a atenção dada por J. B. Duroselle ao conceito de "estrangeiro", com reflexões sobre o sentido de exterioridade que ele traduz — ainda não devidamente considerado pelos historiadores —, distanciando-se, portanto, da significação de "imigrante", cujo prefixo "in" denota, em última instância, inclusão. Afinal, ao ultrapassar uma fronteira nacional, a identidade que é imposta àquele que se desloca é sempre a de "estrangeiro", seja ele imigrante econômico, exilado, asilado, refugiado, apátrida ou expatriado. A exterioridade que se mostra inerente à sua condição de estrangeiro leva-o a despertar desconfiança, quando não medo e xenofobia, e não esqueçamos que o "medo ao estrangeiro" foi contemplado por Jean Delumeau (1989) como um medo permanente na história.

Analisar a historiografia brasileira sobre imigração, que tem em Boris Fausto (1991) uma referência pioneira, para além das dificuldades postas pela amplitude e complexidade do tema, que interpõe armadilhas na elaboração de qualquer síntese, constitui, certamente, uma assumida ousadia, em um país de dimensões continentais, com muitos espaços e temporalidades. A partir dessas considerações, este trabalho deve ser considerado um ensaio germinal, passível de retificações e acréscimos.[1]

Incorporando diálogo travado com Maria Izilda de Matos, descartados trabalhos esporádicos de tempos pretéritos, é possível apreender três momentos principais na produção historiográfica brasileira no Pós-Segunda Guerra. Uma primeira geração de pioneiros, nos idos de 1960-70, impulsionou estudos demográficos e econômicos, com conformações estruturalistas (Hall, 1969). Uma segunda geração ganhou visibilidade nos anos 1980-90, a partir da abertura da história para o

---

[1] As obras citadas são apenas indicativas de determinados enfoques, mas não representam a amplitude de seus autores e não necessariamente expressam a riqueza ou a importância dada a elas por seus autores.

20 • HISTÓRIA DA IMIGRAÇÃO NO BRASIL

social, que ampliou o escopo de temas, fontes e abordagens. Finalmente, uma terceira geração, influenciada por um campo científico aberto em muitas direções, influenciados pela perspectiva cultural que acompanhou a "virada linguística" (Palti, 2012), que trouxe de volta a narrativa, com abordagens micro que tornaram o imigrante "partícipe" na escrita da história. Em termos do recorte por nacionalidades, essa geração tem protagonizado um processo de regionalização, que põe em cena galegos, andaluzes, pomeranos e, no caso dos italianos, os do Vêneto, Lombardia e outros.

Analisando-se a temporalidade que se estende dos anos 1960 às primeiras décadas do século XXI, observamos, de modo geral, que a priorização dada à imigração rural cedeu lugar aos estudos sobre imigração urbana, ainda que os itinerários espaciais percorridos por imigrantes ainda demandem análises. Nesse movimento, multiplicaram-se análises sobre a atuação do imigrante em determinados processos, como desenvolvimento da industrialização (Hall, 1957), movimento operário (Maran, 1979); a questão do acolhimento (Ramos, 2011; Reznik, 2016; Gonçalves, 2017); redes de apoio e solidariedade (Truzzi, 2008); questões relativas à família (Scott, 2014) e ao gênero (Boschilia e Fiamoncini, 2013; Menezes e Matos, 2017); associativismo (Fonseca, 2007) e uma gama de outros aspectos. Destaque-se, por outro lado, que essas diferentes temáticas tendem a ser são desenvolvidas com o foco posto nas nacionalidades dos que imigram, com concentração de trabalhos no caso dos italianos, alemães e portugueses. Nesse tipo de recorte, uma interessante constatação são as "espirais de silêncio" (Noelle-Neumann, 2020) que se mostram presentes no caso da imigração chinesa. Por último, cabe uma lembrança ao trabalho que vem sendo desenvolvido por grupo de pesquisa da UFRJ, sobre os trânsitos entre migrações e comunicação, com interseção com a questão da identidade e interculturalidade (Elhajji, Cojo e Amparo, 2020).

Há obras de maior fôlego que buscam mapear os diferentes povos, presentes em território brasileiro, por meio do diálogo entre autores dos dois lados do Atlântico, com destaque para trabalhos sobre os italianos (Trento, 1988; Franzina, 2006; Matos et al., 2020); sobre espanhóis (González Martínez, 1999), sobre franceses (Vidal e Lucca, 2008; Fléchet, 2017) e sobre portugueses, sobre os quais merecem menção os 11 livros já publicados sobre o tema (2008-19),[2] com trabalhos desenvolvidos no âmbito do projeto "Emigração portuguesa para o Brasil", coordenado pelo Centro de Estudos de População, Economia e Sociedade, vinculado à Universidade do Porto, com participação de várias universidades portuguesas e brasileiras.

Acrescentem-se trabalhos sobre temas "à margem", com destaque para a prostituição — especialmente o tráfico de brancas de virada dos séculos XIX para o XX —, para estudos sobre vadiagem e crime e para trabalhos que dão ênfase à dialética travada entre contestação e repressão (Menezes, 1996).

Um olhar panorâmico sobre um "continente" chamado Brasil

Os primeiros trabalhos a ganhar visibilidade sobre imigração no Brasil datam dos anos 1950-60, grande parte deles centrados em São Paulo. De obras gerais, como a conhecida *História da civilização brasileira*, os estudos sobre imigração em São Paulo começaram a se tornar objeto específico de análise, ligado a nomes de pioneiros, como Maria Teresa Petrone, Boris Fausto, Lucy Maffei Hutter, Maria Beatriz Nizza da Silva e Michael Hall.

Inicialmente, a dimensão da imigração rural e da "substituição do escravo pelo imigrante", com o foco na lavoura cafeeira, tendeu a ser priorizada. O livro *Da senzala à colônia*, de Maria Emilia Viotti da Costa (1966), é, com relação a essa abordagem, menção obrigatória, seguindo-se outros, nas próximas décadas (Pereira, 1974; Vangelista, 1991; Bessanezi, 2019).

Sobre imigração urbana, os estudos tenderam a ter, como foco inicial, o mundo do trabalho, com destaque para o empreendedorismo

---

[2] Maiores informações em: <www.cepese.pt/portal/pt>.

de imigrantes como Matarazzo,[3] bem como o operariado, e mesmo quando o objeto não eram os imigrantes, menções a eles faziam-se obrigatórias.[4] No tocante ao movimento operário, sua pujança, na cidade de São Paulo, colocou o foco sobre a participação de italianos e espanhóis, geralmente anarquistas, considerados "ave de arribação" e responsáveis pela desordem urbana. Ainda nos anos 1970, um trabalho pioneiro com relação a um olhar deslocado para outras cidades paulistas foi o estudo sobre alemães em Santos (Pereira, 1974).

Dos anos 1970 em diante, com maior força a partir dos anos de 1990, multiplicaram-se trabalhos com o foco direcionado para imigrantes de diversas nacionalidades, analisados de perspectivas variadas, não só em relação à cidade de São Paulo, mas, também, com relação a cidades litorâneas, com destaque para Santos (Frutuoso, 1989) e cidades do interior (Scott, 2006 Truzzi, 2016), tendência que ganhou impulso com a difusão dos programas de pós-graduação que acompanharam o processo de interiorização das universidades paulistas.

Discriminados os imigrantes por nacionalidades, destacam-se trabalhos sobre italianos (Hutter, 1972; Alvim, 1986); sobre portugueses (Scott, 2006; Matos, 2013), com especificidades no caso açoriano (Angelo, 2015); sobre espanhóis (Canóvas, 2009); sobre japoneses (Bacelar, Sakurai e Lessa, 2009); sobre judeus (Tucci Carneiro, 2017);[5] sírios e libaneses (Truzzi 2008); franceses (Bivar, 2007); sobre ucranianos e outros.

No Rio de Janeiro, os estudos sobre imigração são mais tardios, em virtude, em grande parte, da presença majoritária de portugueses, que "imigrantes conhecidos" (Duroselle, 2000), tenderam a ganhar "invisibilidade pelo peso da presença", conforme venho conceituando esse processo. Para a quebra dessa "invisibilidade", contribuíram, decisivamente, os trabalhos de Eulália Lobo, pioneira que não pode

---

[3] Com o ressurgir da biografia no campo da história, eles voltaram a se transformar em objeto de estudo. Ver, por exemplo, Couto (2004).

[4] Deve ser mencionado, por exemplo, o trabalho de Maria Izilda de Matos (1996), sobre as sacarias para o café em São Paulo, defendido como tese de doutorado em 1991.

[5] Destaque-se, também, a contribuição de Anita Novinsky, que fez escola.

IMIGRAÇÃO: APORTES HISTORIOGRÁFICOS • 23

ser esquecida no tocante à imigração portuguesa, inicialmente com seu trabalho sobre indústria e comércio (Lobo, 1978), no qual a autora faz menção aos imigrantes, e, posteriormente, em seu livro sobre a imigração portuguesa (Lobo, 2001). Seguiram-se as contribuições de Gladys S. Ribeiro (1980), sobre antilusitanismo na Primeira República, e as da autora deste ensaio historiográfico que, ao analisar a expulsão de estrangeiros indesejáveis (Menezes, 1996), deu destaque à participação portuguesa no mercado de trabalho, evidenciando, pela primeira vez, que os movimentos anarquista e operário na cidade tinham "sotaque lusitano".

A influência cultural francesa no antigo Distrito Federal ensejou, por outro lado, estudos sobre franceses, com focos dirigidos, principalmente, para a moda, para as modistas, para o teatro de variedades (Menezes, 2007), para a prostituição e para aspectos ligados à cultura e civilização. Muitos desses trabalhos compõem o livro *Franceses no Brasil*, já mencionado.

Em finais do século XX e, principalmente, no novo milênio, os estudos sobre a presença estrangeira no Rio de Janeiro ampliaram-se, com análises sobre a imigração galega (Sarmiento, 2017), majoritários no escopo da imigração espanhola para a cidade; sobre a italiana (Pereira, 2008),[6] sobre a alemã (Lenz, 2008), sobre a japonesa (Inoue, 2006) e outras.

Para a cidade de Niterói, citem-se trabalhos sobre Portugal pequeno, sobre madeirenses e sobre a presença judaica na cidade, vinculados ao grupo de pesquisa liderado por Ismênia de Lima Martins (Corte, 2013). Com relação à presença de imigrantes nos diferentes municípios do Rio de Janeiro, essa carece, ainda, de estudos, concentrando-se os estudos mais expressivos nos processos de colonização e na presença de alemães em Petrópolis (Resende e Knibel, 2002) e suíços em Nova Friburgo (Nicoulin, 1996).

---

[6] Ainda que se trate de uma socióloga, não de uma historiadora, deve ser dado destaque à obra de Cleia Schiavo, sobre italianos no Rio de Janeiro.

24 • HISTÓRIA DA IMIGRAÇÃO NO BRASIL

Tomando os processos de colonização nos estados do Paraná, Santa Catarina e Rio Grande do Sul como objeto de análise, responsáveis, segundo Núncia Santoro (2011), pela "transformação da fisionomia política, econômica e social do sul do Brasil", é possível evidenciar a relação estabelecida entre imigração e pequena propriedade, a partir da ideia da ocupação de "espaços vazios", hoje polemizada.

É importante dizer que os portos de Paranaguá, São Francisco do Sul e Rio Grande figuram, nos relatórios ministeriais, como locais de desembarque de imigrantes na Primeira República, sendo essa uma comprovação inequívoca da importância dos fluxos dirigidos para a região.

No Paraná, a transformação da imigração em objeto de pesquisa, segundo Joeli de Mendonça (2015), deveu-se ao "Parananismo", movimento intelectual que, estabelecido em finais do século XIX, buscou forjar uma identidade associada à imigração. Destaca a autora a importância pioneira assumida, nesse sentido, por Romário Martins (1941). Há que se lembrar, também, outros trabalhos pioneiros, como os de Altiva Balhana e Cecília Westphalen (1969).

No enfoque de cada uma das nacionalidades que contribuíram para o povoamento e para a cultura paranaense, têm destaque trabalhos sobre ucranianos (Andreaza, 1999), sobre poloneses (Boschilia, 2004), sobre alemães (Nadalin, 2000) e sobre portugueses (Boschilia e Fiamoncini, 2013; Cavazzani, 2014), com ampla participação de pesquisadores ligados à Universidade Federal do Paraná (UFPR), que, por meio de seus grupos de pesquisa, ampliaram os estudos sobre migrações.

Em Santa Catarina, em inícios do século XX, a colonização já era questão importante, presente em obras gerais sobre a história do estado, e em trabalhos que davam destaque à presença dos alemães da colônia D. Francisca (Joinville) e dos imigrantes fixados em colônias do vale do Itajaí (destaque para Blumenau e Brusque), seguindo-se o interesse para as colônias italianas.[7] Os trabalhos sobre os açorianos

---

[7] Entre outros, ver: Piazza (1982), Hering (1987), Ternes (1981), Grosselli (1987); Richter (1986).

IMIGRAÇÃO: APORTES HISTORIOGRÁFICOS • 25

tiveram em Nereu do Vale Pereira um precursor, voltados para as tradições folclóricas desse povo, tendo continuidade, para a ilha de Santa Catarina, com Maria Bernardete Flores (1998). As múltiplas nacionalidades contribuíram para o povoamento do território. Segundo Corola (2010:549), uma

> visão positivista da colonização perpetua-se por uma constelação de espaços e interesses que alimentam uma profusão constante de valores ideológicos e simbólicos, agora cada vez mais patrocinada pela indústria do turismo [...]. A rede de festividades que forma uma espécie de *marketing* das identidades étnicas inclui várias modalidades: festas do colono, associações étnicas, encontros de famílias, programas de rádios, *sites* na *internet*, intercâmbios e convênios com países europeus, jornais impressos e eletrônicos etc.

Esse "*marketing* de identidades étnicas" tem se expandido bastante pela área de colonização alemã e italiana, com destaque para determinadas rotas (Rota dos Imigrantes), com a criação de museus a céu aberto e parques étnicos, que permitem travar contato com o cotidiano da vida dos colonos. Não deve ser esquecido, por outro lado, que os estudos migratórios vêm sendo impulsionados não só pela universidade federal, mas, também, pela estadual, onde se projeta o nome de Gláucia de Assis, que vem se dedicando, principalmente, às migrações de tempo presente.

No Rio Grande do Sul, escritos sobre a imigração alemã, italiana e açoriana já integram obras gerais, nos anos 1950, constando, de uma primeira geração, nomes como Dante de Laytano, Balduíno Rambo, Carlos Hunske, Helga Picollo, René Gertz e outros. Em finais dos anos 1960, a tese de Jean Roche, sobre colonização alemã, consagrou esse tema, e, nos anos 1970, o surgimento de programas de pós-graduação e as comemorações sobre o sesquicentenário da imigração alemã e o centenário da imigração italiana foram fatores que impulsionaram pesquisas, que, a partir de então, tiveram cres-

26 • HISTÓRIA DA IMIGRAÇÃO NO BRASIL

cimento contínuo, podendo ser citados: Luiz de Boni (1996), Martin Dreher, Rosane Neumann, Regina Weber, Antonio de Ruggiero e, mais recentemente, Maria Vendrame (2016). No caso específico de Porto Alegre, o destaque recai sobre Núncia Santoro (1991); sobre judeus, em Jeffrey Lesser (1991), sobre açorianos e sobre arte e cultura, em Eloísa Capovilla Ramos (2005). Registros também devem ser feitos aos autores de obras sobre poloneses na região serrana (Kozowski, 2003), sobre Santa Maria e entorno (Padoin, 2016) e sobre Caxias do Sul (Iotti, 2001).

Nos estados de Minas Gerais e Espírito Santo, embora a presença imigrante tenha menos visibilidade se comparada a outros estados da federação, alguns trabalhos vêm se dedicando a mapear e analisar essa presença. No caso de Minas Gerais, estado sem litoral e, portanto, com ausência de porto de desembarque, ao contrário do Espírito Santos, onde o porto de Vitória dava entrada a imigrantes, a imigração estrangeira foi menos expressiva do que nos estados do litoral, o que não significa que não haja esforços em trabalhar o tema, destacando-se os trabalhos de Norma Monteiro (1994), sobre imigração e colonização no estado, e o de Junia Furtado (2009), sobre franceses.

No caso do Espírito Santo, há registro de obras que analisam a presença do imigrante desde os anos 1960, com um foco inicial colocado sobre os italianos (Roche, 1968). Em tempos mais recentes, pesquisadores vêm se dedicando a análises sobre a presença multiétnica no estado (Dadalto e Beneduzzi, 2020), sobre italianos, em especial do Vêneto (Novaes, 1980), e sobre alemães, pomeranos principalmente (Rölke, 1996; Manske, 2015).

Focando-se os estados do Norte, o primeiro fato a ser lembrado é que, à época da Grande Imigração, havia grande entrada de imigrantes pelo porto de Belém, principalmente de portugueses, o que tornou a cidade a terceira do país em termos de chegada de fluxos orientados de Portugal. Sobre essa presença, destacam-se os trabalhos de Edilza Fontes (2016) e Maria de Nazaré Sarges (2009), responsáveis pela disseminação do tema entre seus orientandos. Para o Amazonas, Maria

IMIGRAÇÃO: APORTES HISTORIOGRÁFICOS • 27

Ugarte Pinheiro (2017, 2019), em especial, vem produzindo trabalhos sobre portugueses e espanhóis em Manaus, dando destaque à imprensa étnica da cidade.

Nos estados do Nordeste, também houve desembarques pelos portos de Salvador e Recife. Com relação à produção histórica, podem ser citadas obras mais gerais, como o trabalho *A Itália no Nordeste* (Andrade, 1992). O mesmo autor analisa a presença dos italianos em Pernambuco (Andrade, 1996). Há, ainda, estudos sobre italianos na Paraíba e Rio Grande do Norte (Teixeira, 2016). Na Bahia destacam-se obras sobre italianos (Azevedo, 1991), galegos (Bacelar, 1994; Braga,1995) e alemães (Menezes, 2003). Na Paraíba, destaque-se trabalho sobre italianos (Mello, 1996) e, para Sergipe, a obra geral sobre imigração europeia no estado (Ennes, 2011).

Para a região Centro-Oeste, para onde afluem, principalmente, migrações fronteiriças, o destaque fica com estudos sobre italianos (Gomes, 2011).

O tempo presente e considerações finais

As migrações de tempo presente, que deram impulso renovado ao estudo das migrações históricas, constituem, entretanto, uma produção ainda incipiente, mesmo que o Brasil, do pós-1990, tenha se tornado — por algum tempo e novamente — país de imigração e de refúgio para povos fronteiriços e para povos que tinham, de alguma forma, conhecimento sobre o país. As previsões de Myron Weiner (1995), com relação aos deslocamentos no interior de subsistemas internacionais, tiveram, assim, algum tipo de confirmação, por conta da posição do país como líder do subsistema formado pela América do Sul.

Já é possível travar contato com uma produção que contempla a imigração de bolivianos (Baeninger, 2012, peruanos, venezuelanos e, no tocante a deslocamentos de maior distância, de angolanos (Demartini, 2009), senegaleses, ganeses (Jung, Assis e Cechinel, 2018), haitianos (Baeninger et al, 2016), sírios e outros.

28 • HISTÓRIA DA IMIGRAÇÃO NO BRASIL

Estudar as migrações de tempo presente, porém, é desafio de grandes proporções, devido à complexidade dos fluxos, nos quais refugiados e migrantes econômicos travam importantes diálogos, e dos jogos internacionais de poder. Como analisar, por exemplo, o êxodo venezuelano, sem levar em conta as disputas ideológicas e o boicote internacional, em um país que não tem autossuficiência na produção de alimentos? Quem sabe, por questões como esta, grande parte dos estudos relativos a esses deslocamentos venha sendo desenvolvido pelo campo das relações internacionais, que, muito recentemente, vem contemplando as migrações, no escopo das novas correntes teóricas de combate que, para além da High Politic, contemplam novos atores.

Em um tempo atravessado por individualismos exacerbados, por ódios irracionais, pela prevalência do capital sobre o homem, pelo retorno do conservadorismo e do irracionalismo, pela explosão de seitas facciosas, por autoritarismos ressignificados e pela escalada da violência, a questão da defesa dos direitos humanos vem forçando as fronteiras físicas e ideológicas do Estado-nação, tal qual foi ele foi criado no século XIX, aprofundando tensões nas relações entre o "eu" e o "outro" e entre o nacional e o estrangeiro. Tempos, efetivamente, de perplexidades e de mudanças.

Referências

ALVIM, Zuleika. *Brava gente!* Os italianos em São Paulo. 2. ed. São Paulo: Brasiliense, 1986.

ANDRADE, José H. Fishel. *Direito internacional dos refugiados*: evolução histórica — 1921-1952. Rio de Janeiro: Renovar, 1996.

ANDRADE, M. C. de. *A Itália no Nordeste*: contribuição italiana no Nordeste do Brasil. Recife: Fundação Joaquim Nabuco. 1992.

_____. A Colônia Italiana em Pernambuco nas décadas de vinte e trinta. In: BONI, L. A. de (Org.). *A presença italiana no Brasil*. Porto Alegre: Escola Superior de Teologia São Lourenço de Brindes; Turim: Fondazione Giovanni Agnelli, 1996. v. III.

ANDREAZZA, Maria Luiza. *O paraíso das delícias*: um estudo da imigração ucraniana — 1895-1995. Curitiba: Aos Quatro Ventos, 1999.

ANGELO, Elis R. B. *Trajetórias dos imigrantes açorianos em SP*. Jundiaí: Paco, 2015.

AZEVEDO, Thales de. *Italianos na Bahia e outros temas*. Salvador: EGBA, 1991.

BACELAR, Carlos de A. Prado; SAKURAI, Célia; LESSER, Jeffrey. *Kasatu-Maru* — uma viagem pela história da imigração japonesa. São Paulo: Imprensa Oficial, 2009.

BACELAR, Jeferson. *Galegos no paraíso racial*. Salvador: Ianamá; Ceao; CED, 1994.

BAENINGER, Rosana (Org.). *Imigração boliviana no Brasil*. Campinas: Unicamp; Obs. das Migrações de São Paulo, 2012.

_____ et al. (Org.) *Imigração haitiana no Brasil*. Jundiaí: Paco, 2016.

BESSANEZI, Maria Silvia. *Colonos do café*. São Paulo: Contexto, 2019.

BIVAR, Vanessa. *Vivre à St. Paul*: os imigrantes franceses na São Paulo oitocentista, Tese (doutorado) — Universidade de São Paulo, São Paulo, 2007.

BONI, Luís A. de (Org.). *A presença italiana no Brasil*. Porto Alegre: Escola Superior de Teologia São Lourenço de Brindes; Turim: Fondazione Giovanni Agnelli, 1996. v. III.

BOSCHILIA, Roseli T. *Reconstruindo memórias*: os poloneses do Santo Inácio. Curitiba: Univ. Tuiuti do Paraná, 2004.

_____; FIAMONCINI, C. Nas entrelinhas da história: a mulher imigrante portuguesa na documentação paranaense do séc. XIX. In: ANDREAZZA, M. L.; BOSCHILIA, R. (Org.). *Portuguesas na diáspora*: histórias e sensibilidades. 2. ed. Curitiba: UFPR, 2013. v.1, p. 311-331.

BRAGA, Célia M. L. *Memória de imigrantes galegos*. Salvador: UFBA/ CED, 1995.

CANÓVAS, Marília D. Klaumann. *Imigrantes espanhóis na Pauliceia*. São Paulo: EdUSP, 2009.

CAVAZZANI, A. M.; GOMES, S. A. R. Imigrantes, vida mercantil e hierarquias sociais: o processo de diferenciação socieconômica de

30 • HISTÓRIA DA IMIGRAÇÃO NO BRASIL

comerciantes portugueses em duas vilas litorâneas (Morretes e Paranaguá, 1805-50). *Revista de História Regional*, v. 19, p. 437-456, 2014.

COROLA, Carlos Renato. Natureza admirada, natureza devastada — história e historiografia da colonização de Santa Catarina. *Varia Historia*, Belo Horizonte, v. 26, n. 44, p. 547-572, jul./dez. 2010.

CORTE, Andrea Telo da. *Prestamistas, comerciantes e doutores*: uma história dos judeus em Niterói. Rio de Janeiro: Garamond; Faperj, 2013.

COSTA, Emília Viotti da. *Da senzala à colônia*. São Paulo: Difel, 1966.

COUTO, Ronaldo Costa. *Matarazzo*: a travessia. Rio de Janeiro: Planeta, 2004.

DADALTO, M. Cristina; BENEDUZI, L. F. Nós, o outro e os outros: a constituição multiétnica capixaba no caldeirão cultural do Espírito Santo, BR. *Quaderni di Ricerca*, v. 12, p. 93-112, 2020.

DELUMEAU, Jean. *História do medo no ocidente*. São Paulo: Companhia das Letras, 1889.

DEMARTINI, Zeila B. F. Trajetórias e identidades múltiplas dos portugueses e luso-africanos em São Paulo após 1974. *Portuguese Studies Review*, v. 14-2, p. 171-210, 2009.

DUROSELLE, Jean-Baptiste. *Todo império perecerá*. Teoria das relações internacionais. Brasília: UnB; São Paulo: Imprensa Oficial do Estado, 2000.

ELHAJJI, M.; COGO, Denise; Amparo, Huertas (Org.) *Migraciones transnacionales, interculturalidad política y comunicación*. Barcelona: InCom-UAB, 2020.

ENNES, Marcelo A. A imigração estrangeira em Sergipe (1875-1930). *História*, São Paulo, v. 30, n. 2, p. 312-334, 2011.

FAUSTO, Boris. *Historiografia da imigração para São Paulo*. São Paulo: Sumaré, 1991.

_____. *Negócios e ócio*. São Paulo: Companhia das Letras, 1997.

FLÉCHET, Anaïs; COMPAGNON, Olivier; ALMEIDA, Silvia Capanema P. de (Org.). *Como era fabuloso o meu francês*. Imagens e imaginários da França no Brasil (séc. XIX e XX). Rio de Janeiro: Casa de Rui Barbosa; 7 Letras, 2017.

IMIGRAÇÃO: APORTES HISTORIOGRÁFICOS • 31

FLORES, Maria Bernardete. A invenção da açorianidade. *Cadernos do Noroeste*, Braga (Portugal), v. 11, p. 125-148, 1998.

FONSECA, Vitor Manoel Marques da. Título: No gozo dos direitos civis: associativismo no Rio de Janeiro, 1903-1916. Tese (doutorado) — Univerisdade Federal Fluminense, Niterói, 2007.

FONTES, Edilza J. O. *Preferem-se português(as)*: trabalho, cultura e movimento social em Belém do Pará (1885-1914). Belém: EditAedi, 2016.

FRANZINA, Emilio. *A grande emigração dos italianos do Vêneto para o Brasil*. Campinas: Ed. Unicamp, 2006.

FRUTUOSO, Maria Suzel Gil. *a emigração portuguesa e sua influência no Brasil*: o caso de Santos. Dissertação (mestrado) — Faculdade de Filosofia, Letras e Ciências Humanas, Universidade de São Paulo, São Paulo, 1989.

FURTADO, Júnia F. Trajetórias de franceses em Minas Gerais no séc. XIX. In: VIDAL, L.; LUCA, T. R. de (Org.). *Franceses no Brasil*. São Paulo: Unesp, 2008. p. 369-386.

GONÇALVES, Paulo César. A Hospedaria de Imigrantes de São Paulo: um novo espaço para o recrutamento de braços europeus pela economia cafeeira. In: MENEZES, L. M. de; SOUSA, F. de. *Brasil-Portugal*: pontes sobre o Atlântico. Rio de Janeiro: EdUerj, 2017. p. 251- 263.

_____. *Mercadores de braços*: riqueza e acumulação na organização da emigração europeia para o Novo Mundo. São Paulo: Alameda, 2012.

GONZÁLEZ MARTÍNEZ, Elda E. O Brasil como país de destino para os migrantes espanhóis. In: FAUSTO, Boris (Org.). *Fazer a América*. São Paulo: Edusp, 1999.

GROSSELLI, R. Maria. *Vencer ou morrer*: camponeses trentinos (vênetos e lombardos) nas florestas brasileiras. Florianópolis: Ed. UFSC, 1987.

HALL, MICHAEL. *Origins of mass immigration in Brazil*. Tese (doutorado) — Columbia University, Nova York, 1969.

_____; PINHEIRO, P. S. Immigrazione e movimento operaio in Brasile. In: ROIO, J. L. del. (Org.). *Lavoratori in Brasile*: immigrazione

32 • HISTÓRIA DA IMIGRAÇÃO NO BRASIL

e industrializzione nello stato di San Paolo. Milão: Franco Angeli, 1981. p. 35-48.

HERING, Maria Luiza. *Colonização e indústria no Vale do Itajaí*: o modelo catarinense de desenvolvimento. Blumenau: Furb, 1987.

HUNSKE, Carlos. *O biênio 1824/25 da imigração e colonização alemã no Rio Grande do Sul*. Porto Alegre: Nação, 1975.

HUTTER, Lucy M. *Imigração italiana em São Paulo (1902-1914)*. São Paulo: Edusp, 1972.

INOUE, Ryoki. *Saga*: a história de quatro gerações de uma família japonesa no Brasil. Rio de Janeiro: Globo, 2006.

IOTTI, Luiza Horn. *O Olhar do Poder*: imigração italiana no Rio Grande do Sul de 1875 a 1914, através dos relatórios consulares. 2. ed. Caxias do Sul: Ed. Univ. de Caxias do Sul, 2001.

JUNG, P.R.; ASSIS, Gláucia O.; CECHINEL, M. M. S. Aqui para ficar, ou só de passagem? Experiências migratórias de senegaleses e ganeses no Brasil. *Cadernos de Estudos Sociais* — Fundaj, v. 33, p. 1-27, 2018.

KOZOWSKI, Vitor Inácio. *Estes imigrantes entre outros*. Imigração polonesa na Serra Gaúcha. Porto Alegre: Ed. do autor, 2003.

LENZ, Silvia. *Alemães no Rio de Janeiro*: diplomacia e negócios, profissões e ócios. Bauru: Edusc, 2008.

LESSER, Jeffrey. *Jewish colonization in Rio Grande do Sul, 1904-1925*. São Paulo: USP, 1991.

LOBO, Eulalia M. L. *História do Rio de Janeiro* — do capital comercial ao capital industrial. Rio de Janeiro: IBMEC, 1978.

_____. *Imigração portuguesa no Brasil*. São Paulo: Hucitec, 2001.

MANSKE, Cione Marta Raaske. *Pomeranos no Espírito Santo*: história de fé, educação e identidade. Vitória: Gsa Vila Velha, 2015.

MARAN, Sheldon Leslie. *Anarquistas, imigrantes e o movimento operário brasileiro, 1890-1920*. Rio de Janeiro: Paz e Terra, 1979.

MARTINS, Romário. *Quantos somos, quem somos*. Dados para a história e a estatística do povoamento do Paraná. Curitiba: Emp. Gráfica Paranaense, 1941.

IMIGRAÇÃO: APORTES HISTORIOGRÁFICOS • 33

MATOS, Maria Izilda S. de. *Portugueses: deslocamentos, experiências e cotidiano*, SP, séc. XIX e XX. Bauru, Edusc, 2013.

_____. *Trama e poder*. Trajetória e polêmica em torno da indústria de sacaria para o café (1888-1934). Rio de Janeiro: Sette Letras, 1996.

_____ et al. (Org). *Italianos no Brasil*: história, presença e cultura. São Paulo: E-manuscrito, 2020.

MELLO, José Octávio de A. Historiografia e a história dos italianos na Paraíba: uma revisão crítica. In: BONI, L. A. de. *A presença italiana no Brasil*. Porto Alegre: Escola Superior de Teologia São Lourenço de Brindes; Turim: Fondazione Giovanni Agnelli, 1996. v. III.

MENDONÇA, Joeli M. Nunes de. Revisitando a história da imigração e da colonização no Paraná provincial. *Antíteses*, v. 8, n. 16, p. 204-26, jul./dez. 2015.

MENEZES, Barreto e outros. Salvador, cidade do mundo da Alemanha para a Bahia. *História, Ciência, Saúde — Manguinhos*, v. 10, n. 1, p. 151-72, 2003.

MENEZES, Lená M. de. *Os indesejáveis*: desclassificados da modernidade. Protesto, crime e expulsão na capital federal (1890-1930). Rio de Janeiro: EdUerj, 1996.

_____. (Re)inventando a noite: o Alcazar Lyrique e a *cocotte comédiénne* no Rio de Janeiro oitocentista. *Revista do Rio de Janeiro*, n. 20-21, p. 73-91, jan./dez. 2007.

_____; MATOS, Maria Izilda de. *Gênero e imigração*: mulheres portuguesas em foco (Rio de Janeiro e São Paulo – XIX e XX). São Paulo: E-manuscrito, 2017.

MONTEIRO, Norma de Góes. *Imigração e colonização em Minas 1889-1930*. Belo Horizonte: Itatiaia, 1994.

NADALIN, Sérgio O. *Imigrantes de origem germânica no Brasil*: ciclos matrimoniais e etnicidade. Curitiba: Aos Quatro Ventos, 2000.

NOELLE-Neumann, Elisabeth. *Espirais do silêncio*: opinião pública — nosso tecido social. Florianópolis: Estudos Nacionais, 2020.

NOVAES, M. Stella de. *Os italianos e seus descendentes no Espírito Santo*. Vitória: Ins. Jones Santos Neves, 1980.

34 • HISTÓRIA DA IMIGRAÇÃO NO BRASIL

OLIVEIRA, Lucia Lippi. *O Brasil dos imigrantes*. 2. ed. Rio de Janeiro: Jorge Zahar, 2002.

PADOIN, Maria Medianeira (2016). Imigrantes italianos na região fronteiriça platina. *Travessia* — suplemento, p. 65-76, 2016.

PALOMANES, Francisco. *A bem da nação*: o sindicalismo português entre a tradição e a modernidade. Rio de Janeiro: Civilização Brasileira, 2002.

PALTI, Elías José. *"Giro linguístico" e história intelectual*. Bernal: Universidad Nacional de Quilmes Editorial, 2012.

PEREIRA, João B. Borges. *Italianos no mundo rural paulista*. São Paulo: Pioneira; IEB, 1974.

PEREIRA, Maria Apparecida F.; FRUTUOSO, Maria S. Gil. Os trabalhadores portugueses na cidade portuária de Santos. In: SOUSA, F. de; MARTINS, I.; MATOS, M. Izilda de (Org.). *Nas duas margens*. Os portugueses no Brasil. Porto: Afrontamento, 2009. v. 1, p. 9-120.

PEREIRA, Syrléa. *Entre histórias e objetos*: imigração italiana e memórias de mulheres. Tese (doutorado) — Universidade Federal Fluminense, Niterói, 2008.

PIAZZA, Walter. *História da colonização de Santa Catarina*. Florianópolis: Pelloti; BRDE, 1982.

PICCOLO, Helga I. Landgraf. A colonização alemã em Nova Petrópolis. *Revista do Instituto de Filosofia e Ciências Humanas*, Porto Alegre, v. 1, n. 1, p. 41-69, 1974.

PINHEIRO, Maria Ugarte. Mulheres portuguesas na belle époque manauara, 1880-1920. In: MENEZES, L. M. de; SOUSA, F. de. *Brasil-Portugal*: pontes sobre o Atlântico. Múltiplos olhares sobre a e/imigração. RJ: EdUerj; Faperj, 2017. p. 137-146.

_____. Trajetórias, dilemas e tensões da Colônia Espanhola no Amazonas, 1901-1921. In: MENEZES, L. M. de; PAGNOTTA, C. *Itinerários Europa-América Latina*: dos processos aos aportes biográficos. Rio de Janeiro: Ayran, 2019. p. 177-198.

NICOULIN, Martin. *A gênese de Nova Friburgo*. Rio de Janeiro: Fundação Biblioteca Nacional, 1996.

RAMOS, Eloísa. H. Capovilla. Representações da identidade açoriana no discurso de autores sul-rio-grandenses. *Revista da SBPH*, Curitiba, v. 24, p. 93-100, 2005.

RENOUVIN, Pierre; DUROSELLE, Jean-Baptiste. *Introdução à história das relações internacionais*. São Paulo: Difel, 1967.

RESENDE, Regina H. de Castro; Knibel, Carolina. *Almanaque de Petrópolis*: os imigrantes e a formação de Petrópolis. Petrópolis: Museu Imperial, 2002.

REZNIK, Luís. Política imigratória e recepção de imigrantes: a experiência da ilha das Flores. *Navegar* — Revista de Estudos de E/ Imigração, v. 2, n. 3, p. 77-107, 2016.

_____; FERNANDES, Rui Aniceto N.; COSTA, Janaina C. O. Se o Rio é lusitano, por que a ilha das Flores não o é? A recepção de imigrantes portugueses no Rio de Janeiro (1883-1892). *Revista Portuguesa de História*, v. 50, p. 89-108, 2019.

RIBEIRO, Gladys S. *Mata galegos*. Os portugueses e os conflitos de trabalho na Primeira República. SP: Brasiliense, 1980.

RICHTER, Klaus. *A Sociedade Colonizadora Hanseática de 1897 e a colonização do interior de Joinville e Blumenau*. Florianópolis: Ed. da UFSC; Blumenau: Ed. da Furbe, 1986.

ROCHE, Jean. *A colonização alemã no Espírito Santo*. São Paulo: Difusão Europeia do Livro; Universidade de São Paulo, 1968.

RÖLKE, Helmar R. *Descobrindo raízes* — aspectos geográficos, históricos e culturais da Pomerânia. Vitória: Ufes Secretaria de Produção e Difusão Cultural, 1996.

SANTORO, Núncia Constantino. "Estudos de imigração eletiva: tendências historiográficas no Brasil Meridional. In: SIMPÓSIO NACIONAL DE HISTÓRIA, XXVI, 2011. *Anais...*

_____. *O italiano da esquina*: imigrantes na sociedade porto-alegrense. Porto Alegre: Est, 1991.

SARGES, Maria de Nazaré. Portugueses na cidade: trabalho e cotidiano (Belém-1900). In: SOUSA, F.; MARTINS, I.; MATOS, M. Izilda. de

36 • HISTÓRIA DA IMIGRAÇÃO NO BRASIL

(Org.). *Nas duas margens*. Os portugueses no Brasil. Porto: Cepese; Afrontamento, 2009.

SARMIENTO, Érica. *Galegos nos trópicos*. Invisibilidade e presença galega no Rio de Janeiro (1880-1930). Porto Alegre: Edipucrs, 2017.

SCOTT, Ana. S. Volpi. Imigração e redes de sociabilidades: a migração portuguesa para a Nova Lousã (Brasil) entre 1860 e 1880. *Cadernos do Noroeste*, Braga, v. 2, p. 79-86, 2006.

_____; CARDOZO, J. C. S.; FREITAS, D. T. L; SILVA, J. F. (Org.). *História da família no Brasil meridional*: temas e perspectivas. São Leopoldo: Oikos; Ed. Unisinos, 2014.

SEYFERTH, Giralda. 1990. *Imigração e cultura no Brasil*. Brasília: Ed. UnB, 1990.

STEIN, Stanley. *The Brazilian cotton manufactures*: textiles enterprise in an underdeveloped area. Cambridge: Harvard University Press, 1957.

STOLCKE, Verena. *Cafeicultura*: homens, mulheres e capital (1850-1980). São Paulo: Brasiliense, 1986.

TEIXEIRA, Rosane Siqueira. Migração internacional na Paraíba e no Rio Grande do Norte na Primeira República: um estudo comparado, 1889-1930. In: SEMINÁRIO NACIONAL DE SOCIOLOGIA & POLÍTICA, VII, Curitiba, 2016. *Anais...*

TERNES, Apolinário. *História de Joinville, uma abordagem crítica*. Joinville: Meyer, 1981.

TRENTO, Angelo. *Do outro lado do Atlântico*: um século de imigração italiana no Brasil. São Paulo: Nobel, 1988.

TRUZZI, Oswaldo. *Italianidade no interior paulista* — recursos e descaminhos de uma identidade étnica (1880-1950). São Paulo: Unesp, 2016.

_____. Redes em processos migratórios. *Tempo Social*, v. 20, n. 1, p. 199-121, 2008.

_____. *Patrícios*: sírios e libaneses em São Paulo. São Paulo: Ed. Unesp, 2008.

TUCCI CARNEIRO, Maria Luiza. *Cidadão do mundo*. São Paulo: Perspectiva, 2017.

VANGELISTA, C. *Os braços da lavoura*. São Paulo: Hucitec, 1991.

VENDRAME, Maíra Ines. *O poder na aldeia*: redes sociais, honra familiar e práticas de justiça entre os camponeses italianos (Brasil-Itália). São Leopoldo; Porto Alegre: Oikos, 2016.

VIDAL, Laurent; DE LUCA, Tania (org.). *Franceses no Brasil*. Séc. XIX-XX. São Paulo: Unesp, 2008.

WACHOWICZ, Ruy. *Abranches*: paróquia de imigração polonesa. Dissertação (mestrado) — Universidade Federal do Paraná, Curitiba, 1974.

WEINER, Myron. *The global migration crisis*. Challenge to states and to human rights. Massachssuets: HarperCollins College Publishers, 1995.

WESTPHALEN, Cecília Maria. *História do Paraná*. Curitiba: Grafipar, 1969.

Nova Friburgo: a invenção da Suíça brasileira

Marieta de Moraes Ferreira

Introdução

Em 2018 foram comemorados os 200 anos da assinatura do Tratado de Colonização que deu início às tratativas para a concretização do processo de imigração suíça para as terras brasileiras. No ano de 2019, os festejos continuaram no intuito de relembrar a partida dos suíços das suas localidades de origem e de sua chegada nas novas terras. Passados dois séculos, podemos perguntar: o que tem levado pessoas tão distantes geográfica e mesmo culturalmente a se unirem para relembrar esse passado remoto e marcado por sofrimento? Qual o significado dessas comemorações?

Para responder essas perguntas vale acionar algumas contribuições teóricas sobre o assunto. O que significa comemorar? Para P. Raynaud, comemoração é a cerimônia destinada a trazer de volta a lembrança de uma pessoa ou de um evento, algo que indica a ideia de uma ligação entre homens fundada sobre a memória. Essa ligação também pode ser chamada de identidade. E é exatamente porque permitem legitimar e atualizar identidades que as comemorações públicas ocupam lugar central no universo político contemporâneo (Raynaud, 1994).

A aceleração do tempo e o medo diante da possibilidade de uma amnésia nos tempos pós-modernos geraram nas sociedades contemporâneas uma verdadeira "obsessão pela memória". Segundo Philipe Joutard, nos últimos 30 anos, o mundo mergulhou no "reino da memória generalizada", multiplicando as comemorações e invocando permanentemente o dever de memória. Ao mesmo tempo, tem crescido a busca por identidades e a valorização do patrimônio sob todas as suas formas, materiais e imateriais (Joutard, 2007:115).

40 • HISTÓRIA DA IMIGRAÇÃO NO BRASIL

Assim, para as sociedades contemporâneas, a preservação das memórias e as comemorações assumem um papel central ao focalizar personagens, aniversários de nascimento ou morte, ou eventos fundadores que privilegiam os momentos de fundação de nações, de cidades, instituições, empresas no intuito de promover o consenso, a harmonia entre os grupos ou atores sociais, e de reforçar concepções e valores. Mas elas podem também desencadear conflitos ou tensões. E as comemorações do bicentenário da imigração suíça podem ser pensadas nessa perspectiva.

Nesse momento, os nova friburguenses, mesmo tendo durante um bom tempo perdido essa conexão com suas origens europeias, se engajaram intensamente nos festejos em torno dos 200 anos da cidade. O *leitmotiv* de todas essas iniciativas era não só valorizar suas origens europeias, o sucesso desse empreendimento, mas também fortalecer os laços entre a população local, que vinha enfrentando grandes dificuldades desde a catástrofe que atingiu a cidade em 2011 e provocou a destruição de várias áreas do município e um grande número de mortes. Ainda que tenha havido protestos acerca do silenciamento sobre as contribuições de outros grupos como negros, portugueses, italianos, os eventos comemorativos conquistaram uma enorme adesão.

Se do lado brasileiro não é difícil explicar o entusiasmo, como interpretar o engajamento dos suíços, que chegaram com uma enorme comitiva para reviver a saga dos seus ancestrais e também realizar inúmeras festividades nos diferentes cantões helvécios? Também lá as comemorações encerram um significado. Na visão de algumas autoridades que aqui estiveram presentes, a imigração de 1818-1819 tem um significado especial para os dias de hoje: em um contexto de grandes conflitos em torno da imigração de populações árabes para a Europa e no crescimento da ação discriminatória dos partidos de extrema direita ante os estrangeiros, grupos socialistas e democratas cristãos viram na recuperação da memória da imigração suíça, com sua saga de sofrimento e de pobreza, uma estratégia para enfrentar e combater seus adversários políticos e valorizar a importância do papel dos suíços no Brasil e o sucesso desse empreendimento colonizador. Nossa intenção neste texto é dialogar com essas memórias e contribuir para um melhor conhecimento das origens de Nova Friburgo.

Da memória para a história

A memória coletiva brasileira e a produção historiográfica acerca do papel da transferência da corte portuguesa para o Brasil e do impacto desse evento no projeto de formação do Império do Brasil têm sido alvos, na sua maioria, de avaliações extremamente depreciativas e de pouca significação para o processo de constituição da nação brasileira. No que diz respeito especificamente ao papel de d. João VI e às principais iniciativas joaninas, essa situação é ainda mais grave.

Um primeiro ponto a ser destacado diz respeito às narrativas sobre a transferência da Corte portuguesa para o Brasil que enfatizam a conjuntura internacional e apresentam o reino de Portugal e sua colônia americana como meros figurantes naquele jogo político comandado pela Inglaterra e pela França. Já no tocante à permanência da Corte em terras brasileiras, o que costuma ser enfatizado é a dependência portuguesa em relação à Inglaterra, sublinhando-se temas como a abertura dos portos e os tratados de 1810 entre os dois países.

Mais recentemente, novas contribuições historiográficas passaram a valorizar essa conjuntura histórica, mas, ainda assim, as políticas joaninas em terras brasileiras continuam recebendo uma atenção secundária. E é exatamente neste caso que se inserem os estudos sobre as iniciativas migratórias concretizadas naquele período, mais especificamente, a colonização suíça em Nova Friburgo.

A despeito do crescimento dos estudos que tratam dessa temática, a visão dominante sobre a colônia suíça na fazenda do Morro Queimado foi a de que a iniciativa redundou em retumbante fracasso. Assim, na tese dominante, defende-se que o projeto de criação de uma colônia voltada para a produção de gêneros alimentícios e baseada no trabalho livre, que funcionasse como alternativa e solução para a substituição

42 • HISTÓRIA DA IMIGRAÇÃO NO BRASIL

do trabalho escravo, não teria surtido os resultados esperados, considerando as graves dificuldades que os colonos enfrentaram e a crise que afetou os primeiros anos do núcleo migratório.

Dessa forma, a proposta deste texto é chamar a atenção para o papel que a colônia de Nova Friburgo exerceu como polo de conexão das recém-inauguradas áreas cafeeiras em Cantagalo com a Corte e para o fato de que, a despeito das graves dificuldades enfrentadas nos primeiros tempos, muitas famílias suíças alcançaram sucesso e conquistaram posições importantes nos quadros da nova região que se desenvolvia.

Cem casas, um edifício para a administração, um armazém, um açougue, dois pequenos moinhos, dois fornos de padaria e uma fábrica de telhas — eis tudo o que havia na antiga fazenda do Morro Queimado, situada no distrito de Cantagalo, adquirida e preparada pela Coroa portuguesa para receber os suíços que em 1819 deixaram seus cantões para fundar uma colônia no Brasil (Nicoulin, 1995).

O empreendimento se explica, em parte, pelas circunstâncias da época. Em 1808, a família real portuguesa havia se transferido para o Rio de Janeiro, o que acabaria motivando, em 1815, a elevação da antiga colônia americana à condição de Reino Unido de Portugal, Brasil e Algarves. Em virtude dos tratados assinados por Portugal com a Inglaterra em 1810, delineava-se a perspectiva de redução do tráfico negreiro e, consequentemente, de problemas de mão de obra para a lavoura brasileira. Por seu lado, a Suíça estava mergulhada em séria crise, já que em 1816 suas colheitas foram atingidas por mudanças climáticas que provocaram grande penúria. Em decorrência disso, para milhares de suíços, emigrar era a única esperança de uma vida melhor.

A articulação entre os interesses suíços e brasileiros se fez por intermédio do diplomata e homem de negócios Sébastien-Nicolas Gachet, que em 1817 desembarcou no Rio de Janeiro como representante diplomático do cantão de Fribourg, e também como agente de uma sociedade capitalista, para propor a fundação de uma colônia suíça no Brasil. A ideia de criar um centro policultor para o abastecimento da

Corte pareceu boa ao então príncipe regente, que, em maio de 1818, já após ter sido aclamado rei com o nome de d. João VI, assinaria um contrato que ficaria conhecido como Tratado de Colonização, estabelecendo a vinda, a título de experiência, de 100 famílias, "todas de religião católica apostólica romana", para as terras da antiga fazenda do Morro Queimado, onde seria erguida uma vila que o próprio soberano chamou de Nova Friburgo. Também "como prova da particular afeição" que dedicava aos novos súditos, quis o rei que a igreja paroquial da colônia recebesse "o nome de Sua Real Pessoa (São João Batista)". Nesse contexto, ficou acertado que d. João arcaria com as despesas de transporte e daria aos colonos um lote de terra, sementes para plantar e animais de criação, além de um subsídio real nos primeiros tempos e isenção de impostos por 10 anos.

O tratado mostrava-se bastante vantajoso para os suíços, sobretudo se comparado às condições da emigração para os Estados Unidos, que não previam a cobertura das despesas de viagem, o que fazia com que os colonos desembarcassem já endividados. Diferentemente, ficou acertado que a vinda de 100 famílias seria custeada com dinheiro do Real Erário, que foi entregue a Gachet para que se providenciasse toda a operação. Consta que a companhia de Gachet pretendia auferir grandes lucros e, com esse objetivo, estabeleceu como critério para a viagem o que se chamou de "famílias artificiais" — grupos que reuniam uma média de quatro casais com seus filhos. Isso provocaria, após a instalação de todos os colonos, a superlotação das 100 casas construídas para esperá-los e uma divisão de cada lote de terra entre várias pessoas.

Em outubro de 1818, foram abertas em Fribourg as inscrições para a emigração para o Brasil. Até julho de 1819, foram admitidos 2.006 suíços oriundos de vários cantões — principalmente de Fribourg —, contingente constituído majoritariamente de famílias, que correspondiam a 86,3% do total. Essa proporção contradiz a tese de que a colônia teria servido para o expurgo de indivíduos indesejáveis. Quanto à idade, 57% eram jovens de até 19 anos, e 42%, adultos entre 20 e 59 anos. Do ponto de vista profissional, havia um equilíbrio, sendo o número de agricultores apenas ligeiramente maior que o de artesãos, como moleiros, padeiros, sapateiros etc. As famílias em sua maioria eram católicas, mas havia também um grupo pequeno de protestantes. Todos almejavam iniciar uma vida mais próspera no Novo Mundo, num lugar onde, segundo os folhetos distribuídos por Gachet, a terra era de "espantosa fertilidade".

Em julho de 1819, os colonos partiram de seus cantões em direção a Basileia, de onde seguiriam para a Holanda. As péssimas condições do acampamento na Holanda, construído em terreno pantanoso, levaram à morte por doença de 43 pessoas. Muitos dos que embarcaram estavam enfraquecidos ou com uma "febre intermitente" e vieram a falecer a bordo. Durante a travessia, que durou entre 80 e 146 dias, dependendo do navio, 311 pessoas morreram.

Logo após a chegada ao Rio de Janeiro, os colonos foram conduzidos para o fundo da baía de Guanabara e puderam repousar por cinco dias. Dali seguiram de barco para Macacu, onde os doentes ficaram num hospital que fora instalado num mosteiro. A última parte do trajeto, até a fazenda do Morro Queimado, foi bastante penosa. Após cerca de 10 dias, os grupos saídos de Macacu foram alcançando seu destino. Só em 18 de fevereiro de 1820, depois que todos aqueles que resistiram às agruras da viagem haviam chegado, Nova Friburgo foi oficialmente fundada.

Dos 2.006 suíços que deixaram a terra natal, 1.617 sobreviveram e foram distribuídos pelas 100 casas existentes. Eram casas rústicas, de pedra, sem assoalho, as janelas sem vidraça. Possuíam quatro cômodos, mas não tinham cozinha: o fogão ficava do lado de fora. Nos primeiros seis meses, aquela população ainda sofreu as consequências da viagem e da mudança de clima. Aproximadamente a cada dois dias o padre Joye conduzia ritos fúnebres: foram 131 óbitos de janeiro a junho de 1820. Assim, a morte ainda fazia parte do cotidiano dos imigrantes quando os lotes foram sorteados e distribuídos.

Em meio a muitas dificuldades, uma nova fase teve então início: a do desbravamento dos lotes. A partir de agosto de 1820, a maioria dos colonos já estava cultivando milho e feijão. Tornou-se necessário construir novas casas e abrir estradas; na vila, escravos foram encarregados de construir um hospital, um quartel e um mercado. A estação de esperanças foi, no entanto, curta. Chuvas torrenciais, a partir de novembro, destruíram o que seria a primeira safra. E os colonos começaram a duvidar da fertilidade das terras.

No início de 1821, os colonos enviaram ao Rio de Janeiro uma delegação composta pelo padre Joye, o médico Bazet e outros, com o objetivo de requerer o envio de animais de carga, o aumento dos subsídios e também melhores terras. Chegando à Corte, porém, os suíços foram informados da crise instalada pouco antes. No início de 1820, a instabilidade política em Portugal se agravou e, no ano seguinte, d. João VI retornou a Lisboa, deixando, no entanto, seu filho e herdeiro, o príncipe d. Pedro, no Rio de Janeiro. A gravidade de tais acontecimentos fez com que a colônia de Nova Friburgo ficasse de fora das prioridades da Coroa e, com isso, os subsídios foram suspensos. Nesse período, o colono Pierre Bossinger escreveu uma carta desabafando: "Muitos vieram em busca de fortuna e encontraram a cova. [...] Nossa colônia está tão mal administrada que parece estarmos sob maldição divina."[1] De fato, Nova Friburgo viveu então um período de estagnação: não só as obras na vila pararam como também as da estrada que faria a ligação com o Rio de Janeiro. Apenas uma minoria, que havia recebido terrenos melhores, conseguia sobreviver da lavoura.

Finalmente, em meados de 1821, algumas iniciativas foram tomadas. A comunidade suíça residente na Corte fundou a Sociedade Filantrópica do Rio de Janeiro com o objetivo de arrecadar fundos no Brasil e no exterior para ajudar os colonos de Nova Friburgo. Em setembro, d. Pedro nomeou um novo diretor para a colônia, João Vieira de Carvalho, e voltou a pagar subsídios. E, aos poucos, Nova Friburgo foi-se afastando da perspectiva de fracasso.

---

[1] Carta de Pierre Bossinger de 25 de março de 1821, em Nicoulin (1995:205).

46 • HISTÓRIA DA IMIGRAÇÃO NO BRASIL

Enfrentando os desafios

No decorrer da década, após o Brasil alcançar sua independência política em 1822, Nova Friburgo começou a progredir, tornando-se lentamente um centro de circulação de pessoas e mercadorias cada vez mais importante na região. Após o desastre da primeira safra, os colonos foram caminhando para uma economia de subsistência satisfatória, produzindo ao menos o suficiente para se manterem; a chegada de 343 colonos alemães em 1824 traria uma perspectiva de crescimento ainda maior. Nesse período, um fato relevante foi o deslocamento de muitos suíços em busca de terras mais férteis, principalmente na direção de Cantagalo, que na época começava a despontar como polo cafeeiro. A atração exercida pelas terras quentes de Cantagalo arrebanhou os suíços que buscavam, além da subsistência, a fortuna que o café poderia proporcionar.

Apesar de tudo, em 1830, Nova Friburgo já havia saído do estado de penúria inicial e ingressado numa fase de estabilidade. A localização geográfica fazia da vila um ponto de parada entre Cantagalo e o Rio de Janeiro, e o fluxo frequente de tropeiros que transportavam café para o porto impulsionava algumas atividades comerciais, como as estrebarias e as casas de forragem. Havia também as vendas, nas quais os tropeiros podiam encontrar artigos de primeira necessidade como arreios, ferraduras, foices, machados, farinha, fumo, tecidos grossos etc. O movimento crescente e a possibilidade de transporte incentivaram a própria produção de gêneros alimentícios.

A expansão de Nova Friburgo a partir de meados do século XIX esteve, sem dúvida, diretamente associada à das fazendas de café localizadas na região de Cantagalo. Em todo o país a cafeicultura tornou-se então o elemento impulsionador de uma série de transformações. Esse processo atingiu também Nova Friburgo, principalmente a partir de 1870, quando a produção de café de Cantagalo chegou ao seu apogeu. Nesse sentido, o desenvolvimento das trocas comerciais em Nova Friburgo incentivou alguns melhoramentos: as casas existentes, "de miseráveis barracas que eram, foram convertidas em prédios cômodos que ofereciam confortável abrigo aos seus habitantes e aos hóspedes, que, por doentes ou por evitarem a canícula da Corte, procuravam respirar o ar puro e temperado das montanhas de Friburgo" (Cansanção de Sinimbu, apud Erthal, 1992:147). O núcleo urbano que despontava no meio das montanhas era de fato dotado de uma particularidade que serviria de chamariz para os habitantes da Corte e de outras cidades próximas: um clima ameno, que fazia bem à saúde. Por que o ar puro de Nova Friburgo era tão procurado? Primeiro, porque o Rio de Janeiro do século XIX era assolado por constantes epidemias de varíola e de febre amarela. Desse modo, procurava-se a região serrana que limitava a baixada litorânea fluminense porque, de acordo com os médicos do Império, os surtos de doenças infecciosas eram provocados pelo "ar corrompido" que vinha do mar e pairava sobre a cidade. Ademais, a chegada de navios estrangeiros ao porto era uma constante fonte de apreensão devido à possibilidade de contaminação. Assim, o melhor que os ricos habitantes da Corte tinham a fazer era escapar do calor e das doenças subindo a serra. Mas o ar puro não era visto apenas como um meio de prevenir possíveis doenças trazidas pelo mar, era também o único tratamento disponível para doenças do pulmão, como a tuberculose, numa época em que ainda não se conhecia a penicilina. Se eram famosos os sanatórios da Suíça, por que não experimentar hospedarias para doentes em Nova Friburgo?

Em 1848, já havia três hospedarias para abrigar os forasteiros, veranistas ou doentes que visitavam Nova Friburgo: a de Mariane Joset Salusse, a de propriedade de Mindelino Francisco de Oliveira e a de Mme Clair. Nos anos seguintes, novos estabelecimentos seriam registrados, como o de Gustavo Leuenroth, o de Pedro Boulanger, o de Amâncio José Pereira de Souza e o de Francisco José de Magalhães, o que indica a expansão desse tipo de atividade. Com esses novos empreendimentos, os suíços engajavam-se e contribuíam para o alastramento da vida urbana. Dessa forma, se em algumas áreas rurais de

48 • HISTÓRIA DA IMIGRAÇÃO NO BRASIL

Nova Friburgo as dificuldades de sobrevivência persistiam, no núcleo urbano, os imigrantes suíços e alemães misturavam-se aos brasileiros para aproveitar as novas oportunidades de negócios e superar as ameaças de fracasso que haviam rondado a colônia (Ferreira, 2008).

No interior de um mundo rural, povoado de fazendas, a vila de Nova Friburgo detinha um outro trunfo importante: colégios, onde os jovens podiam receber uma instrução formal considerada cada vez mais necessária para um bom desempenho na vida adulta. A vila começou assim a se firmar como um polo de atração para a elite rural da região, que lá passou a construir casas e a educar seus filhos. Na verdade, os colégios friburguenses recebiam alunos não só das fazendas adjacentes, mas também do Rio de Janeiro e de outras províncias. As visitas dos pais dos alunos internos, como as dos demais forasteiros, também movimentavam as ruas e os hotéis e impulsionavam o comércio.

Nesse quadro de expansão, logo se percebeu que a construção de uma ferrovia unindo o Rio de Janeiro a Nova Friburgo e a Cantagalo atenderia a vários interesses: serviria não só ao escoamento da produção cafeeira, mas também ao transporte de um contingente cada vez maior de veranistas e de estudantes com suas famílias. Assim, em 1859, a Estrada de Ferro Cantagalo começou a ser construída promovendo a ligação entre a Corte e o interior, e em 1873, finalmente, os trilhos atingiram Nova Friburgo. A ferrovia provocaria grandes transformações na vida local.

A partir da década de 1880, Nova Friburgo começou a sofrer mudanças no seu espaço urbano. A necessidade de embelezá-lo, tornando-o mais agradável — não só a seus habitantes, mas também aos hóspedes cada vez mais frequentes —, era reconhecida como urgente pelos grupos políticos locais. Em 1898, de acordo com o *Indicador Fluminense*, Nova Friburgo já possuía oito hotéis, oito escolas, um restaurante, nove casas de pasto, 16 botequins, dois cafés, um quiosque, cinco bilhares, oito barbearias, duas chapelarias, cinco padarias, duas confeitarias, quatro depósitos de cigarros e charutos, uma papelaria, cinco alfaia-

NOVA FRIBURGO: A INVENÇÃO DA SUÍÇA BRASILEIRA • 49

tarias, cinco marcenarias, oito sapatarias, três ferrarias, duas serralherias, três relojoarias, um ferreiro, três funilarias, uma tipografia, duas joalherias, duas colchoarias. O núcleo fundado pelos suíços, graças à iniciativa de d. João VI e que inicialmente parecia fadado ao fracasso total, havia sobrevivido às vicissitudes dos tempos iniciais, fazendo com que muitos dos seus primeiros imigrantes realizassem seus sonhos de uma vida melhor nas terras tropicais do Novo Mundo. Nesse sentido, acompanhar a trajetória de alguns desses imigrantes oferece elementos importantes para questionar as avaliações negativas acerca do sucesso da imigração suíça e do desenvolvimento de Nova Friburgo.

Marianne Joset: uma história de sucesso

A trajetória de Marianne Joset nos permite acompanhar as dificuldades enfrentadas, mas também os caminhos de superação trilhados por uma jovem suíça, imigrante, mulher, no âmbito desse processo migratório.

Entre os cerca de 2 mil suíços que em 1819 emigraram para o Brasil, estava a família de Joseph Joset, oriunda de Courfaivre, pequena localidade agrícola de cerca de 450 habitantes situada no cantão de Jura. Joseph Joset era casado com Marie Françoise Bandelier e o casal tinha dois filhos menores: Marianne, nascida em 1806, e Joseph, nascido em 1808. Na ocasião, Joseph, pai, tinha 54 anos, e Marie Françoise, 52, idade já um tanto avançada para empreender uma aventura em terras desconhecidas — o que apenas confirma que deviam enfrentar sérias dificuldades em seu rincão natal.

A família Joset embarcou no veleiro *Deux Catherine*, que, de todos os navios da frota que rumou para o Rio de Janeiro, foi o que mais tempo levou para chegar. Entre a partida, em 12 de setembro de 1819, e o desembarque, em 4 de fevereiro de 1820, passaram-se 146 dias, ou seja, quase cinco meses! O relato de um passageiro em carta citada por Martin Nicoulin mostra quão precário era o controle sobre a marcha daqueles navios que dependiam do vento para avançar:

50 • HISTÓRIA DA IMIGRAÇÃO NO BRASIL

Por fim, em 7 de dezembro, avistamos as costas do Brasil. No dia 9, chegamos diante do porto do Rio de Janeiro. Estávamos bem. Como não se cuidara de lançar âncora durante a noite, a corrente nos arrastou dez léguas à esquerda. Bateu um vento contrário e fomos empurrados para longe. Por fim, em 3 de fevereiro, chegamos de novo às costas do Brasil. [Nicoulin, 1995]

Além de ter voltado para trás quando estava prestes a chegar e de ter passado dois meses à deriva, o *Deux Catherine* foi a segunda embarcação em número de óbitos. Dos 357 passageiros, 77 sucumbiram às duras condições da travessia, o que significa que, em média, a cada dois dias, ao menos um corpo era lançado ao mar.

A viagem foi extremamente difícil para os Joset. Não se sabe se Marie Françoise e o menino Joseph morreram a bordo ou já em terra firme, mas o fato é que não sobreviveram às dificuldades da jornada. Segundo a memória familiar, Marianne teria desembarcado inteiramente órfã e sozinha no Brasil, para iniciar, aos 14 anos, uma saga que é bastante valorizada por seus descendentes. Porém, a localização, nos Arquivos do Pró-Memória da Prefeitura de Nova Friburgo, dos registros da concessão de subsídios aos colonos pelo governo imperial em 1827 mostra que Joseph, pai, não morreu durante a viagem. Ao menos durante os sete anos iniciais, Marianne pôde, em tese, contar com o seu apoio.

Marianne e Joseph, ao chegar a Nova Friburgo, foram morar na casa de número 61, compartilhada com outras famílias, como a do colono Jean Baptiste Lapère (Bittencourt-Sampaio, 2005:32).

Os documentos disponíveis não permitem acompanhar com precisão os primeiros anos de Marianne e seu pai na colônia de Nova Friburgo. Poder-se-ia supor que tivessem dirigido suas energias para o trabalho na lavoura, como os demais colonos. Podem até ter recebido um lote de terra, mas não há evidência de que se tenham deslocado para explorá-lo. Ao que tudo indica, Marianne e Joseph permaneceram o tempo todo na vila, dedicados ao comércio de pequeno porte.

Após os infortúnios iniciais, a vida de Marianne começou a mudar, sobretudo com a chegada do francês Guillaume Salusse a Nova Friburgo. Não se conhecem detalhes sobre como ocorreu a aproximação entre Guillaume e Marianne, mas o fato é que a união dos dois foi o ponto de partida para a constituição de uma grande família que se notabilizaria na comunidade local.[2]

Guillaume Salusse, o francês bonapartista

Guillaume Marius Salusse nasceu em Toulon em 1788, filho de Martin Salusse, nascido em 1757 e falecido possivelmente por volta de 1830, e de Anne Donnadieu. Desde cedo Martin Salusse serviu à marinha francesa, exercendo atividades subalternas como as de auxiliar de vigilância da proa. Porém o mais importante é que viveu um dos momentos mais agitados da história da França, o da queda do Antigo Regime com a Revolução Francesa que se inicia em 1789. A existência, no seio do movimento revolucionário, de vários grupos sociais com objetivos diferentes levaria a uma radicalização crescente que chegaria ao auge no chamado período do terror, quando milhares de pessoas foram presas e condenadas à morte na guilhotina. Por fim, a vitória da alta burguesia sobre os setores populares marcou o início de um novo período, em que foram banidos os elementos jacobinos e que culminou com a ascensão de Napoleão Bonaparte ao poder em 1799.

A vida de Martin Salusse e de sua família foi profundamente marcada por esses acontecimentos. Com a radicalização do processo revolucionário e a instalação da chamada era do terror, Martin foi perseguido e viu-se obrigado a fugir de Toulon, deixando para trás mulher e filho. Diante de seu desaparecimento, em 1º de julho de 1798, Anne Donnadieu contraiu segundas núpcias com Paul Flamenc, que tinha boas relações políticas e usufruía de uma situação econômica

---

[2] A menção à família Salusse nos livros que recuperam a memória local abona tal afirmação. Ver, por exemplo, o *Álbum de Nova Friburgo*, de Júlio Pompeu (1919).

52 • HISTÓRIA DA IMIGRAÇÃO NO BRASIL

favorável; ao morrer, em 1838, era um conceituado negociante. A constituição dessa nova família possibilitou à Anne Donnadieu e ao Guillaume melhores condições de vida. Ainda que não se tenham informações documentais precisas sobre a infância e a adolescência de Guillaume, pode-se supor que seu padrasto lhe tivesse garantido uma sobrevivência confortável e o acesso a uma boa educação, além de possivelmente ter exercido uma influência política favorável às ideias revolucionárias que iriam marcar as opções futuras do jovem Salusse.

Com aproximadamente 13 anos, Guillaume ingressou na marinha francesa na qualidade de *mousse*, categoria de marujos com idade inferior a 16 anos que deveriam frequentar um navio-escola até os 18 anos. Sua carreira entre 1802 e 1809 foi recuperada por Bittencourt-Sampaio por meio da documentação do Serviço Histórico da Marinha Nacional Francesa, pela qual é possível acompanhar as promoções que obteve e as viagens que realizou.

Em 1810, ano em que completou 22 anos, Guillaume ingressou na marinha mercante. Como tenente e segundo capitão, realizaria viagens em rotas europeias. Em 1819 foi promovido a capitão de longo curso, o que lhe abriu a possibilidade de percorrer novos caminhos. Foi assim que em 1823 embarcou para o Brasil, onde permaneceria pelo resto da vida.

A memória familiar atribui a permanência de Guillaume Salusse no Brasil à queda de Napoleão e, sem dúvida, sua juventude foi marcada pela figura do imperador dos franceses e pela disseminação dos princípios revolucionários. É possível que o fim da era napoleônica e a crise socioeconômica daí advinda o tivessem levado, assim como a outros franceses, a deixar a pátria em busca de uma nova vida. Após uma temporada no Rio de Janeiro, Guillaume Salusse decidiu fixar-se no Brasil, mais especificamente em Nova Friburgo. O que o teria levado a trocar a Corte pela serra não se sabe ao certo. Problemas de saúde, a melhor qualidade do clima, a possibilidade de conviver com uma comunidade de língua francesa? Algum tipo de conhecimento com relação a Nicolas Gachet, que teria residido algum tempo em

Toulon durante sua permanência na França? (Sanglard, 2003:173-202). Talvez uma dessas razões, quiçá todas elas. O que se sabe é que data de 1824 sua instalação na colônia dos suíços, então em processo de recuperação das dificuldades iniciais.

O casal Joset Salusse: trabalho e estratégias

A documentação disponível não informa sobre as atividades de Guillaume Salusse e Marianne em seus primeiros anos em Nova Friburgo. A primeira informação documental encontrada é o registro de seu casamento com Marianne, realizado na igreja de São João Batista em 1830, quando também foi feito o reconhecimento dos dois filhos do casal, Clorinda Francisca Josepha (Josephina), nascida em 1827, e Pedro Eduardo, nascido em 1829.[3]

Na década de 1830, os negócios dos Salusse deslancharam. Em 1831, Guillaume pediu autorização à Câmara de Nova Friburgo para instalar uma casa de pasto e um bilhar.[4] Guillaume certamente possuía algum capital, e Marianne tinha uma grande disposição para o trabalho. Ambos perceberam que a expansão da cultura do café em Cantagalo e a consequente intensificação da circulação de tropeiros e de mercadorias entre o interior e a Corte faziam da vila de Nova Friburgo um ponto de parada obrigatório. Restava aproveitar o mercado que ia surgindo. Em 1834, Marianne solicitou à Câmara licença para "continuar a vender, em sua casa de negócio, secos e molhados".[5] Com essa iniciativa, a jovem mulher de 28 anos dava indícios de sua capacidade de empreendimento, que só iria aumentar nas décadas seguintes. Foram crescentes os investimentos do casal na compra

---

[3] O registro está no Livro de Casamentos da catedral de São João Batista, em Nova Friburgo.

[4] Arquivos do Pró-Memória da Prefeitura de Nova Friburgo. Atas da Câmara, pasta 133, documento n. 45, datado de 11 de janeiro de 1831.

[5] Arquivos do Pró-Memória da Prefeitura de Nova Friburgo, Atas da Câmara Municipal, 14 de dezembro de 1834.

54 • HISTÓRIA DA IMIGRAÇÃO NO BRASIL

de imóveis ao redor da praça principal da vila. Em outubro de 1836, Guillaume comprou sete "casas coloniais", ou seja, casas que anos antes haviam sido construídas para receber os colonos suíços.

Em 1837, Marianne deu mais um passo na ampliação de suas atividades ao inaugurar uma hospedaria para os doentes que se dirigiam a Nova Friburgo em busca de um clima ameno e saudável capaz de restaurar a saúde, especialmente daqueles que padeciam de tuberculose pulmonar. Surgia aí o núcleo inicial do que viria a ser mais tarde o Hotel Salusse. Em 1839, Guillaume Salusse apresentou um requerimento à Câmara Municipal solicitando "licença para receber doentes em casa".[6] Tal iniciativa revela a capacidade de avaliação econômica do casal. Naquele momento em que a colônia atraía viajantes em busca de cura, Marianne e seu marido, a despeito dos riscos e do trabalho duro que cuidar de doentes implicava, investiram nesse tipo de atividade. Seu senso de negócios não os deixava descuidar da cobrança dos aluguéis dos quartos nem mesmo após o falecimento dos hóspedes. Quando um hóspede morria sem efetuar os pagamentos devidos, a única alternativa possível era recorrer à Justiça, e isso foi feito em 1838, contra Pedro Celestino Guibert, e em 1846, quando o casal Salusse requereu a posse dos bens — um escravo, um relógio e roupa — do finado devedor Henrique Korfle.[7] Esses eram os recursos possíveis para evitar prejuízos e garantir o sucesso da hospedaria, que deve ter-se firmado como hotel já em 1841, quando aparece uma primeira referência no *Almanak Laemmert*.[8]

Não foram apenas os negócios do casal que se ampliaram durante esse período. A família também cresceu bastante. Nos anos seguintes nasceram seus filhos Júlia Michaela, Guilherme, Júlio Marius, Jean Edmond, Maria Amélia e Sophia. Sustentar e educar todos esses filhos era um novo desafio, especialmente para Marianne, que se desdobrava entre seus diferentes afazeres.

---

[6] Arquivos do Pró-Memória da Prefeitura de Nova Friburgo, Atas da Câmara Municipal, 16 de setembro de 1839.

[7] As informações referentes aos processos de cobrança também se encontram nos Arquivos do Pró-Memória da Prefeitura de Nova Friburgo.

[8] Ver *Almanak Laemmert*, 1841.

Meu neto, dá cá teu neto — Marianne Joset Salusse com a filha Josephina e o neto Augusto, a bisneta Maria José e o trineto Alberto

Foto de Marianne Joset Salusse com seus familiares (autor não identificado). Data aproximada: 1893.

Embora o empenho de marido e mulher os tenha levado a progressos visíveis, a ponto de despertar a inveja de habitantes locais que maldosamente se referiam a Guillaume como "aquele francês", os Salusse estavam longe de reunir um patrimônio considerável e de possuir um *status* que favorecesse seu reconhecimento pela elite rural brasileira. Mas a expansão de Nova Friburgo, e sua afirmação como estação de veraneio e de cura, iria permitir a Marianne preparar para seus filhos estratégias matrimoniais destinadas a mudar essa situação. Diferentemente do que aconteceu com a maioria dos colonos suíços, os filhos dos Salusse não se casaram com descendentes de seus conterrâneos ou com membros da comunidade local.[9] Ao contrário, fizeram

---

[9] A posterior ocupação luso-brasileira da vila de Nova Friburgo e de seus arredores acabaria por marginalizar o grupo de suíços que lá permaneceu, cujos membros passaram a casar-se entre si, sendo alijados das posições de destaque na vida econômica e social do lugar. Ver Mayer e Pedro (1991, mimeo).

56 • HISTÓRIA DA IMIGRAÇÃO NO BRASIL

alianças matrimoniais com membros da elite de origem portuguesa bem situada financeiramente na Corte ou em outras regiões do país.

As alianças matrimoniais realizadas com o casamento dos filhos propiciaram uma maior ascensão social para a família, cujos membros ocupariam, no início deste século, cargos políticos importantes na cidade. O exemplo mais significativo talvez seja o casamento da primeira filha, Josephina, com José Antonio Marques Braga, jovem rico educado na Inglaterra. De acordo com um jornal local, foi com este casamento que "a primogênita de um casal de jovens e pobres colonos [tornou-se] [...] uma senhora rodeada do conforto e do bem--estar que lhe deviam reservar a fortuna do seu marido" (*A Sentinela*, Nova Friburgo, 4 jun. 1899).

O Hotel Salusse

Como já dissemos, a expansão de Nova Friburgo a partir de meados do século XIX esteve, sem dúvida, diretamente associada à das fazendas de café localizadas na região de Cantagalo. O desenvolvimento das trocas comerciais em Nova Friburgo incentivou alguns melhoramentos do núcleo urbano e estimulou os habitantes da Corte e de outras cidades próximas a usufruírem de um clima ameno, que fazia bem à saúde, o que por sua vez levava à abertura de novos empreendimentos como hotéis, colégios, belas residências e lojas comerciais.

O núcleo fundado pelos suíços, que parecia fadado ao fracasso total, havia sobrevivido às vicissitudes dos tempos iniciais fazendo com que muitos dos seus primeiros imigrantes realizassem seus sonhos de uma vida melhor nas terras tropicais do Novo Mundo.

A pequena e simples hospedaria criada no fim da década de 1830 por Marianne e Guillaume Salusse com a finalidade inicial de receber doentes foi crescendo aos poucos, e na segunda metade do século tornou-se um dos mais importantes hotéis da cidade. Ao comentar a vocação de cidade de veraneio de Nova Friburgo, Galdino do Valle Filho destaca exatamente o papel do Hotel Salusse. Diz ele:

Bem frequentado por uma elite social que se abalava do Rio de Janeiro aos primeiros calores do estio acossada pelo pavor da febre amarela, regurgitante de hóspedes que de toda a parte acorriam para as duchas de que, graças à iniciativa do Dr. Eboli, a cidade mantinha então o privilégio, o Hotel Salusse era então o *clou* social e o centro da *season*. [Valle Filho, 1928:63]

O inventário de Guillaume Salusse, datado de 1875, ano de sua morte, permite perceber o porte do hotel naquela época.[10] Eram 30 quartos com mobiliário semelhante, mas que se diferenciavam pela qualidade do material e pelo estado de conservação, o que influía na avaliação. Os móveis do quarto número 15, por exemplo, foram avaliados em 20$000, os do número 4, em 50$000, e os do número 10, em 90$000. O hóspede que se alojasse no quarto número 15 iria dispor de "uma marquesa quebrada; uma cômoda quebrada (pintada à americana); uma mesa; um lavatório; uma cadeira ordinária; dois jarros; dois colchões; duas almofadas; um travesseiro e uma bacia ordinária"; no quarto número 4, de "duas marquesas, uma mesa com gaveta, uma cômoda, um lavatório com pedra e espelho, de cedro e em mau estado, três colchões, seis almofadas, um jarro, uma bacia, uma moringa e duas cadeiras"; no quarto número 10, de "uma cama de casal americana, pintada; uma cômoda de cedro; um lavatório de vinhático com pedra mármore e espelho oval; uma mesa de jacarandá; uma mesa de cabeceira americana; duas cadeiras de jacarandá; um jarro, uma bacia, uma moringa, dois colchões, travesseiros, duas almofadas e outro espelho".

A memória familiar conserva a imagem do hotel como um ambiente luxuoso, repleto de objetos requintados. Os avaliadores do espólio de Guillaume Salusse descrevem um mobiliário composto de várias peças, mas não mencionam obras de arte. Assim, o salão de baile do

---

[10] O inventário de Guillaume Salusse foi localizado por acaso no depósito do Foro de Nova Friburgo, onde documentos são conservados sem organização e em péssimas condições. A autora deste trabalho fez uma cópia do documento, mas nada garante que o original possa ser encontrado novamente em meio a um caos de poeira e papéis.

58 • HISTÓRIA DA IMIGRAÇÃO NO BRASIL

hotel era guarnecido com uma mobília de mogno composta de sofá com assento de palhinha, quatro cadeiras de braço, 17 cadeiras singelas e seis aparadores; uma mobília de peroba composta de um sofá com assento de palhinha, quatro cadeiras de braço e 18 cadeiras singelas; e uma mobília austríaca com sofá de encosto e assento de palhinha e 28 cadeiras. Eram mencionadas também duas jarras para flores, um lustre de bronze e mais dois outros de material não especificado, com 12 luzes cada um, e quatro grandes espelhos com molduras douradas.

Um item de grande valor, que se destacava naquele ambiente especialmente preparado para os encontros sociais, era o piano — um piano francês da tradicional marca Pleyel. O piano, naquela época, não era meramente um instrumento musical, e sim o símbolo de um padrão de sociabilidade europeu. Segundo o historiador Luiz Felipe Alencastro (1997:47), o piano foi "a mercadoria-fetiche dessa fase econômica e cultural". Diante daquele "móvel aristocrático", "saraus, bailes e serões musicais tomavam um novo ritmo".

Frequentado pela elite de Nova Friburgo e também da Corte, o salão do Hotel Salusse era palco de grandes bailes nos meses mais quentes do ano. O fascínio exercido pelo local fica patente na nota do jornal *A Sentinela* em 1902: "Quem vai naquele salão de arquitetura antiga, ao penetrá-lo, sente a impressão que sentiria quem, feliz, transpusesse os cristalinos umbrais do encantado palácio das 'Mil e Uma Noites' onde à mão delicada da trêfega Fada Azul não escapou o mais pequeno senão."[11] É com base nesse tipo de registro que Sérgio Bittencourt-Sampaio assim reconstitui o brilho do salão:

> Em contraste com a severidade e monotonia da fachada, destacavam-se a opulência e o requinte do salão de festas, o mais amplo da cidade, decorado com belíssimo material de procedência francesa: densas cortinas de cor púrpura, belos e longos espelhos guarnecidos com galerias áureas minuciosamente esculpidas em toda a extensão das paredes, os quais

---

[11] *A Sentinela*, 10 fev. 1902. Esta é a epígrafe do livro de Bittencourt-Sampaio (2005:10).

desdobravam ao infinito as imagens realçadas por resplandecentes lustres de cristal e candelabros. [Bittencourt-Sampaio, 2005:70].

Talvez o testemunho mais interessante seja o de Machado de Assis, que em 1879 esteve em Friburgo para descansar e cuidar da saúde abalada. Em crônica datada de 1893, o romancista menciona suas "reminiscências culinárias" e "coreográficas" do hotel de Marianne. Em tom nostálgico, escreve:

> Oh! Bons e saudosos bailes do salão Salusse! Convivas desse tempo, onde ides vós? Uns morreram, outros casaram, outros envelheceram; e, no meio de tanta fuga, é provável que alguns fugissem. Falo de quatorze anos atrás. Resta ao menos este miserável escriba que, em vez de lá estar outra vez, no alto da serra, aqui fica a comer-lhe o tempo.[12]

A *Grand Maman*

Após a morte de Guillaume, em 1875, Marianne ainda viveu muitos anos e realizou ainda grandes projetos. A descrição de Machado de Assis sobre o Hotel Salusse data exatamente do final dos anos 1870, quando, ao que tudo indica, o estabelecimento atingiu seu apogeu. A grande figura do Hotel Salusse era, certamente, aquela suíça pioneira, que desempenhava um papel-chave não só nos negócios da família, como na vida social da cidade. A história de Marianne é contada como uma saga por seus descendentes, que a elegem a figura central da família, por sua obstinação e capacidade de trabalho. Embora Guillaume Salusse seja também celebrado, o que é destacado em sua biografia é o fato de ter sido membro da marinha francesa sob as ordens de Napoleão. Mas é patente nos relatos a secundarização de seu papel diante de Marianne, que é chamada por todos de *Grand Maman*.[13]

---

[12] Crônica publicada em *A Semana*, em 22 de janeiro de 1893. Machado de Assis (1962).
[13] Sobre a construção da memória familiar em torno de Marianne Salusse, ver Ferreira e Dantas (2000).

60 · HISTÓRIA DA IMIGRAÇÃO NO BRASIL

A trajetória de Marianne pode ser vista como um exemplo do percurso que os imigrantes suíços tiveram no Brasil e sua contribuição para o povoamento de uma região ainda desocupada, e para o dinamismo das atividades urbanas na nova cidade que nascia. Marianne faleceu em 1900 aos 94 anos.

Considerações finais

Retomando ao nosso ponto de partida, podemos aprofundar a reflexão sobre o significado das comemorações tanto para os nova friburguenses como para os cidadãos suíços, especialmente os dos cantões do Jura e Fribourg. A despeito dos protestos e críticas que os eventos comemorativos ensejaram no Brasil, podemos dizer que é possível extrair benefícios dessas ocasiões.

Como dissemos no início, as comemorações estão intimamente relacionadas com memória e identidade e sua análise nos dá a oportunidade de acompanhar o trabalho permanente de reelaboração da memória ao selecionar o que deve ser valorizado e o que deve ser esquecido. Isto permite ao historiador combater o determinismo e o relativismo. Por meio das comemorações é possível captar a diversidade de visões ao longo do tempo e desnudar os conflitos e enquadramentos da memória.

Além disso, a prática das comemorações tornou-se um estímulo para pesquisas sobre o tema ao permitir a apresentação dos resultados das investigações para além dos círculos de especialistas, pelos próprios historiadores. Isto porque comemoração e vulgarização podem perfeitamente se transformar em um instrumento útil para uma melhor difusão e avaliação crítica do passado (Jean Boutier e Dominique Julia, 1998). Assim, além de as comemorações auxiliarem no estabelecimento de canais de comunicação com o grande público, os eventos comemorativos podem significar um caminho para se alcançarem objetivos de caráter estritamente acadêmicos, resultando daí benefícios para a própria construção historiográfica.

No caso específico da imigração suíça para a fazenda do Morro Queimado, muitas vezes interpretada como uma iniciativa fracassada, a dispersão ocorrida na colônia de imigrantes teria sido a responsável por não terem restado marcas identitárias na sociedade atual. Segundo essa visão, a construção de uma memória que favorece a ideia de Nova Friburgo como a "Suíça Brasileira" carece de legitimidade e é resultado de distorções e silenciamentos acerca das contribuições de outros grupos sociais na formação da cidade.

Diversamente, as considerações apresentadas neste texto indicam que, se o objetivo de criação de uma colônia de produção de alimentos baseada no trabalhador livre não alcançou os resultados esperados, a vila recém-criada de Nova Friburgo exerceu outras funções importantes, como entreposto comercial e polo educacional e de tratamento de saúde, garantindo, assim, o sucesso da iniciativa. Além disso, podemos dizer que, na atualidade, a ativação de um conjunto de lembranças que narra o percurso da imigração suíça expressa a existência de uma memória subterrânea que, mesmo esquecida durante muitos momentos, renasce, atestando a relevância desse passado distante para a atualização da identidade dos cidadãos friburguenses e servindo como arma política para enfrentar novos desafios.

Referências

ALENCASTRO, Luiz Felipe. Vida privada e ordem privada no Império. In: _____ (Org.). *Império*: a corte e a modernidade nacional. São Paulo: Companhia das Letras, 1997 (Fernando Novais (Dir.). *História da vida privada no Brasil*, v. 2).

ARAÚJO, João Raimundo. *Nova Friburgo*: o processo de urbanização da Suíça Brasileira. Dissertação (mestrado) — Universidade Federal Fluminense, Niterói, 1992.

_____; MAYER, Jorge Miguel. *Teia serrana*: formação histórica de Nova Friburgo. Rio de Janeiro: Ao Livro Técnico, 2003.

BITTENCOURT-SAMPAIO, Sergio. *O Hotel Salusse*. Nova Friburgo: MZF, 2005.

62 • HISTÓRIA DA IMIGRAÇÃO NO BRASIL

BON, Henrique. *Imigrantes*: a saga do primeiro movimento migratório organizado rumo ao Brasil às portas da Independência. 2. ed. Nova Friburgo: Imagem Virtual, 2004.

BOUTIER, Jean; JULIA, Dominique. *Passados recompostos*: campos e canteiros da história. Rio de Janeiro: Ed. FGV; UFRJ, 1998.

COSTA, Ricardo da Gama Rosa. *Visões do paraíso capitalista*: hegemonia e poder simbólico na Nova Friburgo da República. Niterói: Dissertação (mestrado) — Universidade Federal Fluminense, Niterói, 1997.

ERTHAL, Clelio. *Cantagalo*: da miragem do ouro ao esplendor do café. Niterói: Gráfica Erthal, 1992.

FERREIRA, Marieta de Moraes. *Histórias de família*: casamentos alianças e fortunas. Rio de Janeiro: Leo Cristiano Editorial, 2008.

_____; AMADO, Janaína (Org.). *Usos e abusos da história oral*. Rio de Janeiro: Editora FGV, 1996.

_____; DANTAS, Camila. Immigration and memory. In: INTERNATIONAL ORAL HISTORY CONFERENCE, XI, 2000, Istambul. *Proceedings...* v. 1.

FAUSTO, Boris. *Negócios e ócios*: histórias da imigração. São Paulo: Companhia das Letras, 1997.

FOLLY, Luis Fernando Dutra. *A história da praça Princesa Isabel*: o projeto esquecido do Glaziou. Rio de Janeiro. UFRJ-FAU, 2007.

GARDE, Paul. Fault il comémorer? *Le Monde*, 1 ago. 1996.

GILLIS, John. *Comemorations*: the politics of national identity. Princeton: Princeton University Press, 1994.

JOUTARD, Philipe. Memória e história: ¿como superar el conflicto? *História, Antropologia y Fuentes Orales*. Atravesar el Espejo, Barcelona, n. 38, p. 115-122, 2007.

MACHADO DE ASSIS, Joaquim Maria. *Obra completa*. Rio de Janeiro: Aguilar, 1962, v. III.

MALERBA, Jurandir. *A corte no exílio*: civilização e poder no Brasil às vésperas da independência. 2. ed. São Paulo: Companhia das Letras, 2018.

MAYER, Jorge Miguel; PEDRO, José Carlos. *Vida e morte na colônia de Nova Friburgo*: um estudo demográfico. Nova Friburgo, 1991. Mimeografado.

MELNIXENCO, Vanessa Cristina. *Friburgo e filhos*: tradições do passado e invenções do futuro. Rio de janeiro: Dissertação (mestrado) — Programa de Pós-Graduação em História, Universidade Federal do Estado do Rio de Janeiro, Rio de Janeiro, 2014.

MELNIXENCO, Vanessa Cristina. *Nova Friburgo 200 anos*: da memória do passado ao projeto de futuro. Nova Friburgo: Novas Direções, 2018, p. 21. Disponível em: <https://sites.google.com/djoaovi. com/fundacaodjoaovi/arquivo/nova-friburgo-200-anos>. Acesso em: 22 abr. 2019.

NICOULIN, Martin. *A gênese de Nova Friburgo*: emigração e colonização suíça no Brasil. Rio de Janeiro: Fundação Biblioteca Nacional, 1995.

POLLACK, M. Memória e identidade social. *Estudos Históricos*, v. 5, n. 10, p. 200-212, 1992.

POMPEU, Júlio. *Álbum de Nova Friburgo*. Petrópolis: Oficinas Gráficas L. Silva e C., 1919.

RAYNAUD, Philippe. La comemoratión: ilusion ou artifice? *Le Debat*, n. 78, p. 104-106, jan./fev. 1994.

SANGLARD, Gisele. De Nova Friburgo a Fribourg através das letras: a colonização suíça vista pelos próprios imigrantes. *História, Ciências, Saúde — Manguinhos*, Rio de Janeiro, v. 10, n. 1, p. 173-202, jan./ abr. 2003.

VALLE FILHO, Galdino do. *Lendas e legendas de Nova Friburgo*. Rio de Janeiro: Oficina gráfica A pernambucana, 1928.

História da imigração (1830-1880)

Rui Aniceto Nascimento Fernandes
Julianna Carolina Oliveira Costa

A imigração está na pauta do dia, no Brasil e no mundo. Os últimos tempos têm sido marcados por levas de deslocamentos humanos, impulsionados especialmente por guerras, fome, doenças, desastres naturais e divergências políticas. A bem da verdade, a e/imigração está na pauta, pelo menos, desde o século XIX. Naquele momento a consolidação do regime capitalista promoveu excedentes populacionais na Europa que buscavam alternativas de vida nas colônias europeias espalhadas pela África, Ásia e Oceania, ou então nas nações recém-independentes da América. Questões como a ocupação do território, a utilização da mão de obra livre e questões raciais ditavam os parâmetros dos debates. Ao longo do século XIX e princípios do XX, o Brasil figurou como o quarto maior destino de imigrantes que se deslocaram para a América.[1]

Os estudos relativos à imigração sobre o século XIX dão maior destaque às iniciativas imigrantistas promovidas no período joanino — em especial a imigração suíça e a criação da Colônia de Nova Friburgo, no Rio de Janeiro — e, posteriormente, aos debates pós-1870 no bojo das discussões sobre o fim da escravidão e a necessidade de braços para a manutenção da produção agrícola. O período compreendido entre as décadas de 1820 e 1870 teria sido marcado por resultados pouco expressivos da política colonizadora do Estado, especialmente a década de

---

[1] Herbert Klein afirma que, entre 1821 e 1880, ingressaram 9,5 milhões de pessoas nos EUA, 1,4 milhão no Canadá; 455 mil no Brasil e 440 mil na Argentina. Para o período da Grande Imigração (1880-1915) os números seriam: 21 milhões nos EUA, 4,2 milhões na Argentina, 2,9 milhões no Brasil e 2,5 milhões no Canadá (Klein, 2000:22 e 25).

66 • HISTÓRIA DA IMIGRAÇÃO NO BRASIL

1830, devido ao conturbado contexto político do período regencial, e a década de 1840 pela malfadada experiência das colônias de parceria privadas, em destaque a ação do senador Vergueiro. Entre 1818-1850 o Brasil teria recebido menos de 20 mil europeus, dos quais um pouco mais de um quarto (6 mil) eram alemães que foram encaminhados para projetos coloniais na região sul do país (Carneiro, 1950:s.p.). Comparado com o período posterior, esse momento, estatisticamente, surgia como inexpressivo.

Nesse período, imigração e colonização tornaram-se duas faces de uma mesma moeda para a administração estatal. Estudos mais recentes indicam que, a partir da década de 1830, iniciou-se um movimento de interação entre o governo, os grandes proprietários e as sociedades de imigração no tocante a essas questões. Essa interação, no entanto, não significou consenso. A política imigrantista desse período foi marcada pelas contradições existentes na política brasileira, dominada por diferentes grupos da elite senhorial que muitas vezes possuíam interesses distintos. A partir desse momento, as políticas de imigração e de colonização passaram a variar de acordo com o grupo que estava no poder e que exercia maior pressão sobre a administração pública.

Apesar de todas as medidas adotadas para estimular a entrada de imigrantes no território brasileiro, somente na década de 1880 ocorreu o fortalecimento do fluxo imigratório, dando início ao período da Grande Imigração.

Entre o rei e o imperador: a opção pela colonização

A transmigração da Corte portuguesa, em 1808, para suas possessões americanas alterava seu estatuto jurídico-político, sendo o Brasil elevado a Reino Unido, sede da monarquia lusa e centro de reflexão sobre os destinos do vasto reino. Iniciavam-se também reflexões sobre os rumos que a administração do reino deveria dar em relação às questões da ocupação do território e da produção de gêneros agrícolas para o abastecimento da Corte, por exemplo. Data desse momento o início das políticas de imigração no Brasil. A promulgação do Decreto real de 25 de novembro de 1808 é considerada marco inicial do processo de regulamentação da colonização de estrangeiros e, consequentemente, de incentivo à imigração. Esse ato permitiu a concessão de sesmarias aos estrangeiros residentes no Brasil, visando estimular a vinda de imigrantes das mais variadas procedências para "aumentar a lavoura e a população [...] muito diminuta neste Estado" (Decreto, 25 nov. 1808). Ao incentivar a entrada de imigrantes no território americano das possessões portuguesas, a administração joanina pretendeu povoar as regiões interioranas por meio de uma imigração dirigida e subsidiada. Para tal adotou-se a lógica de ocupação de terras públicas baseada na pequena propriedade, na agricultura familiar e na policultura (Iotti, 2001:21). Projetava-se uma complementaridade entre os núcleos coloniais, o mundo agroexportador e as cidades então existentes, pois eles passariam a atender a uma demanda crescente por alimentos nos centros urbanos e nos latifúndios escravistas. Anunciava-se também, de maneira ainda pouco orgânica, que estes núcleos seriam propagadores de um ideal de civilização e progresso.[2]

Tal projeto contrastava com as grandes unidades monocultoras existentes no litoral, dirigidas por colonos brancos que exploravam numerosos contingentes de escravos indígenas ou negros (Prado Júnior, 1972:29 e 31). A colonização de estrangeiros possibilitaria o surgimento de um segmento social intermediário que se configura-

---

[2] No decreto de 6 de maio de 1818, que propõe a organização da colônia suíça no Rio de Janeiro, já se menciona que as colônias seriam estratégias para difundir a civilização e desenvolver o progresso do país: "Tendo determinado promover e dilatar a civilização do vasto reino do Brasil. A qual não pode rapidamente progredir sem o auxílio, e acrescentamento de habitante [...] E sendo-me solicitada pelo Cantão do Fribourg, em benefício aos seus súditos, a faculdade de se estabelecerem em alguma parte do mesmo Reino, uma Colônia, onde vivendo reunidos desfrutem debaixo da minha real proteção muitos cômodos, que atualmente se lhes dificultam no seu país natal, houve por bem de incumbir ao Ministro e Secretário do Estado dos Negócios de Reino, os regulamentos e ajustes a que se devesse proceder, para organizar e dirigir o sobredito estabelecimento" (Iotti, 2001:12).

68 • HISTÓRIA DA IMIGRAÇÃO NO BRASIL

ria como consumidor, mas também como fornecedor de braços no mercado de trabalho.

Apesar da importância atribuída a esse decreto, apenas 10 anos depois (1818) o Estado iniciou a imigração planejada e subsidiada. Neste ano, o suíço Sébastien-Nicolas Gachet propôs a d. João VI a formação de uma colônia suíça próxima à Corte para ajudar os habitantes do cantão de Fribourg, castigados por um rigoroso inverno e, consequentemente, pela baixa produção agrícola (Sanglard, 2003).[3] A proposta atendia ao interesse da Coroa de ocupar terras despovoadas, aumentando a produção e fornecendo alimentos para a cidade do Rio de Janeiro que sofria constantes crises de abastecimento (Petrone, 1987:259). Para assentar 100 famílias suíças, d. João VI mandou comprar a Fazenda do Morro Queimado, localizada em Cantagalo, região serrana da província do Rio de Janeiro.

Além de povoar terras desocupadas e abastecer a cidade do Rio de Janeiro, a colônia de Nova Friburgo aumentava a presença do elemento branco nos arredores da Corte. Apesar de as teorias raciais terem se disseminado a partir da segunda metade do século XIX, no começo do século, a noção hierárquica de civilização já estava por trás de certas características biológicas, como a cor da pele (Seyferth, 2002:119). Por meio do Decreto de 6 de maio de 1818, é possível perceber que, mesmo na ausência de um discurso explicitamente racista, o europeu de cor branca é considerado superior, pois a admissão de suíços no território brasileiro deveria "promover e dilatar a civilização do vasto Reino do Brasil" (Decreto, 6 mai. 1818).

A parceria com os suíços imprimiu uma diretriz na política governamental que foi mantida ao longo do século. O Estado custeou

---

[3] A colônia de Nova Friburgo não foi a primeira. Em 1812 foi fundada a colônia de Santo Agostinho, na província do Espírito Santo, com açorianos. O primeiro movimento colonizador do vasto território americano foi a colonização com populações de seus domínios. No entanto, não seria possível manter essa prática pela extensão territorial das possessões americanas, levando, então, à abertura para formação de colônias com súditos de outras nações.

HISTÓRIA DA IMIGRAÇÃO (1830-1880) • 69

as passagens transatlânticas; o transporte até o local de destino; construiu abrigos provisórios; concedeu terras, animais, ferramentas, víveres e um crédito em dinheiro por dois anos; entre outras vantagens (Decreto, 16 mai. 1818). Coube ao monsenhor Miranda, chanceler-mor do Reino do Brasil, a direção da colônia enquanto não fosse criada a Câmara Municipal, dotando a nova vila de autonomia administrativa.[4]

A essas seguiram-se iniciativas na província baiana: colônia Leopoldina (1818) e São Jorge dos Ilhéus (1822).

A independência do Brasil, em 1822, não alterou a orientação colonizadora da política imigrantista do período precedente. No entanto, agregou-se mais um papel aos novos núcleos que deveriam ser formados: a defesa das fronteiras. Além de estimular a ocupação de terras para a produção de alimentos, voltada para o abastecimento, d. Pedro I defendia que os núcleos coloniais deveriam se localizar nas áreas de fronteira para a defesa do território nacional, especialmente no sul do país. Região conflituosa desde tempos coloniais, no momento pós-independência havia uma disputa entre o Brasil e a Argentina pelo domínio da província Cisplatina que, em 1825, culminou em guerra (Seyferth, 2002:119).

A arregimentação de estrangeiros para um projeto de colonização, que possibilitasse a realização do serviço militar obrigatório antes de serem assentados como colonos, foi uma prática durante o Primeiro Reinado. Apresentava-se como uma possibilidade para solucionar a falta de contingente no exército brasileiro, logo após a emancipação política e o início da Guerra Cisplatina. Dirigentes políticos passaram a desconfiar que, sob o pretexto da colonização, d. Pedro I estivesse reunindo forças para formar um exército que atendesse aos seus interesses pessoais, como uma nova união entre o Brasil e Portugal (Pozo, 2010; Meléndez, 2014).

---

[4] O Alvará de 3 de janeiro de 1820 elevou a colônia à condição de vila da Nova Friburgo.

70 · HISTÓRIA DA IMIGRAÇÃO NO BRASIL

Apesar das crescentes resistências à política de imigração e colonização, durante o Primeiro Reinado foram estabelecidas sete colônias oficiais e uma particular no Sul do país.[5] Entre elas, destaca-se a colônia de São Leopoldo, cuja fundação, em 1824, marca o início do processo de colonização com imigrantes não lusos no Rio Grande do Sul.[6] Neste momento, os germânicos foram eleitos como os povos preferenciais para que fossem atraídos para o país. Tal escolha se dera por influência da imperatriz Leopoldina, filha do imperador Francisco I, da Áustria. Além da questão racial, que já orientava essa escolha, os alemães eram considerados bons agricultores, exigência presente em toda legislação imigratória vinculada à colonização.

Para o recrutamento desses imigrantes, foi designado o major Georg Anton Schäffer, que obteve apoio dos próprios dirigentes dos estados germânicos, desejosos de estimular a saída dos excedentes populacionais (Siriani, 2005). Esses futuros colonos eram atraídos pelas promessas de certos benefícios, como passagens gratuitas para o Brasil, concessão de terras ao Sul do país e a distribuição de sementes e animais. Além de recrutar colonos agrícolas, Schäffer também arregimentou profissionais como pedreiros, carpinteiros, ferreiros, médicos e pastores.

As reações a essa política não se fizeram esperar. Em 1828, Nicolau dos Santos Vergueiro declarou que "chamar os colonos para fazê-los proprietários a custas de grandes despesas, é uma prodigalidade ostentosa, que não se compadece com o apuro de nossas finanças"

---

[5] São Leopoldo (1824), Três Forquilhas (1826), São Pedro de Alcântara das Torres (1826), Santo Amaro (1827), Itapecerica (1827), Mafra (1829), Rio Negro (1829), São Pedro de Alcântara (1829).

[6] Desde 1747, a Coroa portuguesa estimulou a vinda de açorianos para a ocupação do território brasileiro, sobretudo na região Sul. Os açorianos eram súditos portugueses e, portanto, não poderiam ser considerados imigrantes. A partir da independência política do Brasil, em 1822, os açorianos residentes no Brasil, que não se naturalizaram, converteram-se em imigrantes. É muito provável que essa experiência tenha servido de inspiração para as medidas de imigração e colonização propostas no período joanino (Piazza, 1997:119-128).

(Vergueiro, apud Petrone, 1982:22). O futuro senador discordava da concessão de terras aos imigrantes, entre outros motivos, pelas dificuldades financeiras do Estado. Em seu parecer expressava as ideias de setores da aristocracia agrária, defendendo que os imigrantes deveriam ser enviados como mão de obra livre para as fazendas, onde poderiam reunir recursos para adquirir ou arrendar terras.

Diante da oposição parlamentar e das dificuldades financeiras, em 1830, ocorreu a suspensão da política de imigração estatal. Neste ano, o parlamento aprovou a Lei de Orçamento que impedia gastos com a colonização estrangeira. Tal medida inviabilizou o agenciamento de imigrantes e, consequentemente, impediu a manutenção do fluxo imigratório, visto que não havia uma imigração espontânea significativa para o Brasil. Nos anos seguintes, foi preciso desenvolver novas estratégias para promover a entrada de imigrantes no país e o assentamento dos estrangeiros recém-chegados.

Até o Primeiro Reinado, a política nacional de imigração e colonização tinha incluído noções do Antigo Regime sobre povoamento, que tratavam da ocupação efetiva e da defesa geopolítica, especialmente em relação à Província Cisplatina. Porém, quando d. Pedro II subiu ao trono em 1840, a maneira como a colonização era discutida e aplicada no Brasil havia mudado drasticamente. A imigração e a colonização estrangeiras, constantemente criticadas pelos homens do Estado brasileiro, tornaram-se temas correntes entre legisladores e ministros durante a Regência. Entre os muitos preceitos da imigração e da colonização, a crença de que empresas privadas especializadas, e não o governo, eram o melhor veículo para a realização dos planos de colonização angariou um número particularmente grande de seguidores naqueles anos tão cruciais para a estruturação política do país.

Ausência de interesse na imigração? Os anos 1830 e 1840

O período regencial é considerado um interregno nas ações imigrantistas no Brasil. Tal afirmação se dá tendo em vista a ausência de

72 • HISTÓRIA DA IMIGRAÇÃO NO BRASIL

dotação orçamentária para o governo imperial investir na atração de imigrantes e na constituição de núcleos coloniais. No entanto, como afirma Meléndez, é preciso "colocar de lado a alegação generalizada de que os esforços de colonização foram oficialmente suspensos depois da supressão de verbas provinciais para colonização", pois os empreendimentos continuaram sob diferentes formas (Meléndez, 2014:43). Neste momento de instabilidade política há uma confluência de atores que propõe novos rumos no debate sobre a política e as ações imigrantistas no país. É nesse período que agentes da administração imperial, setores da oligarquia agrária e empresários dedicados à imigração constituem um projeto de atração e uso da mão de obra estrangeira que perdurará até a década de 1880. Surgiu uma forte corrente que defendia a não interferência do Estado imperial na política de imigração e colonização e que esta deveria ficar a cargo das elites regionais, associadas às empresas criadas com tal fim, para atender seus interesses em obtenção de mão de obra.

O Ato Adicional de 12 de agosto de 1834 reformou a organização política e administrativa do Império, delegando maior autonomia às províncias. Para Iotti (2001:23), esse ato também abarcava as questões da imigração e da colonização. O compartilhamento de responsabilidades, no entanto, não teria sido acompanhado de medidas práticas pois não havia dotações orçamentárias para tal. O decreto de 12 de abril de 1835 reiterava a Lei orçamentária de 1830, indisponibilizando recursos para a criação de núcleos coloniais, porém não limitava as províncias de manter contratos com empresas privadas que pudessem promover a imigração e a colonização (Meléndez, 2014:47). Em 1836, a província de Santa Catarina elaborou uma legislação reguladora da temática e permitiu que a colonização fosse promovida por meio de companhias colonizadoras ou de empresas nacionais ou estrangeiras (Piazza, 1997:204).

A descentralização da política de imigração fomentou a criação de empresas privadas, "sociedades", que viam aí um filão de atuação. Em 1835, em Salvador foi criada a Sociedade Colonizadora da Bahia. Seguindo seus moldes, no ano seguinte, foi fundada a Sociedade Promotora

HISTÓRIA DA IMIGRAÇÃO (1830-1880) • 73

de Colonização do Rio de Janeiro, sendo "saudada entusiasticamente pelo governo imperial", por meio de Aviso de 8 de março de 1836 (Gonçalves, 2008:138). Seu estatuto definiu como objetivo central o fomento à imigração de colonos e instituiu o regulamento de funcionamento. A Sociedade arcaria com todas as despesas de transporte dos colonos — da Europa para o Brasil e do porto do Rio de Janeiro até o destino final —, lhes propiciaria emprego ou ocupação. Para a hospedagem dos recém-chegados, poderiam ser utilizados armazéns, casas ou depósitos. Havia também a possibilidade de fundar estabelecimentos rurais e oficinas para empregar os colonos até conseguirem pagar as despesas de transporte ou serem contratados por terceiros (Torres, 1836).

É interessante destacar que essas sociedades eram constituídas por empreendedores e políticos que ocupavam postos-chaves para influenciar as políticas de imigração e colonização do governo central. A Sociedade baiana teve, entre seus presidentes, Miguel Calmon du Pin e Almeida, que foi ministro da Fazenda durante o Primeiro Reinado e no período regencial. Já a Sociedade do Rio de Janeiro tinha, entre seus acionistas, membros da elite fluminense,[7] políticos de outras províncias,[8] além de diplomatas e comerciantes.[9] Seu primeiro presidente foi Pedro de Araújo Lima, que, pouco depois, foi escolhido como regente, por Diogo Feijó, em 1837. No ano seguinte, Antônio Francisco de Paula de Holanda e Cavalcanti assumiu a presidência da Sociedade, sendo nomeado senador do Império, logo depois.

O início das atividades de recrutamento e introdução de imigrantes pelas Sociedades ocorreu no mesmo momento em que se reafirmava o fim do financiamento governamental para atividades relacionadas com a colonização. Os orçamentos de 1837-1838 não vinculavam dotações para o financiamento central para atividades relacionadas com

---

[7] Nogueira da Gama, Gonçalves de Morais e Souza Breves.

[8] Marquês de Barbacena, Francisco Gê de Acayaba de Montezuma e Nicolau dos Santos Vergueiro.

[9] Luiz de Menezes Vasconcellos Drummond e Francisco da Paula Veloso, respectivamente.

74 • HISTÓRIA DA IMIGRAÇÃO NO BRASIL

a colonização, o que se seguiu até 1843-1844. Tais acontecimentos não devem ser considerados coincidência. Membros das referidas sociedades foram legisladores e ministros do período regencial, exercendo forte influência sobre o aparelho administrativo. Nesses postos sancionaram políticas que favoreciam empresas privadas de colonização, defendendo que estas eram os veículos ideais para executar o projeto de assentamento de estrangeiros em território brasileiro. Miguel Calmon afirmava, em 1835, que "o governo deveria se concentrar na administração pública e deixar companhias privadas fazerem o trabalho da colonização" (Meléndez, 2014:43).

O governo brasileiro não era alijado completamente do processo. Era sua responsabilidade supervisionar as transações relacionadas com a colonização que tivessem sido realizadas por empresas privadas.

Os fluxos migratórios estavam acontecendo em todo o mundo desde o início do século XIX, intensificando-se gradualmente (Hobsbawm, 1996). A localização geográfica do Rio de Janeiro havia colocado o Brasil em um ponto-chave dos roteiros dos deslocamentos. A cidade era um importante ponto de passagem não só para navios que seguiam em direção a Montevidéu e Buenos Aires, mas também para colônias britânicas no Pacífico. O porto do Rio era ponto de parada para navios que precisavam se reabastecer com água potável ou gêneros alimentícios, além de realizar reparos. As elites políticas brasileiras ajustaram suas ações a esses fluxos migratórios.

Era prática comum entre funcionários do porto, e até mesmo entre políticos, aliciar imigrantes em trânsito, durante a permanência do navio no Rio de Janeiro. Também eram frequentes as acusações contra o governo por tentar convencer colonos que se dirigiam para outros países a permanecer no Brasil.[10] Foi o que ocorreu com os co-

---

[10] Em 1835, o governo brasileiro aprovou uma lei que oferecia isenção de taxa de ancoragem para qualquer navio que transportasse mais de 100 colonos brancos (Lei nº 99, de 31 de outubro de 1835). A suspensão de uma fonte de receita do Estado como a taxa de ancoragem fazia parte dos esforços das autoridades para atrair navios com migrantes para o solo brasileiro.

lonos originários das ilhas Canárias que tinham sido contratados para trabalhar no Uruguai, mas foram aliciados pela Sociedade Promotora de Colonização, em 1836. Desse modo, o governo brasileiro se eximia das transações de colonização que mais tarde poderiam se transformar em situações diplomáticas delicadas (Meléndez, 2014:53).

Outro caso ilustrativo foi o dos alemães que haviam sido contratados para trabalhar na Austrália, então possessão britânica (Meléndez, 2014:54-55). Os germânicos haviam partido de Havre no navio francês *Justine* e, após sobreviverem a uma tempestade no Atlântico, aportaram no Rio de Janeiro, em novembro de 1837. Enquanto o capitão supervisionava o reabastecimento do navio, um suposto funcionário do governo brasileiro lhe ofereceu dinheiro para desembarcar os colonos alemães e permitir que eles permanecessem no Brasil. O capitão do *Justine* recusou a oferta para honrar seu contrato de serviço inicial, mas os alemães realizaram um motim, se recusando a continuar viagem. O capitão acabou aceitando uma nova proposta do governo. Na primeira semana de dezembro, a Sociedade Promotora da Colonização oferecia 226 lavradores alemães a quem tivesse interesse em empregá-los, de acordo com anúncio no *Jornal do Comércio* (*Jornal do Commercio*, 9 dez. 1837, p. 2).

O que estava em jogo, naquele momento, era a questão da mão de obra para as lavouras. Ao longo da primeira metade do século XIX, por forte pressão inglesa,[11] o tráfico transatlântico de escravo passou por períodos de diminuição, até a sua proibição com a Lei Eusébio de Queiroz, em 1850. Nesses intervalos, como alternativa à redução do fornecimento de mão de obra escrava, houve o crescimento da contratação de imigrantes para trabalharem em obras públicas, nas fazendas de café ou em outras atividades (Hall e Stolcke, 1984). A Lei

---

[11] A Lei de 7 de novembro de 1831 foi resultado das exigências do governo inglês para reconhecer a independência do Brasil. A referida lei proibiu a entrada de africanos no país. Apesar de não haver intenção das autoridades brasileiras de aplicar essa lei, ela suscitou importantes discussões sobre a substituição da mão de obra escrava para a livre.

76 • HISTÓRIA DA IMIGRAÇÃO NO BRASIL

nº 108, de 11 de outubro de 1837, sobre contratos de locação de serviços, se propôs a regulamentar o trabalho livre, especialmente dos imigrantes (Iotti, 2001:23).

Terra, trabalho, raça, civilização e imigração, no terceiro quartel do século XIX

A questão da terra e do trabalho

Ao longo do século XIX e em princípios do XX, o café foi o sustentáculo da economia brasileira. A cafeicultura, que inicialmente havia se desenvolvido no vale do Paraíba fluminense e na Zona da Mata mineira, seguiu o trajeto do rio Paraíba e chegou até São Paulo. Posteriormente, alcançou o centro e o oeste da província. A exploração desta última área de expansão foi facilitada com a expansão das linhas férreas que possibilitou interligá-la às zonas urbanas, garantindo maior agilidade no escoamento do café e reduzindo o custo do transporte. A distância já não era um empecilho para o desenvolvimento da cafeicultura em terras cada vez mais afastadas do litoral e das zonas portuárias.

A expansão cafeeira mantinha a estrutura tradicional. Utilizava-se o braço escravo levando à sua concentração na região cafeicultora. A princípio, o abastecimento de escravos ocorreu por meio da intensificação do tráfico transatlântico de africanos. Em 1850, após a promulgação da Lei Eusébio de Queiroz, a aquisição de cativos passou a ser realizada através do tráfico interprovincial, mediante a compra em outras províncias, sobretudo no Norte. Com o tempo, o governo passou a taxar essa atividade e o número de escravos nas províncias do Norte diminuía. Os escravos tornavam-se cada vez mais caros e mais difíceis de serem obtidos.

A introdução de imigrantes surgiu como uma alternativa para a carência de braços nas grandes fazendas de café (Basseto, 1982:106). O posicionamento dos cafeicultores ante a política de imigração e colonização promovida pelo governo imperial esteve, portanto, relacionado com a necessidade de abastecimento de mão de obra para as suas plantações. Na primeira década do século XIX, a classe senhorial, antevendo a suspensão do tráfico negreiro, discutiu a possibilidade de substituição dos escravos por trabalhadores europeus (Basseto, 1982; Beiguelman, 1981; Gonçalves, 2008). Contudo, as medidas adotadas pelo governo imperial orientavam o fluxo de imigrantes para os núcleos coloniais, desviando-o das grandes fazendas. Os cafeicultores se opuseram então à política de imigração e colonização, reivindicando para suas lavouras os estrangeiros que ingressavam no Brasil.

A preocupação com o destino da escravidão e o processo de transição para o trabalho livre tiveram reflexo na Lei de Terras, sancionada poucos dias após a Lei Eusébio de Queiroz. A Lei de Terras garantiu ao governo brasileiro a regulação sobre a posse da terra, colocando fim à apropriação de terras públicas de forma livre e desordenada. A partir daquele momento, a garantia de propriedade sobre a terra só poderia ser adquirida mediante a compra (Martins, 2010; Dean, 1971, 1977; Motta, 2006). A medida procurava restringir o acesso a lotes de terra à população negra e mestiça, além de destinar os recursos da venda à introdução de imigrantes. Para delimitar, dividir e proteger as terras devolutas, foi criada a Repartição Geral de Terras Públicas, que também se encarregou de promover a colonização nacional e estrangeira (Iotti, 2001:24).

Para Petrone, a Lei de Terras também pode ser interpretada como resultado da reivindicação dos grandes cafeicultores, que buscavam atrair para suas lavouras os imigrantes que chegavam ao Brasil (Petrone, 1987:263). Nesse sentido, eles eram contrários à doação de terras para a formação de núcleos coloniais. A classe latifundiária defendia que a Lei de Terras criava condições para os imigrantes adquirirem lotes de terras, após alguns anos de trabalho nas lavouras de café, onde poderiam reunir os recursos necessários para futuramente se tornarem proprietários de terras, como havia declarado Nicolau dos Santos Vergueiro, em 1828. No entanto, não era exatamente o que ocorria na prática, pois a classe latifundiária frequentemente criava mecanismos para manter o imigrante preso à sua propriedade.

78 • HISTÓRIA DA IMIGRAÇÃO NO BRASIL

Em *Memórias de um colono no Brasil*, o suíço Thomas Davatz narra em detalhes a situação dos imigrantes na Fazenda Ibicaba, propriedade do Senador Vergueiro. O desejo por melhores condições de vida levou Davatz a emigrar da Suíça para o Brasil, em 1854, após ter contato com a propaganda produzida pelo governo brasileiro. No Brasil, não tardou a perceber que se permanecesse na Fazenda de Ibicaba estaria fadado a um regime de trabalho semelhante à escravidão, pois havia um "processo de escravização do colono [cujo objetivo] era endividá-lo inicialmente para que ele depois não pudesse mais se libertar do fazendeiro" (Davatz, 1972). Davatz conseguiu burlar a censura imposta à correspondência dos imigrantes, enviando às autoridades suíças um relatório no qual denunciava a péssima situação dos colonos. Temendo pela segurança de Davatz, os colonos suíços cercaram a sede da fazenda, no episódio que ficou conhecido como Revolta de Ibicaba.

O senador Vergueiro foi o pioneiro na prática da colônia de parceria, ao introduzir esse sistema na sua fazenda com a vinda de 80 famílias alemãs, em 1847. Na colônia de parceria os cafeicultores recebiam, em média, 10 contos de réis de empréstimos do governo imperial. A quantia deveria ser devolvida sem juros, dentro do prazo de seis anos. Esse valor era usado para contratar empresas que realizavam o recrutamento e o transporte de imigrantes europeus. O sistema de parceria provocou descontentamento entre os imigrantes, principalmente pela falta de clareza dos contratos e das cláusulas que eram desfavoráveis a eles. A Revolta de Ibicaba, em 1856, assinalou o abandono desse sistema nas fazendas paulistas. Para Petrone (1987:23), a falência do sistema de parceria ocorreu devido à mentalidade escravista. Segundo ela, "não era fácil introduzir o trabalhador livre que não tinha emigrado para se sujeitar a certas condições de vida e de trabalho que o fazendeiro queria lhe impor".

Em 1857, Davatz retornou para a Suíça. No ano seguinte, publicou o livro *Memórias de um colono no Brasil* com o objetivo de alertar seus conterrâneos sobre os males da emigração. A repercussão do livro fez com que, em 1859, fosse promulgado o regulamento von der Heydt, suspendendo o agenciamento de emigrantes da Prússia para São Paulo. Em 1871, a medida estendeu-se a todo o território brasileiro. A Inglaterra e a França também adotaram medidas restritivas à imigração para o Brasil nos anos de 1875 e 1876, respectivamente.

No ano seguinte à Revolta de Ibicaba, o governo imperial publicou a Decisão nº 340, de 26 de setembro de 1857, na qual estabeleceu as bases dos contratos de colonização de terras. Foram concedidos adiantamentos para pessoas e companhias que se dedicavam à introdução de imigrantes com destino aos núcleos coloniais. Além disso, a decisão garantiu a esses imigrantes um auxílio em dinheiro para o abatimento das suas dívidas com transporte.

Paralelamente ao sistema de parceria, a iniciativa privada passou a se interessar pela criação de núcleos coloniais, na medida em que mostrou ser um negócio altamente lucrativo. Após 1850, diversos foram os decretos promulgados, autorizando o funcionamento de sociedades colonizadoras e aprovando contratos entre o governo e particulares para venda e colonização de terras devolutas. Entre eles, destaca-se o Decreto nº 537, de 15 de maio de 1850, aprovando o contrato celebrado com a Sociedade Colonizadora de Hamburgo, para a fundação de uma colônia agrícola em terras pertencentes ao dote da princesa dona Francisca, na província de Santa Catarina.

São inúmeros os exemplos de particulares ou sociedades que se lançaram a organizar núcleos coloniais no Rio Grande do Sul, Santa Catarina e Paraná, devido ao baixo valor da terra nesses locais, o que possibilitava maior lucro com a venda de lotes aos imigrantes. Cabe salientar que a criação de núcleos coloniais em São Paulo foi realizada com objetivos diversos aos do Sul do país. Os núcleos paulistas, situados à margem das grandes fazendas de café, deveriam funcionar como uma espécie de isca para a atração de imigrantes. Acenava-se aos imigrantes com a possibilidade de tornarem-se pequenos proprietários depois de um período trabalhando nas lavouras de café, onde poderiam fazer poupança e teriam a oportunidade de se familiarizar com as técnicas agrícolas de um país tropical. Nas pequenas propriedades,

80 · HISTÓRIA DA IMIGRAÇÃO NO BRASIL

o imigrante deveria produzir alimentos para o mercado interno. Os núcleos coloniais paulistas assegurariam o abastecimento das grandes fazendas e das cidades que cresciam diante da maior complexidade que a dinâmica da economia cafeeira exigia. A promulgação da Lei de Terras estabeleceu dois rumos para as políticas de imigração, no Brasil: uma ditada pelo governo imperial, criando núcleos coloniais de pequenos proprietários; outra pelos fazendeiros, interessados em imigrantes para a lavoura na medida em que o braço escravo se torna escasso (Carneiro, 1950:10). Ao transformar a terra em mercadoria, a Lei de Terras despertou interesses privados que intensificaram a formação de núcleos coloniais particulares e de companhias colonizadoras.[12]

A questão racial

A imigração europeia significou mais do que uma solução para o problema de povoamento ou de mão de obra, para a elite do Segundo Reinado. Sem dúvida alguma, ela foi resultado de mudanças econômicas e sociais, mas também das transformações culturais e mentais de uma sociedade influenciada por teorias cientificistas, como o determinismo e o evolucionismo.[13] Tais ideias podem ser demonstradas nos discursos produzidos pelas elites brasileiras em defesa da imigração europeia, nos quais se afirmava que somente com a vinda de povos considerados "superiores" e "morigerados" o Brasil alcançaria o progresso e a civilização (Menezes, 2005:4).

---

[12] Entre 1840 e 1850 foram organizadas 20 colônias; destas, sete eram imperiais e 13, particulares. De 1850 a 1889 foram criadas 250 colônias no Brasil; destas 197, (78,8%) eram particulares, 50 (20%), imperiais e 3 (1,2%), provinciais.

[13] As teses deterministas começaram a circular, na Europa, em princípios do século XIX, quando Georges Curvie desenvolveu o conceito de raça. No final da década de 1850, o determinismo foi reafirmado por Darwin após a publicação do livro *A origem das espécies*. Coube a Spencer, nesse momento, difundir e projetar o evolucionismo como teoria explicativa do processo civilizatório. No Brasil, tais ideias passam a ser mais discutidas com a geração de 1870.

HISTÓRIA DA IMIGRAÇÃO (1830-1880) • 81

De acordo com Seyferth, a questão racial esteve implícita nos projetos de atração de estrangeiros para o Brasil uma vez que a imigração europeia passou a ser representada como um processo civilizatório, no qual haveria uma participação extremamente limitada da população nacional (Seyferth, 2002:118). Com respaldo da ciência, os negros foram caracterizados como bárbaros, brutos e atrasados. Nesse contexto, os africanos e seus descendentes foram considerados inaptos para o trabalho livre na condição de pequenos proprietários rurais. Para as elites intelectuais, empregar trabalhadores africanos equivalia ao restabelecimento do tráfico e, consequentemente, ao aumento da africanização da sociedade e da cultura. Entretanto, considerando que as atividades rurais e urbanas estavam bastante comprometidas com o regime escravista, tornava-se imprescindível a substituição do braço cativo por braços livres.

A ambição brasileira era tornar-se um país cada vez mais civilizado. Isto implicava a defesa do imigrante europeu como verdadeiro agente do processo de civilização. Nesse sentido, muitos foram os discursos produzidos acerca da introdução de trabalhadores europeus, seja para promover a colonização ou para substituir a mão de obra escrava pela livre, pois, segundo as projeções racialistas do período, a imigração europeia facilitaria a chegada do progresso.

Entretanto, apesar das diversas tentativas de atrair imigrantes, o índice imigratório permanecia baixo. Na tentativa de atrair mais imigrantes chegou-se a especular a atração de asiáticos, entre 1854 e 1855. Debates acalorados foram travados sobre essa questão. Manoel Felizardo de Souza e Mello, diretor da Repartição Geral das Terras Públicas, a Sociedade Brasileira de Imigração, a Sociedade Central de Imigração e os jornais *O Paiz*, de Joaquim Nabuco, e a *Gazeta de Notícias*, de José do Patrocínio, eram contrários à imigração asiática (Dezem, 2003). Nesse período, companhias particulares firmaram acordos com fazendeiros interessados nos chins ou *coolies*, como eram denominados os asiáticos. O Decreto nº 4.547, de 9 de julho de 1870, legislou sobre essa questão. Com o objetivo de efetivar esse ato legislativo, foi criada a Sociedade

82 • HISTÓRIA DA IMIGRAÇÃO NO BRASIL

Importadora de Trabalhadores Asiáticos, dirigida por Manoel José da Costa Lima e João Antônio de Miranda e Silva.

Embora houvesse a necessidade de mão de obra, os asiáticos eram considerados inaptos por serem vistos como inferiores aos europeus. Alguns dos argumentos apresentados nos permitem perceber como os paradigmas europeus estavam presentes no Brasil e como os homens de letras posicionavam o país e o povo brasileiro no conjunto mais amplo das nações. Respondendo ao questionário enviado pelos organizadores do Congresso Agrícola, realizado no Rio de Janeiro em 1878, Eduardo A. Pereira de Abreu, representante dos "lavradores da cidade de Silveiras", em São Paulo, externava resistências aos *coolies*:

> Uma calamidade para a atual lavoura a introdução dos coolies em nosso país. A experiência tem demonstrado a negativa mais completa e os resultados perigosos, insuficientes e nulos que essa classe de homens, eivados de maus costumes e corruptos por natureza e princípios de educação tem acarretado consigo em todos os lugares em que como colonos se apresentam [...] Fracos e indolentes por natureza, alquebrados pela depravação dos costumes e hábitos que desde o berço adquirem, narcotizados física e moralmente pelo ópio, não poderão nunca no Brasil suportar o árduo e penoso trabalho da cultura do café. Seria um erro grave introduzir e estabelecer em nosso país uma raça inferior, quando a nossa já se ressente muitíssimo pelos variados efeitos ocasionados pelo clima, alimentação e educação. [Congresso, 1988:39]

Essa imagem realça a desqualificação dos asiáticos por meio da pretensa inferioridade racial. Ademais, o distanciamento cultural externado através da natureza religiosa se apresentava como problema. Em outras palavras, além dos estigmas contidos na configuração dos povos asiáticos, como as falhas de caráter vinculadas à ideia de raça, existia ainda a exclusão pela filiação religiosa.

Definiam-se então os grupos privilegiados para a imigração: brancos, europeus; cristãos latinos ou germânicos. Estes eram tidos como

HISTÓRIA DA IMIGRAÇÃO (1830-1880) • 83

os elementos portadores e agentes da civilização que poderiam trazer, além da força de trabalho necessária, a possibilidade de branqueamento da sociedade e viabilidade da nação no concerto internacional. Estes "criariam uma identidade nacional semelhante à europeia, que viria a esmagar, com sua superioridade, as populações nativas e africana" (Lesser, 2001:24).

Anúncio de novos tempos: os anos 1870

Para aumentar o número de entrada de imigrantes europeus no território brasileiro, o governo adotou várias medidas concedendo favores e auxílios ao serviço de colonização no Império. O Decreto nº 3.784, de 19 de janeiro de 1867, aprovou o regulamento para as colônias do Estado. Por meio desse decreto, o governo concedia aos colonos, entre outros favores, o pagamento das terras em cinco prestações, a contar do fim do segundo ano de seu estabelecimento; lotes para os filhos maiores de 18 anos, que quisessem se estabelecer separadamente dos pais; edifício especial para abrigar os colonos recém-chegados e um auxílio gratuito de 20$000 réis para seu estabelecimento. No mesmo ano, o governo imperial tomou para si a responsabilidade de providenciar um local adequado para receber os imigrantes que chegavam à cidade do Rio de Janeiro. Para tanto, o ministro da Agricultura, Comércio e Obras Públicas, Manoel Pinto de Souza Dantas, arrendou do dr. José Rodrigues Ferreira um conjunto de prédios situados no morro da Saúde, instalando ali a Hospedaria de Imigrantes do Morro da Saúde. A hospedaria do governo deveria seguir o mesmo modelo da casa de recepção de Nova York, tornando-se "o 'Castle Garden' do Rio".

No ano de 1876, foi criada a Inspetoria Geral de Terras e Colonização, órgão subordinado ao Ministério da Agricultura, Comércio e Obras Públicas, responsável pelos serviços que estavam a cargo da extinta Agência Oficial de Colonização e da Comissão do Registro Geral e Estatística das Terras Públicas e Possuídas, conforme prevê o Decreto nº 6.129, de 23 de fevereiro de 1876. Desse modo, ficaram a

84 • HISTÓRIA DA IMIGRAÇÃO NO BRASIL

cargo da referida Inspetoria a separação das terras do domínio público e particular, bem como a fiscalização e a direção de todos os serviços atinentes a imigração e colonização.

Entre outras atribuições, coube à Inspetoria fiscalizar os contratos firmados com particulares, em virtude dos quais ficavam estes obrigados a introduzir no Brasil certo número de imigrantes "moços e laboriosos" que fossem na máxima parte agricultores, além de assegurar ao imigrante hospedagem e transporte gratuito até o lugar que preferisse, dando-lhe plena e completa liberdade de se estabelecer na colônia que escolhesse para sua residência, bem como a garantia de acesso à terra, sementes e instrumentos de trabalho.

Os gastos com a introdução, recepção e colocação dos imigrantes consumiram grandes somas do planejamento orçamentário, levantando discussões se deveriam ou não ser mantidos. Segundo o ministro da Agricultura, Comércio e Obras Públicas, João Lins Vieira Cansansão de Sinimbu, era obrigação do Estado a intervenção na colonização do país, atraindo europeus capazes de contribuir para a exploração e cultura do território brasileiro. Para o ministro, "só o desenvolvimento da nossa população não basta para, na medida das nossas nobres ambições, elevar o Brasil à altura dos grandes destinos que certo lhe estão reservados" (Sinimbu, 1878:50). Assim, Sinimbu declarava que o governo brasileiro deveria "despender maior energia" com os assuntos relativos à imigração.

Despender maior energia significava promover a vinda de imigrantes por meio de contratos firmados com agências de recrutamento; garantir hospedagem gratuita a todos os passageiros de 3ª classe; encaminhá-los até seu destino final; distribuir as terras preparadas para colocação dos recém-chegados; fornecer sementes, instrumentos de trabalho e meios de subsistência até a primeira colheita. Sinimbu acreditava que, gradualmente, essas medidas causariam a extinção do sistema de introdução com base nas agências de recrutamento, estimulando a imigração espontânea. Este pensamento se evidencia na fala do ministro, na qual afirma que "há de vir tempo em que a

HISTÓRIA DA IMIGRAÇÃO (1830-1880) • 85

intervenção dos poderes públicos poderá limitar-se às providências de caráter geral" (Sinimbu, 1878:52).

Assim, paralelamente ao processo lento e gradual da abolição da escravatura, o governo imperial procurou incentivar a vinda de imigrantes europeus. Porém, até a crise final da escravidão, os grandes cafeicultores opuseram-se à política de colonização subsidiada pelo governo imperial. Ao contrário, aceitavam a colonização espontânea e a imigração, subsidiada ou não, desde que fornecesse braços para a cafeicultura.

Apenas com a crise da instituição escravista, na década de 1880, os escravistas voltaram-se decididamente para a imigração e para o trabalho livre como uma real alternativa ao trabalho escravizado. A partir de então, passaram a aceitar o parcelamento da terra, apenas por ser imprescindível à atração de mão de obra para as fazendas de café. Esse movimento imigratório disputou e reorientou boa parte dos braços destinados à colonização territorial do Sul do país. Desse modo, no período compreendido entre as décadas de 1870 e 1880, ocorreu o fortalecimento do fluxo imigratório, sobretudo italiano. Anunciava-se então o período da chamada Grande Imigração.

Referências

BASSETO, Sylvia. *Política de mão de obra na economia cafeeira do oeste paulista (período de transição)*. Tese (doutorado) — Faculdade de Filosofia, Letras e Ciências Humanas, Universidade de São Paulo, São Paulo, 1982.

BEIGUELMAN, Paula. *A crise do escravismo e a grande imigração*. São Paulo: Brasiliense, 1981.

CARNEIRO, José Fernando. *Imigração e colonização no Brasil*. Rio de Janeiro: Universidade do Brasil, 1950.

CONGRESSO Agrícola. Edição fac-similar dos Anais do Congresso Agrícola realizado no Rio de Janeiro, em 1878. Rio de Janeiro: Fundação Casa de Rui Barbosa, 1988.

86 • HISTÓRIA DA IMIGRAÇÃO NO BRASIL

COSTA, Emília Viotti da. *Da monarquia à república*. São Paulo: Grijalbo, 1977.

DAVATZ, Thomas. *Memórias de um colono no Brasil (1850)*. Tradução, prefácio e notas de Sérgio Buarque de Holanda. São Paulo: Livraria Martins, 1972.

DEAN, W. Latifundia and land policy in nineteenth-century Brazil. *The Hispanic American Historical Review*, L1, p. 606-625, nov. 1971.

_____. *Rio Claro*: um sistema brasileiro de grande lavoura (1820-1920). Rio de Janeiro: Paz e Terra, 1977.

DEZEM, Rogério. *Matizes do "amarelo"*. A gênese dos discursos sobre os imigrantes japoneses no Brasil (1876-1908). Dissertação (mestrado) — Programa de Pós-Graduação em História Social, Universidade de São Paulo, São Paulo, 2003.

FERLINI, Vera Lucia; FILLIPINI, Elizabeth. Os núcleos coloniais em perspectiva historiográfica. *Revista Brasileira de História*, São Paulo, v. 13, n. 25/26, p. 121-132, set. 1992/ago. 1993.

FERREIRA, Ademir Pascelli et al. *A experiência migrante*. Entre deslocamentos e reconstruções. Rio de Janeiro: Garamond, 2010.

GADELHA, Regina Maria. A lei de terras (1850) e a abolição da escravidão: capitalismo e força de trabalho no Brasil do século XIX. *Revista de História*, São Paulo, n. 120, p. 153-162, 1989.

GIRON, Loraine; BERGAMASCHI, Heloisa. *Colônia*: um conceito controverso. Caxias do Sul: Educs, 1996.

GONÇALVES, Paulo César. *Mercadores de braços: riqueza e acumulação na organização da emigração europeia para o Novo Mundo*. Tese (doutorado) — Faculdade de Filosofia, Letras e Ciências Humanas, Universidade de São Paulo, São Paulo, 2008.

HALL, Michael; STOLCKE, Verena. A introdução do trabalho livre nas fazendas de café de São Paulo. *Revista Brasileira de História*, n. 6, p. 80-120, 1984.

HOLANDA, Sérgio Buarque de. As colônias de parceria. In: _____ (Dir.). *O Brasil Monárquico*. 7. ed. São Paulo: Bertrand Brasil, 2004. t. II, v. 3, p. 245-260.

HISTÓRIA DA IMIGRAÇÃO (1830-1880) • 87

HOBSBAWM, Eric. *A era do capital, 1848-1875.* 5. ed. Tradução de Luciano Costa Neto. Rio de Janeiro: Paz e Terra, 1996.

IOTTI, Luiza. *Imigração e colonização: legislação de 1747 a 1915.* Caxias do Sul: Assembleia Legislativa do Estado do Rio Grande do Sul; Educs, 2001.

KLEIN, Herbert. Migração internacional na história das Américas. In: FAUSTO, Boris (Org.). *Fazer a América.* São Paulo: Edusp, 2000.

KLUG, João. Imigração no sul do Brasil. In: GRINBERG, Keila; SALLES, Ricardo (Org). *O Brasil Imperial.* Rio de Janeiro: Civilização Brasileira, 2009, v. III, p. 199-231.

LEITE, Joaquim da Costa. O transporte de emigrantes: da vela ao vapor na rota do Brasil, 1851-1914. *Análise Social,* Lisboa, n. 112-113, p. 741-752, 1991.

LENZ, Sylvia. *Alemães no Rio de Janeiro:* diplomacia e negócios, profissões e ócios (1815-1866). São Paulo: Edusc, 2008.

LESSER, Jefrey. *A negociação da identidade nacional.* Imigrantes, minorias e a luta pela etnicidade no Brasil. São Paulo: Ed. Unesp, 2001.

MARTINS, José de Souza. *O cativeiro da terra.* São Paulo: Contexto, 2010.

MAUCH, Claudia; VASCONCELLOS, Naira (Org.). *Os alemães no Sul do Brasil.* Canoas: Ed. Ulbra, 1994.

MELÉNDEZ, José Juan. Reconsiderando a política de colonização no Brasil Imperial: os anos da Regência e o mundo externo. *Revista Brasileira de História,* São Paulo, v. 34, n. 68, p. 35-60, jul./dez. 2014.

MENEZES, Lená. A imigração europeia como passaporte para o progresso e a civilização no Brasil do século XIX. In: CONGRESSO INTERNACIONAL AHILA, XIV, 2005, Castellón de la Plana, 2005. *Atas...*

MOTTA, Marcia Maria Menendes. Caindo por terra: um debate historiográfico sobre o universo rural do oitocentos. *Lutas & Resistências,* Londrina, v. 1, p. 42-59, set. 2006.

OBERACKER JR., Carlos H. A colonização baseada no regime de pequena propriedade agrícola. In: HOLANDA, Sérgio Buarque de

88 • HISTÓRIA DA IMIGRAÇÃO NO BRASIL

(Dir.). *O Brasil Monárquico. 7.* ed. São Paulo: Bertrand Brasil, 2004. t. II, v. 3, p. 220-244.

PEREIRA, Miriam Halpern. *A política portuguesa de emigração (1850-1930).* Bauru, SP: Edusc; Portugal: Instituto Camões, 2002.

PETRONE, Maria Theresa. *O imigrante e a pequena propriedade.* São Paulo: Brasiliense, 1982.

_____. Política imigratória e interesses econômicos (1824-1930). ATTI del Congresso euro-brasiliano sulle migrazione (1985: São Paulo). Roma: Centro Studi Emigrazione, 1987, p. 257-269.

_____. Imigração assalariada. In: HOLANDA, Sérgio Buarque de (Dir.). *O Brasil Monárquico. 7.* ed. São Paulo: Bertrand Brasil, 2004. t. II, v. 3, p. 274-296.

PIAZZA, Walter F. Açorianos e madeirenses no sul do Brasil. *Acervo,* Rio de Janeiro, v. 10, n 2, p. 119-128, jul./dez.1997.

PRADO JÚNIOR, Caio. *Formação do Brasil contemporâneo:* colônia. São Paulo: Brasiliense, 1972.

_____. *História econômica do Brasil.* São Paulo: Brasiliense, 1993.

POZO, Gilmar. *Imigrantes irlandeses no Rio de Janeiro:* cotidiano e revolta no primeiro reinado. São Paulo: USP/FFLCH, 2010.

SANGLARD, Gisele. De Nova Friburgo a Fribourg através das letras: a colonização suíça vista pelos próprios imigrantes. *História, Ciências, Saúde — Manguinhos,* Rio de Janeiro, v. 10, n. 1, p. 173-202, 2003.

SCHWARCZ, Lilia. *O espetáculo das raças:* cientistas, instituições e a questão racial no Brasil, 1870-1930. São Paulo: Companhia das Letras, 1993.

SEYFERTH, Giralda. Colonização, imigração e a questão racial no Brasil. *Revista USP,* São Paulo, n. 53, p. 117-149, 2002.

SINIMBU, João Lins Vieira Cansansão de. *Relatório apresentado à Assembleia Geral na primeira sessão da décima sétima legislatura pelo ministro e secretário de Estado dos Negócios da Agricultura, Comércio e Obras Públicas.* Rio de Janeiro: Imprensa Industrial de João Paulo Ferreira Dias, 1878.

SIRIANI, Cristina. Os descaminhos da imigração alemã para São Paulo no século XIX: aspectos políticos. *Almanack Brasiliense*, São Paulo, n. 2, p. 91-100, nov. 2005.

TAUNAY, Affonso d'Escragnolle. *História do café no Brasil*. Rio de Janeiro: Departamento Nacional do Café, 1939, v. I.

TORRES, Francisco Cordeiro da Silva. *Estatutos da Sociedade Promotora de Colonisação do Rio de Janeiro*. Rio de Janeiro: Typographia Americana de [ilegível], 1836.

A Grande Imigração no Brasil (1880-1930): números e conjunturas

Paulo Cesar Gonçalves

A emigração europeia para o Novo Mundo entre o último quartel do século XIX até as primeiras décadas do XX representou extraordinário movimento de populações. Pessoas solitárias ou acompanhadas deslocaram-se pelo Atlântico, de forma pioneira ou associadas a experiências e redes de sociabilidade nas áreas de origem e destino, sob variadas perspectivas econômicas, políticas, sociais e culturais: escapar da miséria, como força de trabalho, fuga de perseguições políticas ou religiosas, aventura, sonho do eldorado, desejo de se tornar proprietário de um negócio ou de um lote de terra, estratégia familiar.

Entre 1815 e 1914, pesquisadores estimam que cerca de 44 a 52 milhões abandonaram seus territórios de origem na aventura até o Novo Mundo.[1] Grande parte desses estudos baseou-se em dados compilados por Imre Ferenczi e editados por Walter Willcox em 1929 (Ferenczi e Willcox, 1929). A crise no pós-guerra marcou a década de 1920 e esse trabalho pioneiro certamente refletiu as preocupações da comunidade internacional com os deslocamentos populacionais que voltavam a crescer, mas acabariam por arrefecer devido à Grande Depressão inaugurada com a quebra da Bolsa de Nova York em 1929. Estados Unidos, Argentina e Brasil foram os principais receptores de imigrantes. Gianfausto Rosoli, apoiado nessas estatísticas, observa que mais de 50 milhões de europeus deixaram o velho continente entre o início do século XIX e a Primeira Guerra Mundial. A maior parte dirigiu-se à América do Norte e aproximadamente 11 milhões aportaram na América Latina. Deste último montante, 38% eram

---

[1] Sori (1979), Gould (1979), Alonso (1995), Baganha (1998).

italianos, 28% espanhóis, 11% portugueses e 3% franceses e alemães (Rosoli, 1992:10).

A Grande Emigração foi facilitada pelo encurtamento das distâncias e melhoria das comunicações, quando os navios a vapor começavam a predominar nas rotas oceânicas, os telégrafos rapidamente transmitiam informações e as estradas de ferro já riscavam o território de outros continentes, além do europeu. A combinação dessas tecnologias refletiu-se em maior regularidade e velocidade de informação e movimentação de volumes cada vez maiores de cargas e pessoas (Leite, 1991:741). A substituição dos veleiros pelos vapores implicou rotas e escalas predeterminadas para atender a demanda, ao passo que estimulava a mobilidade dos emigrantes.

Em meio à expansão do capitalismo mundial, a Europa passou por transformações que modificaram os padrões seculares da agricultura camponesa, afrouxando os laços do homem com a terra, então destinada à produção em larga escala, conforme a demanda mundial por alimentos e matérias-primas. A terra adquiria nova função como fator de produção e fonte de capital, e não mais como meio de vida tradicional do mundo rural, ancorado na produção camponesa. No Novo Mundo, a agricultura voltada para o comércio exterior, já organizada em larga escala e sob a égide do trabalho escravo, especializou-se ainda mais na produção de *commodities* para suprir as necessidades da dinâmica da economia mundial. O aumento da produção tinha por características principais a dependência dos recursos naturais e o avanço sobre novas terras, cuja exploração dependia do aprovisionamento de mão de obra.

Tais fatores, associados à demanda de trabalhadores no setor industrial em expansão e nas áreas antes inacessíveis de forma efetiva para o mercado mundial, criaram condições para a constituição do mercado de trabalho internacional e a massificação dos deslocamentos de populações. No momento em que os campos europeus entravam em fase acelerada de desarticulação, a América aglutinou a gigantesca dilatação do mercado de trabalho, que não requeria indivíduos qualificados, apresentando-se como imenso território para numerosos e

A GRANDE IMIGRAÇÃO NO BRASIL (1880-1930) • 93

empobrecidos contingentes do Velho Mundo, procedentes de atividades mais humildes como colonos agrícolas, artesãos e assalariados dotados apenas da força de seus próprios braços.

O processo de erosão da base de sustentação do modo de vida camponês europeu, todavia, não ocorreu sem a resistência da população rural — o próprio êxodo pode ser entendido como forma de resistir à proletarização. A expropriação dos meios de vida, a falta de trabalho no campo e a fome surgiam como combustíveis para levantes e revoltas que colocavam a ordem social em risco. As emigrações ganhavam apoio de parte de grupos políticos e econômicos — em especial, daqueles cuja riqueza e poder não advinham da exploração do trabalho associado à terra — não apenas pelo medo de convulsão social, mas também pela possibilidade de ganhos para os responsáveis pela organização dos volumosos deslocamentos transoceânicos (Gonçalves, 2012).

No âmbito político, as revoluções que varreram a Europa na primeira metade do século XIX abriram caminho para a burguesia assumir o poder e deixaram como legado a destruição das estruturas do Antigo Regime em níveis diferentes por todo o continente. O liberalismo e a liberdade individual emergiram da antiga repressão e figuraram praticamente em todas as constituições, ou, ao menos, contribuíram para a formação de um ideário novo (Arruda, 2007). O problema da emigração deve ser entendido também sob a luz desse novo parâmetro. Em virtude de seus aspectos econômicos, o êxodo, muitas vezes, não foi reprimido, chegando mesmo a ser incentivado, o que não impediu a instituição de regras e ações restritivas. Mas qualquer análise sobre o tema deve considerar a afirmação da conquista da liberdade de o indivíduo dispor de si mesmo, inclusive, de se movimentar além das fronteiras. Por outro lado, não se pode relevar o peso da consolidação da ideia, igualmente nova, de nação e o crescimento das funções e dos poderes do Estado, responsável, a partir de então, pela definição da política migratória dentro de seu território. Em síntese, apreender em que medida a liberdade individual se sobrepunha aos interesses da nação e vice-versa.

94 • HISTÓRIA DA IMIGRAÇÃO NO BRASIL

Cabe ressaltar que este ensaio atenta para o papel econômico da emigração, mas aborda o movimento em massa de pessoas na perspectiva de que não foi apenas uma reação passiva das populações envolvidas em termos de atração e repulsão, mas de resistência e resposta ativa ao processo de proletarização imposto pelas novas condições capitalistas no campo, associado às possibilidades abertas pela expansão do mercado mundial de trabalho, evidenciando a agência dos indivíduos diante de suas condições de vida e expectativas de melhorá-las. Como observa Sánchez-Albornoz, a emigração é uma questão de políticas nacionais e de tomada de decisão pessoal; ambas estão conectadas de forma umbilical (Sanchez-Albornoz, 1988:22). Importante, ainda, destacar a perspectiva de Hoerder (2002). Segundo o historiador alemão, existe uma dialética entre aspectos econômicos, sociais, políticos e culturais, sugerindo o imperativo de abordagens mais sofisticadas que conectem as escalas macro, meso e micro. Enquanto o nível macro explora as estruturas globais que influenciam o movimento de pessoas no sentido mais amplo, é na microescala que as pessoas tomam suas decisões de migrar à luz das estruturas regionais, culturais, sociais, econômicas e políticas de mesoescala.

Sob os efeitos da emigração europeia, países do Novo Mundo desenvolveram políticas imigratórias que variaram conforme a necessidade de mão de obra e a maior ou menor disponibilidade de recursos financeiros. O Chile criou um centro de propaganda e seleção de imigrantes europeus, as Agencias Generales de Colonización e Inmigración, com sede na França e delegações em outros seis países europeus. O Uruguai estabeleceu um conjunto de leis entre 1881 (Ley de las Colonias) e 1890 (Ley de Inmigración) para tentar competir com Argentina e Brasil (Devoto, 1989:138-139). A República do Prata decretou em 1876 lei específica para imigração e colonização. Instituiu o Departamento General de Inmigración, ligado ao Ministério do Interior, e criou as Oficinas de Información y Propaganda em cidades do centro e norte da Europa e em Nova York. Somente a partir de novembro de 1887, o governo argentino começou a conceder em grande escala as passagens

A GRANDE IMIGRAÇÃO NO BRASIL (1880-1930) • 95

subsidiadas para enfrentar a concorrência do Brasil, ao mesmo tempo que tentava redimensionar o peso da imigração italiana — nesse período, as chegadas cresceram radicalmente, apoiadas no subsídio das passagens: 12.618 em 1888, 100.248 em 1889 e 20.121 em 1890 (Olivieri, 1987:232-233; Devoto, 1989:140-141). Esse procedimento foi suspenso em 1890, como reflexo da crise econômica vivida pelo país. Nos Estados Unidos, o mais importante destino da emigração europeia, não havia qualquer estratégia de atração. Na verdade, com o passar do tempo, estabeleceu-se uma legislação restritiva, preocupada em selecionar os imigrantes que entrariam no país, cujo marco foi a inauguração de Ellis Island em 1892, hospedaria e centro de triagem por onde passaram mais de 12 milhões de imigrantes entre 1892-1924.

Em boa parte do período da Grande Emigração, a Itália constituiu-se na principal exportadora de populações, seguida por Portugal e Espanha. Com relação aos italianos, os Estados Unidos receberam o maior contingente, seguidos por Argentina e Brasil (quadro 1). Os espanhóis encaminharam-se majoritariamente para a Argentina, depois Cuba e Brasil (quadro 2). Já os portugueses tiveram como principal destino a ex-colônia, em segundo lugar os Estados Unidos, enquanto a Argentina recebeu pequeno contingente (quadro 3).

Quadro 1
Emigração italiana para a América (1876-1914): principais destinos

Período	Argentina	Brasil	Estados Unidos	Outros	Total
1876-1880	8.871	3.722	2.675	11.067	26.335
1881-1885	26.532	8.371	14.952	8.527	58.382
1886-1890	51.769	34.739	34.094	9.818	130.420
1891-1895	31.117	65.981	41.319	8.374	146.791
1896-1900	42.247	50.064	61.546	7.152	161.009
1901-1905	55.702	40.021	199.670	11.702	307.095
1906-1910	91.217	20.652	266.220	13.826	391.915
1911-1914	62.799	25.954	250.745	22.296	361.794
Total	**370.254**	**249.504**	**871.221**	**92.762**	**1.583.741**

Fonte: Klein (1989).

Quadro 2
Emigração espanhola para América (1882-1915): principais destinos

Período	Argentina	Brasil	Cuba	Total
1882-1885	19.689	8.283	78.104	106.076
1886-1890	135.631	29.839	106.465	271.935
1891-1895	36.650	95.242	188.900	320.792
1896-1900	95.264	61.877	170.955	328.096
1901-1905	146.774	43.641	114.983	305.398
1906-1910	505.884	85.600	129.133	720.617
1911-1915	484.192	128.537	143.554	756.283
Total	**1.424.084**	**453.019**	**932.094**	**2.809.197**

Fonte: Argentina — Alonso (1988); Brasil — Levy (1974); Cuba — para 1882-1900, adaptado de Motes (2000), para 1901-1915, García (1988).

Quadro 3
Emigração portuguesa para América (1876-1914): principais destinos

Período	Argentina	Brasil	Estados Unidos	Total
1876-1880	359	42.227	7.154	49.740
1881-1885	643	41.345	8.175	50.163
1886-1890	1.227	75.195	8.803	85.225
1891-1895	707	132.228	14.678	147.613
1896-1900	991	70.201	12.645	83.837
1901-1905	1.691	71.744	30.432	103.867
1906-1910	8.585	146.449	38.617	193.651
1911-1914	12.550	228.659	43.673	284.882
Total	**26.753**	**808.048**	**164.177**	**998.978**

Fonte: Leite (1987).

O Brasil teve como característica fundamental uma política imigratória bastante ativa na atração de europeus baseada na subvenção de passagens, com destaque para São Paulo e seus grandes contratos de introdução de imigrantes. A política de subsídios, vale destacar, proporcionou alguns períodos em que os imigrantes destinados ao Brasil superassem os que se dirigiam aos Estados Unidos e Argentina, no caso de italiano; a Argentina, entre os espanhóis; e incentivasse ainda mais a vinda de portugueses (quadros 1, 2 e 3). Para São Paulo,

A GRANDE IMIGRAÇÃO NO BRASIL (1880-1930) · 97

significou, a partir de meados dos anos de 1880 até o final da década de 1920, ser o destino de 52% a 69% dos imigrantes que aportaram em terras brasileiras (quadros 4 e 10).

Quadro 4
Nacionalidade dos principais imigrantes entrados no Brasil e em São Paulo (1882-1929)
Proporção São Paulo do total em porcentagem

	Portugueses			Italianos			Espanhóis		
Período	Brasil	São Paulo	%	Brasil	São Paulo	%	Brasil	São Paulo	%
1882-1884	31.813	4.210	13,2	38.654	7.077	18,3	7.331	694	9,5
1885-1889	57.632	18.486	32,1	222.829	137.367	61,6	18.783	4.843	25,8
1890-1894	121.347	30.752	25,3	312.074	210.910	67,6	89.609	42.316	47,2
1895-1899	98.006	28.259	28,8	378.291	219.333	58,0	74.684	44.678	59,8
1900-1904	59.813	18.530	31,0	137.478	111.039	80,8	23.146	18.842	81,4
1905-1909	135.773	38.567	28,4	83.916	63.595	75,8	90.086	69.682	77,4
1910-1914	259.516	111.491	43,0	115.290	88.692	76,9	143.485	108.154	75,4
1915-1919	58.965	21.191	35,9	22.878	17.142	74,9	38.166	27.172	71,2
1920-1924	137.619	48.200	35,0	61.744	45.306	73,4	44.906	36.502	81,3
1925-1929	164.296	65.166	39,7	45.091	29.472	65,4	37.025	27.312	73,8
Total	**1.124.780**	**384.852**	**34,2**	**1.418.245**	**929.933**	**65,6**	**567.221**	**380.195**	**67,0**

	Japoneses			Alemães, outros e sem nacionalidade específica			Total		
Período	Brasil	São Paulo	%	Brasil	São Paulo	%	Brasil	São Paulo	%
1882-1884	–	–	–	9.380	553	5,9	87.178	12.534	14,4
1885-1889	–	–	–	20.297	6.968	34,3	319.541	167.664	52,5
1890-1894	–	–	–	77.705	35.754	46,0	600.735	319.732	53,2
1895-1899	–	–	–	46.611	*22.983	49,3	597.592	315.253	52,8
1900-1904	–	–	–	28.605	22.884	80,0	249.042	171.295	68,8
1905-1909	861	825	95,8	62.729	23.870	38,0	373.365	196.539	52,6
1910-1914	14.682	14.465	98,5	134.805	40.096	29,7	667.778	362.898	54,3
1915-1919	12.750	12.649	99,2	14.916	5.530	37,1	147.675	83.684	56,7
1920-1924	6.646	6.591	99,2	122.211	60.713	49,7	373.126	197.312	52,9
1925-1929	51.638	50.573	97,9	175.471	117.418	66,9	473.521	289.941	61,2
Total	**86.577**	**85.103**	**98,3**	**692.730**	**336.769**	**48,6**	**3.889.553**	**2.116.852**	**54,4**

* Valor adaptado devido a um provável erro de digitação
Fonte: Levy (1974).

98 • HISTÓRIA DA IMIGRAÇÃO NO BRASIL

Apoiado nesses dados,[2] o objetivo deste ensaio é discutir a inserção do Brasil no movimento de populações europeias para o Novo Mundo, entre 1880-1930, e por que São Paulo constituiu-se, já no final da década de 1880, no principal receptor desses contingentes.[3] Em síntese, cabe responder às seguintes perguntas: como o país se transformou, em termos quantitativos, em importante destino de europeus que partiram em busca de melhores condições de vida? Quais foram os principais contingentes que aportaram em terras brasileiras? Qual a especificidade de São Paulo na atração de imigrantes que o diferenciava das outras regiões do território nacional? E, finalmente, a título de comparação e conclusão, qual a dinâmica do fluxo imigratório durante os 50 anos em questão?

O Brasil como país de imigração

Apesar de fora do recorte temporal proposto, vale ressaltar que no início de 1861 o governo brasileiro emitiu decreto organizando a Secretaria de Estado dos Negócios da Agricultura e Comércio, criada no ano anterior.[4] Com status de ministério, passou a centralizar todos os assuntos concernentes à imigração e colonização na repartição Diretoria de Terras Públicas e Colonização, uma clara evidência de sua correlação com o problema da produção agrícola. A partir de então,

---

[2] As estatísticas oficiais do movimento migratório apresentam limitações. De maneira geral, constatam-se diferenças: a maior entre os registros de entrada nos países de destino e os de saída nos de origem devido à emigração clandestina (sem passaporte). Por outro lado, nesse período, a fluidez das fronteiras na Europa proporcionou problemas de identificação da nacionalidade ao longo da série histórica. No caso brasileiro, vale destacar que as dificuldades em se estabelecer a nacionalidade resultaram na utilização de termos como "sem nacionalidade definida" ou "outras nacionalidades", bastante comuns nos relatórios do movimento imigratório.

[3] Vale destacar, na mesma perspectiva deste ensaio, o estudo pioneiro de caráter de síntese de Petrone (1977).

[4] Decretos nº 2.748, de 16 de fevereiro de 1861, e nº 1.067, de 28 de junho de 1860. As leis, decretos e decisões imperiais e republicanos citados neste ensaio foram compilados de Iotti (2001).

A GRANDE IMIGRAÇÃO NO BRASIL (1880-1930) • 99

a política de imigração brasileira passou a ser mais ativa no exterior.
Em 1865, os cônsules e ministros do Brasil por toda a Europa foram
instruídos a divulgar, inclusive por meio de anúncios em jornais de
maior circulação nas capitais, que o governo imperial pagaria aos indivíduos dispostos a emigrar a diferença entre o valor das passagens
para portos brasileiros e os da América do Norte[5] — o primeiro ensaio,
mesmo que tímido, de uma política de subsídio.

Em 1867, o decreto de 19 de janeiro elaborou as bases da regulamentação e uniformização para criação de colônias em todo o território brasileiro, com especial atenção para a distribuição de terras e
condições de propriedade, administração, recepção e estabelecimento
de colonos.[6] Com o intuito de centralizar essa política, o governo imperial uniformizou todo o processo de imigração e colonização, que
persistiria por longo tempo. Nos primeiros anos da década de 1870,
foram renovados diversos contratos com introdutores de imigrantes.
Alguns deles estão relacionados no quadro 5.

Não obstante a diversidade geográfica do destino, que cobria praticamente todo o território brasileiro, existiam muitos aspectos em
comum, revelando a centralidade imperial: a preferência por famílias
de agricultores europeus, sobretudo do Norte, as boas condições de
saúde, a preocupação em limitar a idade até 45 anos (à exceção dos
chefes de família) e a comprovação dessas exigências por meio de documento assinado pelas autoridades locais. Alguns acordos permitiam
a possibilidade do recrutamento de uma pequena parte (10% a 20%)
dos chamados "artesãos" ou "operários". O contrato celebrado com
Polycarpo Lopes de Leão e Egas Muniz Barreto de Aragão inaugurou
uma tendência que se tornaria recorrente a partir de então. O governo
imperial passou a pagar um prêmio maior pelos imigrantes que vinham
para se tornar pequenos proprietários, explicitando a preferência em
detrimento daqueles destinados ao trabalho nas grandes lavouras.

---

[5] Decisão nº 486 — Circular de 25 de abril de 1865.
[6] Decreto nº 3.784, de 19 de janeiro de 1867.

100 • HISTÓRIA DA IMIGRAÇÃO NO BRASIL

Quadro 5
Contratos celebrados pelo Governo Imperial
para introdução de imigrantes (1872-1874)

Data*	Contratados	Imigrantes	Nacionalidade	Destino	Observações
30 out. 1872	Brazilian Coffee States	5 mil	Norte da Europa	Sem informação	Famílias de agricultores; prazo de quatro anos
27 nov. 1872	Savino Tripoti	2,5 mil	Alemães e italianos	Sem informação	Famílias de agricultores; prazo de seis anos
26 abr. 1873	Charles Willian Kitto	30 mil	Ingleses	Paraná	Prazo de 10 anos
24 mai. 1873	Polycarpo Lopes de Leão & Egas Muniz Barreto de Aragão	10 mil	Norte da Europa	Bahia e Maranhão	Agricultores; prazo de seis anos
23 jul. 1873	Associação de Emigração e Colonização de SP	15 mil	2/3 do Norte da Europa e 1/3 do Sul	São Paulo	Prazo de três anos
30 jul. 1873	Companhia Comércio e Colonização de Campos	Não consta	Europeus	Campos (RJ)	Trazer famílias de imigrantes e exportar mercadorias
10 set. 1873	Barclay & Comp.	500	Sul da Europa e Antilhas	Pará	Prazo de dois anos
24 set. 1873	Família Paes Leme	500	Europeus	Vassouras (RJ)	Famílias de imigrantes; prazo de cinco anos
7 jan. 1874	Bento José da Costa	15 mil	Europeus	Províncias do Norte	Prazo de cinco anos

* As datas correspondem ao momento em que os decretos de autorização foram publicados pelo governo.

Fonte: Elaborado a partir de Iotti (2001).

Em 1874, abriu-se nova fase na política imigratória brasileira: a dos grandes contratos para introdução de europeus. Até então, conforme o breve histórico elaborado no quadro anterior, os acordos especificavam a vinda de 500 a 30 mil imigrantes em áreas que abarcavam desde a formação de um núcleo colonial em território específico até os espaços provinciais. O contrato firmado entre o governo e Joaquim Caetano Pinto Júnior foi um marco na ambiciosa empreitada oficial. Estabelecia a introdução de 100 mil imigrantes em todo o Império, exceto na província do Rio Grande do Sul, no prazo de 10 anos. Deveriam ser alemães, austríacos, italianos do norte, bascos, belgas, suecos, dina-

A GRANDE IMIGRAÇÃO NO BRASIL (1880-1930) • 101

marqueses e franceses, com idade entre dois e 45 anos, salvo se fossem chefes de família, todos agricultores (apenas 20% poderiam pertencer a outras profissões).[7] Caetano Pinto receberia as subvenções de acordo com a faixa etária. O governo concederia gratuitamente aos imigrantes hospedagem e alimentação durante os primeiros oito dias de sua chegada na Corte e transporte gratuito até as colônias de destino.

Com o objetivo de trazer os 100 mil imigrantes, foi montada uma vasta rede de agentes e de propaganda nas cidades europeias, especialmente nos principais portos de embarque, Marselha e Gênova (Grosselli, 1991). A importância desse contrato para a política de imigração brasileira foi registrada por Martinho Prado[8] em discurso na Assembleia Legislativa de São Paulo, 10 anos depois: "basta ponderar que entre nós desenvolveu-se a imigração só posteriormente ao contrato de Caetano Pinto" (Beiguelman, 2005:105). No entanto, dados do Relatório do Ministério da Agricultura de 1877 indicam que pouco mais de 39 mil imigrantes foram introduzidos, a um custo de aproximadamente 4 mil contos de réis.[9]

As despesas com a imigração avolumavam-se e, em 1878, alegando insuficiência da verba votada destinada à imigração e colonização e o grave desequilíbrio orçamentário, o ministro da Agricultura, Cansansão de Sinimbu, resolveu suspender o acordo firmado com Caetano Pinto.[10] Isso não impediu, porém, que o governo continuasse celebrando contratos mais modestos. Em 1880, alegando dificuldades financeiras, o Ministério da Agricultura interrompeu temporariamente os favores prestados aos imigrantes por ocasião de seu desembarque e transporte

---

[7] Decreto nº 5.663. de 17 de junho de 1874.

[8] Membros de uma das mais importantes famílias de cafeicultores de São Paulo, Martinho Prado, assim como Antonio da Silva Prado, exerceu cargos públicos em nível provincial/estadual e nacional.

[9] Relatório do Ministério dos Negócios da Agricultura, Comércio e Obras Públicas de 1877.

[10] Relatório do Ministério dos Negócios da Agricultura, Comércio e Obras Públicas de 1878.

102 • HISTÓRIA DA IMIGRAÇÃO NO BRASIL

para as províncias.[11] Aboliu-se qualquer sistema de imigração oficial subvencionada, salvo os contratos já existentes. Dois anos mais tarde, de posse da estatística de entrada de imigrantes em portos brasileiros, o ministro Henrique d'Avila lamentava a queda no movimento devido ao fim dos "largos favores concedidos aos imigrantes".[12]

Em 1885, o ministro da Agricultura, Antonio da Silva Prado, alegando que o país precisava tanto do colono quanto do imigrante e ciente da importância da propaganda, deu contornos mais claros ao programa de imigração baseado em três pontos: organização de um serviço regular de propaganda em favor da emigração europeia para o Brasil; auxílio ao transporte dos emigrantes da Europa até seu destino final; reorganização do serviço da medição e venda das terras públicas para poder oferecer aos imigrantes pronta e conveniente colocação.[13]

No período em que a escravidão agonizava, a lei de 27 de outubro de 1887 destinou verbas para a rubrica Terras Públicas e Colonização e reorganizou as repartições da Secretaria dos Negócios da Agricultura, Comércio e Obras Públicas.[14] Após a abolição da escravidão, a lei de 24 de novembro de 1888 permitiu que parte da renda destinada ao fundo de emancipação de escravos fosse utilizada nos serviços da Imigração e Colonização.[15] Data do mesmo dia a lei que destinou grande parte dos recursos do Ministério da Agricultura para os serviços ligados a terras públicas, colonização nacional e estrangeira e imigração, prestação de auxílio aos agricultores que pretendessem introduzir imigrantes, concessão de terras devolutas a serem utilizadas na colonização.[16]

---

[11] Decisão nº 15, de 7 de abril de 1880. Ficava suspenso, assim, o Decreto nº 3.784, de 19 de janeiro de 1867.

[12] Relatório do Ministério dos Negócios da Agricultura, Comércio e Obras Públicas de 1882.

[13] Relatório do Ministério dos Negócios da Agricultura, Comércio e Obras Públicas de 1885.

[14] Lei nº 3.349, de 20 de outubro de 1887.

[15] Lei nº 3.396, de 24 de novembro de 1888.

[16] Lei nº 3.397, de 24 de novembro de 1888.

A década de 1880, portanto, foi um período fundamental para a política imigratória brasileira. O aumento do fluxo (quadro 10) obrigou a uma série de medidas para absorvê-lo. Em termos de logística, a criação da Hospedaria da Ilha das Flores, na baía de Guanabara, foi muito importante. O Estado tomava para si a execução dos serviços de recepção, embarque, desembarque e hospedagem dos imigrantes. A hospedaria foi construída em 1882 e constantemente reformada para dar conta do intenso movimento ao menos até 1895-1896, quando o poder central abriu mão do controle da introdução de imigrantes, como resultado tardio e derradeiro do fim do Império e de outras tantas medidas tomadas pela República para atender aos interesses descentralizadores dos estados.

No início do período republicano, o governo provisório publicou alguns atos legislativos que marcaram a mudança de rumo da política de imigração e colonização no sentido da sua descentralização.[17] O Decreto nº 528, de 28 de junho de 1890, conhecido como Lei Glicério, sobrenome de seu autor, o senador Francisco Glicério, estabeleceu a reforma das leis de imigração e colonização com o intuito de atender à necessidade de se "fomentar e expandir as forças produtivas da república"[18] por meio da imigração europeia. Determinou as bases para a criação de núcleos nas propriedades particulares ou nas terras devolutas adquiridas, além das condições que os imigrantes deveriam preencher para terem direito ao tratamento dispensado pelo governo. Somente conseguiriam passagem integral ou reduzida as famílias de agricultores, limitados aos respectivos chefes, ou aos seus ascendentes os indivíduos acima de 50 anos; os varões solteiros maiores de 18 e menores de 50 anos, desde que agricultores; os operários, artesãos e aqueles que se destinavam aos serviços domésticos, dentro da mesma faixa etária. Definiu ainda os imigrantes indesejáveis, proibindo a

---

[17] A Constituição de 1891 transferiu o domínio das terras devolutas para as unidades da federação, ratificando o processo de descentralização do poder, com reflexos diretos na política de imigração e colonização.

[18] Francisco Glicério. Introdução ao Decreto nº 528, de 28 de junho de 1890.

104 • HISTÓRIA DA IMIGRAÇÃO NO BRASIL

entrada de "indígenas da Ásia ou da África" que seriam impedidos de desembarcar pela polícia.[19] O Estado pagaria às companhias de transporte marítimo a subvenção de 120 francos pela passagem de cada imigrante adulto transportado da Europa, a metade do valor pelos menores de 12 até oito anos e a quarta parte pelos de oito a três anos. Os imigrantes introduzidos mediante contrato deveriam vir acompanhados de atestado do agente consular brasileiro, com a especificação do nome, idade, estado civil, profissão e o grau de parentesco dos componentes da família. Os proprietários agrícolas, assim como companhias ou proprietários de núcleos particulares que desejassem receber imigrantes, teriam que apresentar à Inspetoria Geral das Terras e Colonização o respectivo pedido, com o número de famílias, a nacionalidade e as vantagens oferecidas, conforme o tipo de serviço indicado. O decreto estabelecia um prêmio de 100 mil francos às companhias que transportassem, no espaço de um ano, pelo menos 10 mil imigrantes, sem nenhuma reclamação quanto às bagagens e ao tratamento recebido.

Em 2 de agosto de 1892, o governo firmou contrato com Companhia Metropolitana, sediada no Rio de janeiro, para a introdução de 1 milhão de imigrantes em 10 anos — 100 mil anualmente — "procedentes da Europa e possessões portuguesas e espanholas". Além da já tradicional exigência de que todos fossem agricultores, duas cláusulas revelavam a intenção discriminatória do Estado: a exclusão de indivíduos solteiros e a fixação de um limite máximo para cada nacionalidade. As dificuldades financeiras para seu cumprimento surgiram já em 1893, o primeiro ano de sua execução, quando se reduziu a entrada anual para 50 mil. O objetivo do acordo era distribuir parte dos imigrantes pelas diversas regiões, sobretudo no Norte do Brasil. Nesse sentido, lamentava-se a concentração quase que exclusiva nos estados do Sul, mas também se tomavam providências para reverter esse quadro, criando núcleos coloniais oficiais no Ceará, Alagoas e Pará, além da

---

[19] Art. 1º do Decreto nº 528, de 28 de junho de 1890.

A GRANDE IMIGRAÇÃO NO BRASIL (1880-1930) • 105

intensificação da propaganda a favor desses estados na Europa. Os números, porém, eram desoladores. Em 1892, por exemplo, dos mais de 54 mil desembarcados no porto do Rio de Janeiro, apenas 112 foram encaminhados para Pernambuco e 95 para Bahia, enquanto os outros estados do Norte, discriminados como "diversas localidades", receberam 280.[20]

Em 1895, o Poder Executivo foi autorizado por lei a transferir o contrato com a Companhia Metropolitana aos estados ou então rescindi-lo.[21] Consultados, os representantes de São Paulo, Minas Gerais, Rio de Janeiro e Espírito Santo não aceitaram assumir parte do contrato, o que obrigou o governo a entrar em acordo com a contratante. Ficou acertada a indenização de 8,5 mil contos de réis, a serem pagos em duas prestações, obrigando-se a companhia a completar até 31 de dezembro a introdução do número de imigrantes para o referido ano.[22] A rescisão do contrato com a Metropolitana marcou na prática o fim da intervenção do governo republicano nos serviços de introdução de imigrantes, reduzindo de forma significativa o movimento no porto do Rio de Janeiro, até então, o principal local de recebimento e distribuição de europeus para o restante do país, com exceção de São Paulo. Como decorrência, o Ministério da Agricultura perdeu o controle estatístico da entrada de imigrantes no país, pois apesar de solicitar aos estados mapas anuais com o movimento, poucos atenderam.[23] Isso explica o intervalo de 11 anos (1896-1906) em que os relatórios traziam apenas informações sobre o afluxo na capital federal.

---

[20] Relatório do Ministério dos Negócios da Agricultura, Comércio e Obras Públicas de 1892. Ainda segundo o relatório, somente Pernambuco e Bahia possuíam núcleos coloniais federais bastante adiantados.

[21] Lei nº 360, de 30 de dezembro de 1895. Ver Relatório do Ministério da Agricultura de 1896.

[22] Relatório do Ministério da Agricultura de 1896.

[23] Relatório do Ministério dos Negócios da Agricultura, Comércio e Obras Públicas de 1900. Somente a partir de 1908, os mapas com a movimentação de entrada e saída dos imigrantes tornaram-se regulares.

106 • HISTÓRIA DA IMIGRAÇÃO NO BRASIL

Anos mais tarde, em 1907, o governo federal colocou no papel sua política de imigração voltada especificamente ao estabelecimento de imigrantes como proprietários. Instituiu a Diretoria Geral do Serviço de Povoamento e estabeleceu as "Bases regulamentares para o serviço de povoamento do solo nacional". O art. 92, sobre a introdução de imigrantes, deixava claro seu objetivo: "O Governo Federal promoverá a introdução de imigrantes que, sendo agricultores e acompanhados de família, desejarem fixar-se no país como proprietários territoriais, em lotes de núcleos coloniais, ou terras outras que satisfaçam as exigências deste decreto."[24] Ressaltando a importância de o país fazer-se conhecer na Europa, em outubro do mesmo ano, um decreto estabeleceu as instruções para o serviço de propaganda e expansão econômica do Brasil no estrangeiro, ligado à Diretoria de Povoamento. Esse aparato legal foi minuciosamente detalhado, e pouco alterado em sua essência, pelo Decreto nº 9.081, de 3 de novembro de 1911, seguido pelo Decreto nº 10.105, de 5 de março de 1913, que dava novo regulamento às terras devolutas da União. Consolidava-se, portanto, ao menos no campo jurídico, a política de povoamento do solo nacional com base na presença de imigrantes.

Outro ponto importante a ser analisado em relação ao programa imigratório, que permeou o século XIX e invadiu o XX, é a chamada política de branqueamento apoiada em teorias raciais originárias da Europa e Estados Unidos e desenvolvidas com a chancela da ciência.[25] Essa política filiava-se diretamente à concepção de progresso, representado pelo trabalho livre e pela obrigatoriedade da eliminação da escravidão, considerada a principal responsável pela crise na agricultura e pelo atraso brasileiro. Como resultado, além do escravo, o livre nacional também era visto com reservas.

---

[24] Decreto nº 6.455, de 19 de abril de 1907. A Diretoria, subordinada ao Ministério da Agricultura, ficou responsável pela estatística geral da imigração, o que explica a volta da coleta dos números a partir de 1907.

[25] Sobre a teoria do branqueamento à brasileira, ver Skidmore (1976).

A GRANDE IMIGRAÇÃO NO BRASIL (1880-1930) • 107

O progresso do país, acreditava-se, estava atrelado ao aumento da produção agrícola e das exportações, à modernização da técnica e ao trabalho livre operoso e disciplinado. O próprio discurso de valorização do trabalho aparecia invariavelmente ligado a temas candentes, como a falta de mão de obra, a abolição do tráfico de escravos, a imigração europeia e a manutenção da ordem que, em conjunto, configuravam problema maior, designado genericamente nos debates políticos como "crise da agricultura" (Marson, 1974:89).

A imigração europeia apresentava-se como possível solução para os "males do país" e condição necessária para instituição de uma nova configuração social dignificadora do trabalho, que teria como consequência a prosperidade material, solucionando o problema da falta de braços, e moral, neutralizando o ócio dos livres nacionais e os efeitos nocivos da escravidão. Nesse contexto, após as primeiras tentativas em meados do século XIX, o imigrante europeu, sobretudo o italiano, chegava para resolver o problema quantitativo e qualitativo da mão de obra para a grande lavoura exportadora. Para os cafeicultores paulistas, se ele seria ou não elemento constitutivo do progresso em outro sentido que não o material, era questão de menor importância. Encaminhado ao trabalho na lavoura, o imigrante acabou reduzido a instrumento de produção, em certo sentido, à semelhança do escravo, contrariando as expectativas daqueles que o vislumbravam como agente de dinamismo e modernização da sociedade brasileira, desde que como pequeno proprietário em núcleos coloniais.

São Paulo: dinamismo econômico na atração de imigrantes

Tendo por base o corpo legislativo sobre Imigração e Colonização no âmbito do governo brasileiro e os números da chegada de imigrantes, é possível identificar o subsídio como característica fundamental de povoamento do território com população europeia. Em São Paulo, nos anos de 1880, começava-se a delinear, também apoiada no subsídio de passagens, uma política de importação de imigrantes como mão de obra para a cafeicultura. Estabeleceu-se, assim, um embate

108 • HISTÓRIA DA IMIGRAÇÃO NO BRASIL

entre duas políticas de imigração distintas: de um lado, a criação de núcleos coloniais com pequenos proprietários e, de outro, o fornecimento de braços para a grande lavoura exportadora — projeto que prevaleceu em São Paulo, no momento em que a expansão cafeeira não poderia ser obstada pelo problema da substituição do trabalho escravo. A análise da grande imigração para São Paulo, portanto, deve considerar a expansão da economia cafeeira no Centro-Sul do Brasil. Processo que desde o início do século XIX demandou terras, capitais e mão de obra apoiada na escravidão. Somente mais tarde, a opção pelo imigrante se tornaria realidade. Em 1850, a Lei Eusébio de Queiroz proibiu o tráfico transatlântico de africanos, colocando em xeque o futuro da escravidão. A Lei de Terras, além da questão fundiária, preocupou-se em autorizar o governo a promover a colonização estrangeira localizando-a em estabelecimentos agrícolas, em trabalhos dirigidos pela administração pública, ou na formação de colônias. O objetivo não era apenas carrear estrangeiros para substituir os escravos nas lavouras ou criar núcleos de povoamento com funções específicas de ocupação e defesa. Havia um propósito mais ambicioso de superação do trabalho escravo e, consequentemente, de formação de uma nova sociedade espelhada nos padrões europeus, cuja contribuição dos imigrantes seria fundamental.

As condições para promover a substituição do trabalho escravo pelo livre podem ser resumidas em dois aspectos. Por um lado, o aumento da produção e do consumo nos mercados centrais, a queda dos preços, o auxílio das estradas de ferro, que barateou os custos do transporte incentivando a apropriação das terras cada vez mais distantes dos portos de embarque, a introdução de novos métodos de cultivo e de beneficiamento; por outro, o movimento abolicionista, a resistência escrava, o alto preço dos cativos e a pressão externa. A empreitada teve início em meados do século XIX, com a adoção do sistema de parceria, rapidamente malogrado, e substituído, algumas décadas depois, pelo regime do colonato,[26] apoiado no auxílio à introdução de imigrantes com financiamento do Estado.

---

[26] Sobre o colonato, ver Martins (1996).

A GRANDE IMIGRAÇÃO NO BRASIL (1880-1930) • 109

Estabelecida a imigração a partir de 1886, as áreas mais novas, beneficiadas pelas melhores condições econômicas em decorrência da alta produtividade de seus cafezais, receberam maior número de europeus. O aumento do preço do café a partir de 1885 e sua manutenção até 1896 permitiram lucros e índices de expansão até então inéditos. Os braços necessários já não faltavam mais: países da Europa, em especial a Itália, liberavam elevados contingentes populacionais para suprir a demanda e o Estado foi chamado a promover, endereçar e organizar a imigração transoceânica, tornando-se fiador, em relação aos proprietários de terras, do abastecimento constante de trabalhadores para as plantações (Vangelista, 1991:54).

A partir desse momento, a política imigratória paulista sofreu, na prática, ajuste de rumo, passando a financiar sistematicamente a obtenção de braços para a lavoura. Tarefa de grande vulto, como mostram as entradas anuais de imigrantes a partir de 1887, que só o estado teria condições de desenvolver, como instrumento de ação dos fazendeiros (quadro 10). Em 1881, a Lei Provincial nº 36, de 21 de fevereiro, consignava 150 contos para o pagamento de passagens de imigrantes e determinava a construção de uma hospedaria. Não bastava apenas subsidiar a vinda de braços, mas também criar a infraestrutura para recebê-los. Nos anos anteriores, os imigrantes ficavam alojados em casas alugadas pelo governo próximas à estação de trem da Luz e, pouco depois, em um pequeno alojamento no bairro do Pari. Em 1882, estruturou-se a hospedaria de imigrantes em condições de receber 500 pessoas no Bom Retiro. Foi em princípios de 1885, contudo, que o governo disponibilizou a quantia de 100 contos de réis para a construção da Hospedaria de Imigrantes do Brás, estrutura fundamental de um ambicioso processo de recrutamento e locação de força de trabalho para a lavoura cafeeira, inaugurada, mesmo sem estar concluída, em 1886.

Em 1884, a Lei Provincial nº 28, de 29 de março, voltava a abrir créditos financeiros, agora de forma mais ampla, para introdução de imigrantes. As verbas tinham duplo destino: 200 contos de réis para cria-

110 • HISTÓRIA DA IMIGRAÇÃO NO BRASIL

ção de núcleos coloniais,[27] conforme política nacional de colonização, e 400 contos para o auxílio à imigração destinada à grande lavoura e aos referidos núcleos por meio do pagamento de passagens. No entanto, garantiu-se na letra da lei a condição fundamental para satisfazer os cafeicultores carentes de mão de obra para suas lavouras: a opção exclusiva pela composição familiar da imigração (Costa, 1998:235). No ano seguinte, a Lei nº 14, de 11 de fevereiro, abriu a possibilidade de a verba ser concedida também a empresas ou particulares que introduzissem imigrantes, retirando a obrigatoriedade do pagamento indenizatório pelas despesas efetuadas por aqueles que emigrassem para a província.

Em 2 de julho de 1886, os cafeicultores paulistas, cientes da importância de controlar o processo em seus diversos níveis — propaganda, recrutamento, transporte, recebimento, alojamento e colocação nas fazendas —, constituíram a Sociedade Promotora de Imigração (SPI). Entre seus fundadores destacavam-se renomadas figuras do oeste paulista: Martinho da Silva Prado Júnior, Rafael Aguiar Paes de Barros e Nicolau de Souza Queiroz. Entidade civil sem caráter especulativo ou fins lucrativos, a SPI registrava em seu estatuto os seguintes objetivos: criar uma corrente migratória permanente; tornar conhecidas as qualidades do Brasil por meio de propaganda na Europa; facilitar os meios de transporte e colocação dos imigrantes.[28] Para tanto, estava autorizada a assinar contratos com os governos de São Paulo e do Brasil e conceder a agências ou companhias particulares o serviço de introdução de imigrantes, recebendo as subvenções necessárias para executar a tarefa.[29]

---

[27] Martins (1973) observa que os núcleos coloniais paulistas estavam relacionados com os interesses da cafeicultura: como abastecedores das regiões carentes de gêneros alimentícios, como focos de atração de imigrantes ou como reservatório de mão de obra para a lavoura em épocas específicas.

[28] Sociedade Promotora de Imigração de São Paulo. Relatório da Diretoria ao ilustre cidadão dr. José Alves Cerqueira Cesar, vice-presidente do estado de São Paulo, em 16 de janeiro de 1892.

[29] Escritura de constituição da Sociedade Promotora de Imigração. *In Memoriam* (1944:369).

A GRANDE IMIGRAÇÃO NO BRASIL (1880-1930) • 111

Uma política com objetivos bem delimitados e o conhecimento da realidade europeia contribuíram para o sucesso da SPI no que tange ao fomento da imigração. A propaganda nos lugares certos da Europa era elemento-chave. Martinho Prado, presidente da Promotora, elaborou o folheto intitulado *A Província de S. Paulo no Brasil*, traduzido para o italiano e o alemão, com tiragem de 80 mil exemplares subsidiada parcialmente pelo Ministério da Agricultura, então ocupado por Antonio da Silva Prado.[30] A opção pelo povo germânico, tradicionalmente considerado o imigrante ideal, representava desejo antigo, mas que se provava cada vez mais distante. O italiano, nem sempre a melhor opção na concepção de muitos fazendeiros, tornou-se, a partir de então, uma alternativa viável, sobretudo o habitante do norte da península, região fronteiriça com Suíça e Áustria, onde certamente o folheto em alemão também seria bastante útil. Os mapas com as entradas de imigrantes na década de 1880 testemunham a presença do italiano como principal grupo: dos 31.275 imigrantes que passaram pelas hospedarias do estado, 16.407 eram italianos, seguidos por 8.859 portugueses e 2.323 espanhóis; os alemães, austríacos e suíços totalizaram juntos 916.[31]

Em 22 de fevereiro de 1888, Francisco de Paula Rodrigues Alves, então presidente da província, transferiu a administração da Hospedaria dos Imigrantes do Brás para a Sociedade Promotora de Imigração.[32] Ao se responsabilizar pela hospedaria, a SPI assumiu de vez o controle da política de imigração. O alojamento, além de abrigar até 3 mil imigrantes,[33] centralizava todo o serviço de contratação e distribuição da mão de obra para a lavoura, constituindo-se em etapa

---

[30] Relatório apresentado ao ilmº e exmº sr. visconde de Parnahyba, presidente da província de São Paulo pela Sociedade Promotora de Imigração.

[31] Relatório apresentado à Assembleia Legislativa Provincial de São Paulo pelo presidente da província, barão do Parnahyba, no dia 17 de janeiro de 1887. Anexo n. 10. Imigração.

[32] Contrato celebrado com o governo da província e a Sociedade Promotora de Imigração. Anexos. Relatório apresentado à Assembleia Legislativa Provincial de São Paulo pelo presidente da província dr. Pedro Vicente de Azevedo no dia 11 de janeiro de 1889.

[33] Em determinadas épocas, a hospedaria chegou a abrigar cerca de 10 mil pessoas.

112 • HISTÓRIA DA IMIGRAÇÃO NO BRASIL

fundamental dessa política. Após sua criação, a Promotora passou a centralizar todos os contratos para introdução de imigrantes subsidiados com dinheiro do estado até 1895, data de sua dissolução. Fruto não só dos anseios, mas também do aprendizado com as fracassadas experiências anteriores de contratação de imigrantes, a SPI subverteu a ordem geográfica do recrutamento, trazendo para São Paulo o universo de pessoas no qual os fazendeiros buscariam seus colonos, além de garantir a "qualidade" dos braços.

Mediante todo o aparato montado para a obtenção de mão de obra destinada à grande lavoura, certamente pode-se questionar a aludida "liberdade do imigrante para escolher seu destino". Além do isolamento, o prédio era patrulhado dia e noite e os guardas cuidavam para que ninguém saísse ou entrasse sem autorização. Eram comuns os protestos de imigrantes e cônsules estrangeiros contra o sistema de segurança que transformava o local em uma prisão da qual só se escapava assinando contrato para trabalhar em uma fazenda de café (Holloway, 1984:86-88).

Ao assumirem o controle político da província, os fazendeiros do oeste passaram a usufruir diretamente dos cofres públicos para desencadear seu projeto de imigração, marcando cada vez mais a posição de São Paulo em relação ao cenário nacional. Com o subsídio governamental, desobrigavam-se de arcar individualmente com as despesas de importação de trabalhadores e o problema das dívidas mostrava-se, então, equacionado. Associado a isso, o afluxo cada vez maior de imigrantes tornou a compulsão legal ao trabalho desnecessária (o que não arrefeceu a violência), pois a eventual mobilidade dos colonos em busca de melhores salários na fronteira aberta seria compensada pelo ingresso de novas levas.

Em 17 de maio de 1886, Queiroz Telles, presidente da província, contratou com José Antunes dos Santos a introdução de 4 mil imigrantes da Europa ou das Canárias, Açores e Madeira, sendo mil suecos, dinamarqueses e alemães, alegando que, embora os italianos "tenham provado ser laboriosos e inteligentes", não seria prudente buscar ape-

A GRANDE IMIGRAÇÃO NO BRASIL (1880-1930) • 113

nas em uma só fonte os braços que a lavoura necessitava.[34] O acordo foi parcialmente cumprido entre agosto de 1886 e abril de 1887, com a entrada de 869 famílias, totalizando 3.174 indivíduos, ao custo de 240 contos de réis.[35] Essa foi a última tratativa feita diretamente pelo governo provincial com uma agência encarregada de introduzir imigrantes. A partir de então, todos os contratos teriam a participação da Sociedade Promotora de Imigração. O quadro seguinte apresenta cada um deles com as informações mais importantes.

Quadro 6
Contratos para introdução de imigrantes celebrados pela Sociedade Promotora de Imigração

Data	Agências	Imigrantes	Nacionalidades	Imigrantes introduzidos	Tempo de conclusão
3 jul. 1886	Angelo Fiorita & C.	6 mil	Italiana, apenas sete russos	5.962	Jan. 1887 a ago. 1887*
22 jul. 1887	Angelo Fiorita & C.	30 mil	Italiana, austríaca e alemã	33.171	Set. 1887 a mai. 1888
2 mar. 1888	Angelo Fiorita & C. José Antunes dos Santos Zerrenner Büllow & C.	60 mil	Italiana, portuguesa, espanhola, alemã e austríaca	60.748	Fev. 1888 a jul. 1891
23 fev. 1892	Angelo Fiorita & C. José Antunes dos Santos Francisco Cepeda Campos Gasparetti & C.	50 mil	Italiana, alemã, austríaca e portuguesa	52.317	Abr. 1892 a jun. 1893
10 jan. 1893	Angelo Fiorita & C. José Antunes dos Santos	40 mil	Italiana, alemã, sueca, portuguesa, suíça, austríaca e açoriana	Sem informação	Sem informação

* De acordo com a Sociedade Promotora de Imigração, o atraso no início do recrutamento deveu-se ao surgimento do cólera na Itália que inviabilizou qualquer partida no ano de 1886.
Fonte: Elaborado a partir de Departamento Estadual do Trabalho (1917).

---

[34] Relatório apresentado à Assembleia Legislativa Provincial de São Paulo pelo presidente da província barão do Parnahyba no dia 17 de janeiro de 1887.

[35] Exposição com que o exmº sr. visconde do Parnahyba passou à administração da província de São Paulo ao exmº sr. dr. Francisco de Paula Rodrigues Alves presidente desta província no dia 19 de novembro de 1887.

114 • HISTÓRIA DA IMIGRAÇÃO NO BRASIL

É possível afirmar que três agências contratadas praticamente dividiram as áreas de recrutamento na Europa. Angelo Fiorita & C. trazia imigrantes italianos, austríacos e suíços; José Antunes dos Santos, portugueses do continente e ilhas; Zerrenner Büllow & C. atuava apenas em território alemão. Todas eram representantes das companhias de navegação que transportavam imigrantes em seus vapores: Navigazione Generale Italiana (NGI), La Veloce, Ligure Brasiliana, Hamburg-Amerika, Nord-Deutscher Lloyd, Messageries Maritimes, Société Générale des Transports Maritimes à Vapeur (SGTMV).

O imigrante italiano sempre prevaleceu nos acordos firmados pela Sociedade Promotora de Imigração. Como resultado, o contrato de 10 de janeiro de 1893 passou a estabelecer cotas para a nacionalidade dos imigrantes. Chama atenção a preocupação em reduzir o recrutamento de italianos (10 mil), enquanto se buscava aumentar a chegada de alemães e suecos (15 mil) e de outras nacionalidades — portugueses do continente e açorianos, suíços e austríacos (15 mil). Seis meses mais tarde, porém, provavelmente em virtude da facilidade do recrutamento na Itália e da dificuldade de trazer alemães, suecos e suíços, aumentou-se para 15 mil o número de italianos, enquanto os das outras nacionalidades seriam fixados mediante acordos futuros.[36] Na prática, a tentativa de diversificar o fluxo, diminuindo a entrada do principal grupo até então, malogrou completamente, como mostram as Listas Gerais de Desembarque de Passageiros entre 1893 e 1895, com apenas 820 austríacos, 24 alemães e 21 suíços, e ainda caracterizadas pela maior presença italiana, acompanhada mais de perto por espanhóis e portugueses.[37]

Ao finalizar suas atividades, em 31 de dezembro de 1895,[38] a Sociedade Promotora de Imigração havia introduzido em São Paulo mais de

---

[36] O contrato também estabeleceu a introdução de 2 mil criadas de nacionalidade alemã, suíça, portuguesa e das Canárias. Departamento Estadual do Trabalho (1917:47).

[37] Listas Gerais de Desembarque de Passageiros (microfilmadas). Arquivo Público do Estado de São Paulo.

[38] Sobre as razões que levaram ao fim das atividades da SPI, ver Alvim (1986) e Gonçalves (2012).

A GRANDE IMIGRAÇÃO NO BRASIL (1880-1930) · 115

220 mil europeus, em sua maioria italianos, garantindo a continuidade do programa imigratório paulista a despeito da política de imigração do governo central. O acordo de 1893 foi o último entre a Promotora e o governo de São Paulo. A partir de então, os contratos de introdução de imigrantes passaram para a Secretaria da Agricultura, conforme o quadro seguinte.

Quadro 7
Contratos para a introdução de imigrantes europeus celebrados pela Secretaria de Agricultura de São Paulo

Data	Agências	Imigrantes	Nacionalidades	Imigrantes introduzidos	Tempo de conclusão
21 ago. 1894	Angelo Fiorita & C. José Antunes dos Santos	50 mil	Europeia, 10 mil italianos no máximo*	Sem informação	Sem informação
7 mar. 1896	Angelo Fiorita & C.	45 mil europeus; 10 mil canadenses	Italiana, holandesa, sueca, alemã, norueguesa, inglesa, austríaca, portuguesa, espanhola e canadense	Sem informação	Sem informação
6 ago. 1897	Angelo Fiorita & C.	40 mil	Italiana e austríaca	Sem informação	Concluído em jan. 1901
6 ago. 1897	José Antunes dos Santos	30 mil	Espanhola, portuguesa do continente e ilhas, alemã, belga, sueca e dinamarquesa	Sem informação	Concluído em maio 1902
23 mar. 1901	José Antunes dos Santos	14 mil	Italiana, espanhola, portuguesa e austríaca	11.430	Concluído em maio 1902
28 mar. 1901	Angelo Fiorita & C.	7 mil	Italiana	7.174	Sem informação
29 mar. 1901	Gastaldi & C.	7 mil	Italiana, espanhola e portuguesa	4.694	Não foi cumprido integralmente
29 mar. 1901	Roso Lagoa	2 mil	Espanhola e portuguesa	48	Não foi cumprido integralmente
3 abr. 1905	The Royal Mail Steam Packet Co.	2 mil	Norte da Europa	Sem informação	Não foi cumprido integralmente
10 jan. 1908	Companhia Agrícola Fazenda Dumont	200 famílias	Portuguesa, espanhola e outras	Sem informação	Sem informação

* Alterado para 25 mil italianos em 10 de agosto de 1895.
Fonte: Elaborado a partir dos dados do Departamento Estadual do Trabalho (1917) e do Relatório apresentado ao Bernardino de Campos, presidente do estado, pelo João Baptista de Mello Peixoto, secretário da Agricultura, ano de 1902.

116 • HISTÓRIA DA IMIGRAÇÃO NO BRASIL

O contrato de 21 de agosto de 1894 não permitia que o número de italianos excedesse 10 mil, mas quase um ano depois, o governo rendia-se não só às condições de recrutamento na Europa, mas principalmente aos interesses da agência introdutora, elevando aquele limite a 25 mil (Departamento Estadual do Trabalho, 1917:47-48). Celebrado após um longo período de interrupção da entrada de imigrantes devido ao aparecimento do cólera nos portos de procedência em agosto de 1893, foi uma tentativa do governo paulista de restabelecer o fluxo.[39] As Listas Gerais de Desembarque de Passageiros documentaram o momento: entre 24 de setembro de 1893 e 5 de outubro de 1894, nenhum desembarque foi registrado.[40] O tempo perdido, no entanto, foi recuperado em 1895, com a chegada de quase 140 mil imigrantes, um dos maiores picos anuais de toda a série (quadro 10).

No contrato de 7 de março de 1896, utilizou-se de outra estratégia para tentar reduzir a imigração italiana. Na primeira vez, estabeleceram-se diferentes subvenções conforme a nacionalidade, pagando-se mais pelos canadenses, seguidos pelos europeus e menos pelos italianos (Departamento Estadual do Trabalho, 1917:48-49). Medida que se repetiu nos contratos posteriores, sempre desvalorizando a subvenção paga pelo imigrante italiano, o que ficou ainda mais flagrante, no caso do acordo de 6 de agosto de 1897, com José Antunes dos Santos, no qual o valor pago pelos imigrantes ibéricos era inferior aos europeus do norte, mas superior aos italianos. Na prática, porém, a intensa demanda da lavoura cafeeira por braços não permitia escolher a nacionalidade do imigrante e acabava sempre por obscurecê-la.

Apesar das dificuldades enfrentadas no âmbito interno e externo, que traziam consigo grandes oscilações do movimento migratório, além do aumento significativo dos retornos, o afluxo de imigrantes na última década do Oitocentos chegou a quase 735 mil, com picos

---

[39] Mensagem dirigida ao Congresso Legislativo de São Paulo, pelo presidente do estado, dr. Bernardino de Campos, no dia 7 de abril de 1894.

[40] Listas Gerais de Desembarque de Passageiros (microfilmadas). Arquivo Público do Estado de São Paulo.

A GRANDE IMIGRAÇÃO NO BRASIL (1880-1930) • 117

excepcionais em 1891, 1895, 1896 e 1897 (quadro 10). Todavia, a fórmula dos grandes contratos exclusivos para a introdução de imigrantes dava sinais de esgotamento, pois passou a enfrentar embaraços no exterior, sobretudo na Itália, que restringiu esse tipo de recrutamento com a promulgação da Lei nº 23, de 31 de janeiro de 1901. Mais modestos, os acordos persistiram no novo século e refletiram pequena modificação no programa imigratório, promovendo certa diversidade das agências contratadas, mas nada inovaram quanto à nacionalidade dos imigrantes pretendidos.

Em 1898, a produção de café praticamente dobrou em relação à safra de meados da década de 1880, provocando queda significativa dos preços. A depressão durou mais de 10 anos devido ao aumento da produção que abarrotou o mercado. As dificuldades desse período refletiram na queda relativa da imigração entre o final do século XIX e os primeiros anos do XX (quadro 10). Além disso, as saídas de terceira classe do porto de Santos, que jamais ultrapassaram a média anual de 23 mil antes de 1896, nos 20 anos seguintes, elevaram-se a 32 mil pessoas (Holloway, 1984:140). Tais oscilações não decorreram de uma única causa, mas certamente foram influenciadas pela crise no setor cafeeiro, que resultou em salários mais baixos e na deterioração das relações de trabalho entre colonos e fazendeiros, historicamente sempre conflituosas. A mobilidade do imigrante, característica comum desde o início da Grande Imigração, apresentava-se, então, como o principal problema a ser resolvido, sobretudo quando as saídas começaram a suplantar as entradas, já em 1900, ano do primeiro déficit migratório: entraram 22.802 e saíram 27.917 passageiros de terceira classe.[41] Aventou-se, inclusive, a hipótese de proibição de novas plantações para evitar que os colonos mudassem de fazenda em busca de melhores condições de trabalho.

Na virada do século, a política de subvenção de passagens sofreu importante alteração. Estabeleceu-se um limite ao número de imi-

---

[41] Mensagem enviada ao Congresso do estado a 7 de abril de 1901 pelo dr. Francisco de Paula Rodrigues Alves, presidente do estado.

118 • HISTÓRIA DA IMIGRAÇÃO NO BRASIL

grantes a serem introduzidos anualmente e um prêmio por imigrante — inicialmente, em libras esterlinas e diferenciado por nacionalidades, depois, no valor único de 50 francos — a ser pago às companhias de navegação ou armadores que trouxessem braços para a lavoura desde que vindos pela primeira vez ao Brasil, constituídos em famílias, "exclusivamente agricultores, válidos, de boa conduta moral e civil, e tendo cada família, pelo menos um indivíduo apto para o trabalho".[42]

Regulamentaram-se "os pedidos de introdução de imigrantes com destino certo na lavoura" a serem encaminhados para a Secretaria da Agricultura, que os distribuiria às companhias de navegação, com as quais o governo havia ajustado o fornecimento de bilhetes de chamada.[43] Esses pedidos, também conhecidos como "fórmulas de chamadas", nos quais o fazendeiro estipulava a quantidade de imigrantes requeridos, deveriam obrigatoriamente ser acompanhados por um atestado assinado pelo presidente da Comissão de Agricultura do município comprovando a idoneidade e profissão de lavrador do requerente. Nesse sentido, afora os contratos para introdução de imigrantes, delinearam-se outras alternativas para a vinda de braços para a lavoura.

A partir da metade final do primeiro decênio do século XX, a entrada de imigrantes em São Paulo apresentou significativa modificação quanto à diversidade das nacionalidades. Os italianos, sempre maioria, foram ultrapassados pela primeira vez pelos espanhóis (quadro 9). Tal fato pode ser creditado à entrada em vigor da lei de emigração italiana de 1901, cujos reflexos foram sentidos nos anos seguintes, mas também aos efeitos negativos causados pelas condições dos colonos nas fazendas sempre agravadas a cada crise na economia cafeeira. No entanto, mesmo após o Decreto Prinetti de 1902, que proibiu a emigração

---

[42] Coleção das Leis e Decretos do Estado de São Paulo (1900). A partir de então, diversos decretos do executivo definiram o número de imigrantes a introduzir: 1900 (4 mil); 1901 (25 mil); 1902 (10 mil); 1904 (5 mil); 1905 (20 mil); 1907 (10 mil); 1908 (10 mil); 1909 (10 mil); 1910 (10 mil).

[43] Decreto nº 1.247, de 17 de dezembro de 1904. Coleção das Leis e Decretos do Estado de São Paulo (1904).

A GRANDE IMIGRAÇÃO NO BRASIL (1880-1930) • 119

subsidiada para o Brasil, os imigrantes italianos ainda constituíam a maioria, ao menos até 1905 e 1906,[44] quando os espanhóis acabaram por superá-los. Isso se deveu mais ao aumento incomum por parte dos egressos da Espanha do que pela queda do fluxo de italianos. No primeiro semestre de 1905, por exemplo, os três principais grupos de imigrantes que chegaram na Hospedaria do Brás estavam assim divididos: 6.281 espanhóis (1.348 famílias), 2.625 italianos (461 famílias), 1.094 portugueses (248 famílias).[45] Após 1907, com a diminuição na entrada de espanhóis em virtude da suspensão temporária da imigração subsidiada, as duas nacionalidades, juntamente com os portugueses, que passaram a chegar em maior número, mantiveram certa equivalência, alterada somente em 1912-1913, quando a imigração superou a casa dos 100 mil, pela prevalência lusitana. Vale lembrar que, em 1907, o problema do déficit imigratório ainda persistia com a entrada de 31.681 imigrantes e a saída de 36.260, proporcionando uma diferença de 4.588, "devido principalmente à menor introdução de imigrantes com passagem paga pelo governo".[46] Na decada de 1910, com a alta do preço do café resultante da política de valorização iniciada em 1906,[47] a situação apresentou certo alívio, permitindo aos fazendeiros melhorarem sua margem de lucro sem a necessidade de comprimir ainda mais os salários dos colonos. Não por acaso, o movimento imigratório cresceu extraordinariamente, chegando a mais de 214 mil pessoas em 1912-1913 (Holloway, 1984:144-146) (quadro 10).

---

[44] Em 2 de fevereiro de 1906, um decreto do governo italiano procurou dificultar a concessão de passaporte para o Brasil, o que certamente contribuiu para a queda do movimento. Grosselli (1991:116).

[45] Quadro dos imigrantes entrados na Hospedaria da Capital, durante o semestre de 1 de janeiro a 30 de junho de 1905. Arquivo Público do Estado de São Paulo. Secretaria da Agricultura, CO 7254.

[46] Mensagem enviada ao Congresso Legislativo, a 14 de julho de 1908, pelo dr. M. J. Albuquerque Lins, presidente do estado.

[47] Sobre o Convênio de Taubaté e a política de valorização do café, quando o estado foi chamado a intervir e comprar os excedentes das grandes safras, ver Furtado (1963).

120 • HISTÓRIA DA IMIGRAÇÃO NO BRASIL

A par da tradicional imigração da Europa mediterrânea, a grande novidade foi a chegada de japoneses. No final de 1907, o governo celebrou contrato com a Companhia Imperial de Emigração de Tóquio para trazer 3 mil imigrantes. A alternativa da imigração japonesa foi pensada com maior afinco no momento em que a economia cafeeira demandava mais mão de obra, com a expansão da área cultivada, em virtude da alta dos preços do café no mercado internacional (Sakurai, 2000:206; Nogueira, 1973). Preocupação que crescia, principalmente ante os saldos negativos entre a entrada e a saída de imigrantes. Mesmo assim, a introdução de japoneses era vista com reservas até por seus partidários, que a propunham "a título de ensaio".[48] Em meio a isso, o primeiro grupo composto por 793 pessoas chegou em 19 de junho de 1908, encaminhando-se, em sua maioria, para a lavoura, mas os resultados decepcionaram.[49]

Mesmo mediante alguns contratos, e contando com o apoio do governo do Japão que via com interesse a saída de seus súditos, preocupando-se em tutelá-la, o fluxo de japoneses para São Paulo manteve certa descontinuidade, sendo, inclusive, interrompido entre 1914 e 1917. Mesmo assim, foi importante para suprir a lavoura de braços no momento em que o conflito mundial reduziu a vinda de europeus. Foram introduzidas 10 levas de imigrantes entre 1908 e 1914, totalizando 14.892 pessoas. O maior volume ocorreu em 1913, com a chegada de 6.847, número que seria facilmente superado com a consolidação da imigração a partir de 1924: se entre 1908-23 chegaram 31.414, de 1924 a 1941 entraram 137.572.[50]

Foi, aliás, em 1913, que a entrada de estrangeiros no porto de Santos chegou a pouco mais de 116 mil, superando os 98 mil do ano anterior (quadro 10). Nessa década, à exceção daqueles celebrados com

---

[48] Mensagem enviada ao Congresso Legislativo, a 14 de julho de 1908, pelo dr. M. J. Albuquerque Lins, presidente do estado.

[49] Mensagem enviada ao Congresso Legislativo, a 14 de julho de 1909, pelo dr. M. J. Albuquerque Lins, presidente do estado.

[50] Sakurai (2000:210). Ver também quadro 8.

companhias japonesas, já não existiam mais contratos para introdução de imigrantes. O movimento continuou com base nas subvenções estabelecidas nas leis do início do novo século, consolidadas, então, pelo Decreto nº 2.400, de 9 de julho de 1913.[51]

Cinco décadas de imigração

Durante a Primeira Guerra Mundial, o fluxo de imigrantes para Brasil e São Paulo sofreu expressiva redução. Terminado o conflito, as entradas voltaram a crescer, atingindo níveis elevados na década de 1920, embora sem alcançar as cifras dos primeiros tempos da República (quadro 10). Foi um período de maior diversidade quanto à nacionalidade dos imigrantes. Em termos quantitativos, italianos, portugueses, espanhóis, e, em muito menor medida, alemães, austríacos e russos, ainda prevaleciam, mas japoneses, sírios e libaneses, poloneses, romenos e eslavos, sem contar um grande contingente que aparece nas listagens oficiais como "nacionalidades diversas", passaram a compartilhar experiências de vida no território brasileiro (quadro 8).

Alemães, austríacos e russos estavam espalhados preferencialmente pelos estados sulinos. Os italianos, apesar de representarem contingentes importantes nos núcleos coloniais do Sul do país, sempre predominaram em São Paulo. Portugueses e espanhóis (entre estes, os galegos) (Sarmiento, 2017) constituíam o maior contingente da imigração urbana no Rio de Janeiro, mas o subsídio de passagens conseguiu atrair grandes levas desses dois grupos para as fazendas de café paulistas, inclusive famílias empobrecidas de andaluzes (Martínez e Orovio, 1987) e de portugueses que tradicionalmente apresentavam uma emigração com predomínio de homens solteiros[52]. São Paulo

---

[51] Decreto nº 2.400, de 9 de julho de 1913: "Manda observar a consolidação das leis, decretos e decisões sobre imigração, colonização e patronato agrícola." São Paulo: Diário Oficial, 1913.

[52] Sobre o impacto da política de imigração paulista, por meio do subsídio de passagens para a vinda de famílias, na demografia geral do fluxo de italianos, espanhóis e portugueses, ver Gonçalves (2017).

122 • HISTÓRIA DA IMIGRAÇÃO NO BRASIL

também foi o destino majoritário dos japoneses. Sírios e libaneses, romenos e poloneses vieram depois; os dois primeiros, compostos, em sua maioria, por indivíduos solteiros, dedicaram-se ao comércio nas cidades, enquanto os últimos, chegaram em grupos familiares para se estabelecerem no Paraná e no Rio Grande do Sul.

Quadro 8
Nacionalidade dos principais imigrantes entrados no Brasil (1880-1929)

Período	Alemães	Austríacos	Espanhóis	Italianos	Japoneses	Portugueses	Russos	Sírios Libaneses	Romenos	Poloneses	Diversos
1880-1884	10.107	1.371	11.283	53.895	–	47.058	1.217	66	–	–	3.099
1885-1889	9.094	3.232	17.783	222.829	–	57.643	421	43	–	–	81.894
1890-1894	13.005	10.599	89.609	312.074	–	117.348	38.712	3	–	–	7.725
1895-1899	4.029	27.888	74.584	378.291	–	98.006	2.106	2.865	–	–	14.068
1900-1904	2.676	4.160	31.518	134.778	–	59.813	1.012	4.005	–	–	15.217
1905-1909	11.172	11.286	90.086	83.916	861	139.143	13.894	11.316	26	–	27.457
1910-1914	24.701	12.259	143.491	115.290	14.682	259.516	36.877	32.950	258	–	18.855
1915-1919	1.201	826	38.166	22.578	12.750	58.965	2.311	1.972	85	–	4.808
1920-1924	47.499	5.407	44.906	61.744	6.646	137.659	4.376	4.961	10.615	5.079	20.084
1925-1929	28.340	6.613	37.025	45.091	51.638	164.296	9.167	15.248	24.411	22.931	17.037
Total	**151.824**	**83.641**	**578.541**	**1.430.486**	**86.577**	**1.139.447**	**110.093**	**73.429**	**35.395**	**28.010**	**210.244**

Fonte: Elaborado a partir de Carneiro (1950).

No caso de São Paulo, para o período de 1882-1929, o Quadro 9 mostra como, a partir de meados da primeira década do século XX, a preponderância da imigração italiana paulatinamente diminuiu de importância não apenas devido à sua redução numérica, mas principalmente pelo aumento da vinda de outros contingentes com dinâmicas migratórias diferentes. Os portugueses ultrapassaram os italianos nos anos de 1910, os espanhóis apresentaram pico imigratório nos primeiros 15 anos do novo século, enquanto o fluxo de japoneses começou a crescer desde meados da década de 1910 (15%). Sem contar o aumento relativo da participação de alemães, "outros" e "nacionalidades não especificadas" (de 30% a 40%) de 1920 em diante, indicador cristalino da maior diversificação da entrada de estrangeiros. Ressalta-se, porém, o impressionante volume de italianos entrados nos 15 anos finais do

A GRANDE IMIGRAÇÃO NO BRASIL (1880-1930) · 123

Oitocentos, com média anual acima de 37 mil, que conferiu a este grupo a proporção de 43,9% do total de imigrantes nos 50 anos que compõem o recorte temporal dos Quadros 8, 9 e 10, ou seja, o período da grande imigração para o Brasil, no qual São Paulo ocupou lugar de absoluto destaque.

Quadro 9
Nacionalidade dos principais imigrantes entrados em São Paulo (1882-1929)
Números absolutos e porcentagem

	Portugueses		Italianos		Espanhóis		Japoneses		Alemães, outros e sem nacionalidade		Total
Período	N. Abs.	%	N. Abs.	%	N. Abs.	%	N. Abs.	%	N. Abs.	%	N. Abs.
1882-1884	4.210	33,6	7.077	56,5	694	5,5	–	–	553	4,4	12.534
1885-1889	18.486	11,0	137.367	81,9	4.843	2,9	–	–	6.968	4,2	167.664
1890-1894	30.752	9,6	210.910	66,0	42.316	13,2	–	–	35.754	11,2	319.732
1895-1899	28.259	9,0	219.333	69,6	4.678	14,2	–	–	*22.983	7,3	315.253
1900-1904	18.530	10,8	111.039	64,8	18.842	11,0	–	–	22.884	13,4	171.295
1905-1909	38.567	19,6	63.595	32,4	69.682	35,5	825	0,4	23.870	12,1	196.539
1910-1914	111.491	30,7	88.692	24,4	108.154	29,8	14.465	4,0	40.096	11,0	362.898
1915-1919	21.191	25,3	17.142	20,5	27.172	32,5	12.649	15,1	5.530	6,6	83.684
1920-1924	48.200	24,4	45.306	23,0	36.502	18,5	6.591	3,3	60.713	30,8	197.312
1925-1929	65.166	22,5	29.472	10,2	27.312	9,4	50.573	17,4	117.418	40,5	289.941
Total	**384.852**	**18,2**	**929.933**	**43,9**	**380.195**	**18,0**	**85.103**	**4,0**	**336.769**	**15,9**	**2.116.852**

* Valor adaptado devido a um provável erro de digitação.
Fonte: Levy (1974).

A política de subsídios foi fundamental na atração de imigrantes para o Brasil e os números — apesar dos problemas aqui apontados — testemunham isso. Na época do Império até os primeiros anos da República, quando o poder central auxiliou financeiramente, algumas províncias (depois estados) conseguiram trazer imigrantes como colonos. No entanto, com a suspensão da subvenção em 1897, à exceção do Rio Grande do Sul e principalmente São Paulo, o movimento diminuiu nos estados do Centro-Sul, recuperando-se apenas a partir de 1907, quando o governo brasileiro voltou a destinar verbas para a imigração e a colonização.

124 • HISTÓRIA DA IMIGRAÇÃO NO BRASIL

O Rio Grande do Sul recebeu contingentes de europeus desde princípios do século XIX. O governo provincial, no entanto, iniciou sua intervenção na colonização a partir de 1848, quando foram criados os primeiros núcleos coloniais. A política de imigração contou com recursos próprios, especialmente quando o poder central interrompeu o auxílio entre 1897-1907, mas o sucesso da empreitada parecia depender de tal apoio. Em 1912, o chefe do estado calculava em quase 26 mil o movimento imigratório de alemães, russos e poloneses para o quinquênio de 1908-1912, enquanto antes do acordo de 1908 com a União (que duraria até 1915), a média anual não passava de 700 imigrantes.[53] O objetivo era povoar o território e fomentar a produção de alimentos para consumo interno, utilizando para isso as terras devolutas. Esforço que resultou, entre 1889 e 1914, na entrada de pouco mais de 119 mil imigrantes, sendo 39 mil italianos, 17 mil alemães e o restante formado por russos, poloneses e ucranianos (Roche, 1969:142-146). Para um período mais extenso, 1885-1930, Gardolinski apresenta os seguintes números: 36 mil alemães, 21 mil poloneses, 19 mil russos e 4,8 mil austríacos.[54]

No Paraná, a imigração compreendeu grande diversidade de nacionalidades, foi mais tardia do que no Rio Grande do Sul e sofreu revezes sem o aporte das verbas do poder central. Em olhar retrospectivo, é possível verificar que a composição étnica dos imigrantes variou temporalmente da seguinte forma: concentrou-se em italianos e poloneses, entre 1880-1889; em poloneses, italianos, alemães e ucranianos, de 1890 a 1899; e com os holandeses somando-se aos grupos já relacionados, nos anos de 1900 a 1911. Em síntese, entre 1829 e 1911, chegaram mais de 85 mil estrangeiros, em sua maioria, destinados aos núcleos coloniais (Andreazza e Nadalin, 1994:65-66).

Minas Gerais constituiu-se em caso interessante quanto à política imigratória e seus objetivos. É possível dividi-la em duas fases distintas.

---

[53] Mensagem enviada à Assembleia dos Representantes do Estado do Rio Grande do Sul pelo dr. Carlos Barbosa Gonçalves, em 20 de setembro de 1912.

[54] Gardolinski (1958:7). Os italianos não foram computados pelo autor.

A GRANDE IMIGRAÇÃO NO BRASIL (1880-1930) • 125

A primeira, de 1892 a 1907, visava a atender a demanda por mão de obra na Zona da Mata, área produtora de café, onde os fazendeiros clamavam por trabalhadores. Entre 1892-1897, o governo implantou uma política de subsídios de passagens à semelhança de São Paulo, resultando na chegada de mais de 51 mil europeus, sendo 47 mil italianos (Petrone, 1977:133). O fim da subvenção seria sintomático: de 1898 a 1901, apenas 2.749 dirigiram-se às terras mineiras (Monteiro, 1994:173). A segunda, que vai de 1907 até 1930, apoiada financeiramente pelo governo central, caracterizou-se pelo povoamento do território por meio da criação de núcleos coloniais e de concessão de terras devolutas, com a introdução de aproximadamente 10 mil imigrantes (Monteiro, 1994:158, 161-162).

Em São Paulo, quando se desenha o quadro da evolução do programa imigratório, o traço marcante é a subvenção de passagens e, em momentos mais agudos, a rivalidade com o governo central na atração de imigrantes. Um olhar retrospectivo não apenas na legislação, mas também nos números, permite delinear ao menos dois momentos distintos balizados pelas conjunturas internas e externas. O primeiro, que cobre o início da imigração recrutada sob grandes contratos até a virada para o século XX, foi marcado pela prevalência dos imigrantes subsidiados. Os dados compilados pelo Boletim do Departamento Estadual do Trabalho têm início em 1889, mas são esclarecedores: entre 1889 e 1901, dos mais de 857 mil imigrantes que chegaram, 79,2% vieram por meio de subsídios. A partir de então, esse padrão se inverteu e, de 1902 a 1915, dos 690 mil, 63,1% eram espontâneos.[55] Isso não significa que a política imigratória paulista sofreu alteração em sua essência, pois suprir a lavoura cafeeira de mão de obra sempre foi o principal objetivo. A questão fundamental era como adaptar as estratégias de arrolamento de braços para a lavoura e, assim, conseguir contornar as repercussões negativas na Europa, que invariavelmente condenavam

---

[55] Calculado a partir das informações do Departamento Estadual do Trabalho (1917:183-185). Não foi possível localizar os dados referentes ao período de 1916-1930.

126 • HISTÓRIA DA IMIGRAÇÃO NO BRASIL

a emigração contratada para o Brasil, sobretudo São Paulo, proibindo, por meio de leis e regulamentos, seus cidadãos de partirem.

O subsídio paulista à imigração perdurou até fins de 1927, quando o governador Júlio Prestes determinou que não se financiaria mais o transporte de imigrantes para o estado. As reclamações sobre os vultosos gastos despendidos com os serviços de imigração e as novas fontes de mão de obra, incluindo a população nacional proveniente de outras regiões, tornaram o programa de subsídio cada vez menos necessário e, em 1928, decretou-se seu encerramento (Holloway, 1984:107-109). Os fazendeiros paulistas, acostumados em contar com a receita pública para obtenção de trabalhadores em quantidade suficiente, protestaram.

Em artigo para a *Revista da Sociedade Rural Brasileira*, Antonio de Queiroz Telles expressou sua perplexidade com a medida tomada pelo governo, que atrapalhou sua negociação para a vinda de poloneses: "Quando já as primeiras levas de imigrantes polacos se mobilizavam para embarcar para o nosso Estado, em Agosto de 1927 foi subitamente suspensa a introdução de imigrantes subsidiados pelo Governo, ficando por isto sem execução o convênio, logo no seu nascedouro." O argumento utilizado não era novo. Ressoava há décadas nas terras do café: "Essa brusca resolução do governo, veio encontrar a nossa lavoura inteiramente desprevenida de braços e não preparada para de qualquer forma, suprir de pronto a falta de novos contingentes de imigrantes que lhe foram sempre assegurados durante mais de quarenta anos" (Telles, 1928:331).

Agora, porém, uma novidade fazia-se presente. O fato de a proporção do imposto de exportação do café diminuir sua participação na arrecadação do tesouro enfraquecia, cada vez mais, o antigo argumento de que a economia cafeeira sustentava o estado e o país. Não era para menos, pois foi a experiência da imigração subvencionada pelos cofres públicos que inseriu de forma decisiva Brasil e, especialmente, São Paulo na órbita da Grande Emigração europeia para o Novo Mundo.

A GRANDE IMIGRAÇÃO NO BRASIL (1880-1930) • 127

Quadro 10
Comparação da entrada de imigrantes no Brasil e em São Paulo (1870-1930)

Ano	São Paulo	Brasil	SP/Brasil (%)	Ano	São Paulo	Brasil	SP/Brasil (%)
1870-1880*	11.943	207.347	5,8	1906	46.214	73.672	62,7
1881	2.705	11.054	24,5	1907	28.900	58.552	49,4
1882	2.743	27.197	10,1	1908	37.278	94.695	39,4
1883	4.912	28.662	17,1	1909	38.308	85.410	44,9
1884	4.868	24.890	19,6	1910	39.486	88.564	44,6
1885	6.500	35.440	18,3	1911	61.508	135.967	45,2
1886	9.534	33.486	28,5	1912	98.640	180.182	54,7
1887	32.110	55.963	57,4	1913	116.640	192.683	60.5
1888	91.826	133.253	68,9	1914	46.624	82.572	56,5
1889	27.694	65.946	42,0	1915	15.614	32.026	48,8
1890	38.291	107.474	35,6	1916	17.011	34.003	50,0
1891	108.688	216.760	50,1	1917	23.407	31.192	75,0
1892	42.061	86.203	48,8	1918	11.447	20.501	55,8
1893	81.745	134.805	60,6	1919	16.205	37.898	42,8
1894	48.947	60.984	80,3	1920	32.028	71.027	45,1
1895	139.998	167.618	83,5	1921	32.678	60.844	53,7
1896	99.010	158.132	62,6	1922	31.281	66.967	46,7
1897	98.134	146.362	67,0	1923	45.240	86.679	52,2
1898	46.939	78.109	60,1	1924	56.085	98.125	57,2
1899	31.172	54.629	57,1	1925	57.429	84.883	67,7
1900	22.802	40.300	56,6	1926	76.796	121.569	63,2
1901	70.348	85.306	82,5	1927	61.607	101.568	60,7
1902	37.831	52.204	72,5	1928*	40.847	82.061	49,8
1903	16.553	34.062	48,6	1929*	53.262	100.424	53,0
1904	23.761	46.164	51,5	1930*	30.924	74.420	41,6
1905	45.839	70.295	65,2	Total	2.250.470	4.051.782	55,5

* Anos em que São Paulo não subsidiou a imigração.
Fonte: Vasconcelos (1940).

Referências

ALONSO, Blanca Sánchez. La emigración española a la Argentina, 1880-1930. In: SÁNCHEZ-ALBORNOZ, Nicolás (Org.). *Españoles hacia América*. La emigración en masa, 1880-1930. Madri: Alianza, 1988. p. 205-234.

_____. *Las causas de la emigración española, 1880-1930*. Madri: Alianza Universidad, 1995.

ALVIM, Zuleika M. F. *Brava gente!* Os italianos em São Paulo, 1870-1920. São Paulo: Brasiliense, 1986.

ANDREAZZA, Maria Luiza; NADALIN, Sérgio O. O cenário da colonização no Brasil Meridional e a família do imigrante. *Revista Brasileira de Estudos da População*, Campinas, v. 11, n. 1, p. 61-87, 1994.

ARRUDA, José Jobson de Andrade. A expansão europeia oitocentista: emigração e colonização. In: SOUZA, Fernando de; MARTINS, Ismênia. *A emigração portuguesa para o Brasil*. Porto: Afrontamento, 2007. p. 13-40.

BAGANHA, Maria Ioannis B. A emigração portuguesa e as correntes migratórias internacionais (1855-1974) — síntese histórica. *Estudios Migratorios Latinoamericanos*, Buenos Aires, a. 12, n. 38, p. 29-55, 1998.

BEIGUELMAN, Paula. *Formação do povo no complexo cafeeiro* — aspectos políticos. 3. ed. São Paulo: Edusp, 2005.

CARNEIRO, José Fernando. *Imigração e colonização no Brasil*. Rio de Janeiro: Universidade do Brasil, 1950.

COLEÇÃO das leis e decretos do estado de São Paulo. São Paulo: Imprensa Oficial do Estado de São Paulo, 1904, v. 14.

COLEÇÃO das leis e decretos do estado de São Paulo. São Paulo: Imprensa Oficial do Estado de São Paulo, 1900, v. 10.

COSTA, Emília Viotti da. *Da senzala à colônia*. 3. ed. São Paulo: Editora Unesp, 1998.

DEPARTAMENTO ESTADUAL DO TRABALHO. Contratos relativos à imigração. Boletim do *Departamento Estadual do Trabalho*, São Paulo, a. VI, n. 22, p. 39-55, 1917.

A GRANDE IMIGRAÇÃO NO BRASIL (1880-1930) • 129

_____. Dados para a história da imigração e da colonização em S. Paulo. *Boletim do Departamento Estadual do Trabalho*, São Paulo, a. V, n. 19, p. 175-208, 1916.

DEVOTO. Fernando J. Políticas migratorias argentinas y flujo de población europea (1876-1925). *Estudios Migratorios Latinoamericanos*, Buenos Aires, a. 4, n. 11, p. 135-158, 1989.

FERENCZI, Imre; WILLCOX, Walter. *International migrations*: v. 1: Statistics; v. 2: Interpretations. Nova York: National Bureau of Economic Research, 1929.

FURTADO, Celso. *Formação econômica do Brasil*. 5. ed. Rio de Janeiro: Fundo de Cultura, 1963.

GARCÍA, Fe Iglesias. Características de la inmigración española en Cuba, 1904-1930. In: SÁNCHEZ-ALBORNOZ, Nicolás (Org.). *Españoles hacia América*. La emigración en masa, 1880-1930. Madri: Alianza, 1988, p. 270-295.

GARDOLINSKI, Edmundo. Imigração e colonização polonesa. In: BECKER, Klaus (Org.). *Enciclopédia rio-grandense*. Canoas: Regional, 1958, v. 5, p. 1-114.

GONÇALVES, Paulo Cesar. A Grande Imigração de famílias para São Paulo: implicações da política de subsídio de passagens na demografia do fluxo transatlântico de europeus (1884-1914). In: GUIDOBONO, Sandra O.; HIERRO, Carmen B. (Org.). *Entre redes y espacios familiares en Iberoamérica*. Sevilha: Egregius, 2017. p. 602-622.

_____. *Mercadores de braços*: riqueza e acumulação na organização da emigração europeia para o Novo Mundo. São Paulo: Alameda; Fapesp, 2012.

GOULD, John D. European inter-continental emigration, 1815-1914: patterns and causes. *The Journal of European Economic History*, Roma, v. 8, n. 3, p. 593-679, 1979.

GROSSELLI, Renzo Maria. *Di schiavi Bianchi a coloni*. Um progetto per le fazendas; contadini trentini (veneti e lombradi) nelle foreste brasiliane. Trento: s.n., 1991.

130 • HISTÓRIA DA IMIGRAÇÃO NO BRASIL

HOERDER, Dirk. *Cultures in contact.* World migrations in the second millennium. Durham: Duke University Press, 2002.

HOLLOWAY, Thomas H. *Imigrantes para o café*: café e sociedade em São Paulo, 1886-1934. Rio de Janeiro: Paz e Terra, 1984.

IN MEMORIAM, Martinho Prado Júnior, 1843-1943. São Paulo: Elvino Pocai, 1944.

IOTTI, Luiza Horn. *Imigração e colonização*: legislação de 1747 a 1915. Porto Alegre: Assembleia Legislativa do Estado do Rio Grande do Sul; Caxias do Sul: Educs, 2001.

KLEIN, Herbert S. A integração dos imigrantes italianos no Brasil, na Argentina e Estados Unidos. *Novos Estudos Cebrap*, n. 25, p. 95-117, 1989.

LEITE, Joaquim da Costa. Emigração portuguesa: a lei e os números. *Análise Social*, Lisboa, n. 97, p. 463-480, 1987.

LEITE, Joaquim da Costa. O transporte de emigrantes: da vela ao vapor na rota do Brasil 1851-1914. *Análise Social*, Lisboa, n. 112-113, p. 741-752, 1991.

LEVY, Maria Stella Ferreira. O papel da migração internacional na evolução da população brasileira (1872-1972). *Revista de Saúde Pública*, São Paulo, v. 8 (supl.), p. 49-90, 1974.

MARSON, Izabel Andrade. Trabalho livre e progresso. *Revista Brasileira de História*, São Paulo, v. 4, n. 7, p. 81-93, 1974.

MARTÍNEZ, Elda E. González; OROVIO, Consuelo N. Aproximaciones cuantitativas y aspectos cualitativos de la emigración Andaluza a Brasil y Cuba (1880-1940). In: RAMÍREZ, Bibiano T.; PALOMO, José H. *Andalucía y América en el siglo XX*. Actas de las VI Jornadas de Andalucía y América. Sevilla: Escuela de Estudios Hispano-Americanos, 1987, p. 245-274.

MARTINS, José de Souza. *A imigração e a crise no Brasil agrário*. São Paulo: Livraria Pioneira, 1973.

MARTINS, José de Souza. *O cativeiro da terra*. 6. ed. São Paulo: Hucitec, 1996.

MONTEIRO, Norma de Góes. *Imigração e colonização em Minas, 1889-1930*. Belo Horizonte: Itatiaia, 1994.

MOTES, Jordi Maluquer de. A imigração e o emprego em Cuba (1880-1930). In: FAUSTO, Boris (Org.). *Fazer a América*. A imigração em massa para a América latina. 2. ed. São Paulo: Edusp, 2000, p. 551-577.

NOGUEIRA, Arlinda Rocha. *A imigração japonesa para a lavoura cafeeira paulista, 1909-1922*. São Paulo: IEB/USP, 1973.

OLIVIERI, Mabel. Un siglo de legislación en materia de inmigración Italia-Argentina, 1860-1960. *Estudios Migratorios Latinoamericanos*, Buenos Aires, a. 2, n. 6-7, p. 225-248, 1987.

PETRONE, Maria Thereza Schorer. Imigração. In: FAUSTO, Boris (Org.). *O Brasil republicano*, t. III. Sociedade e instituições (1889-1930), v. 9, São Paulo: Difel, 1977 (História Geral da Civilização Brasileira).

ROCHE, Jean. *A colonização alemã e o Rio Grande do Sul*. Porto Alegre: Globo, 1969.

ROSOLI, Gianfausto. Un quadro globale della diaspora italiana nelle Americhe. *Altreitalie*, Turim, n. 8, p. 8-24, 1992.

SAKURAI, Célia. Imigração japonesa para o Brasil: um exemplo de imigração tutelada (1908-1941). In: FAUSTO, Boris (Org.). *Fazer a América*. A imigração em massa para a América latina. 2. ed. São Paulo: Edusp, 2000, p. 201-238.

SÁNCHEZ-ALBORNOZ, Nicolás. Medio siglo de emigración masiva de España hacia América. In: _____ (Org.). *Españoles hacia América*. La emigración en masa, 1880-1930. Madri: Alianza, 1988, p. 13-29.

SARMIENTO, Érica. *Galegos nos trópicos*: invisibilidade e presença da imigração galega no Rio de Janeiro (1880-1930). Porto Alegre: Edipucrs, 2017.

SKIDMORE, Thomas E. *Preto no branco*: raça e nacionalidade no pensamento brasileiro. 2. ed. Rio de Janeiro: Paz e Terra, 1976.

SORI, Ercole. *L'emigrazione italiana dall'Unità alla Seconda Guerra Mondiale*. Bolonha: Il Mulino, 1979.

TELLES, Antonio de Queiroz. Lavoura e imigração. *Revista da Sociedade Rural Brasileira*, São Paulo, a. VIII, n. 102, p. 331-334, 1928.

VANGELISTA, Chiara. *Os braços da lavoura*: imigrantes e caipiras na formação do mercado de trabalho paulista (1850-1930). São Paulo: Hucitec, 1991.

VASCONCELOS, Henrique Doria de. Oscilações do movimento imigratório no Brasil. *Revista de Imigração e Colonização*, Rio de Janeiro, a. I, n. 2, p. 211-233, 1940.

A década de 1920 e aspectos da imigração urbana para o Brasil[*]

Paula Ribeiro

A chegada de imigrantes no Brasil entre o início da Primeira Guerra Mundial (1914-1918) e 1942, ano em que o país entrou na Segunda Guerra Mundial (1939-1945), guarda continuidade com o período da chamada Grande Imigração. O Brasil recebeu muitos imigrantes que fugiam da fome e da pobreza. Entretanto, outras razões conduziram homens, mulheres e crianças a novas experiências de deslocamento. O fim dos grandes impérios europeus, o surgimento de novas nações, a ascensão de regimes autoritários e o recrudescimento de políticas identitárias intolerantes fizeram com que muitos fugissem de perseguições religiosas e políticas. Nos vapores, como eram chamados os navios a vapor, junto com aqueles que procuravam trabalho em terras distantes, entraram também ativistas políticos, artistas, indivíduos ou grupos perseguidos por suas convicções religiosas e identidades étnicas. Esse período configurou um novo momento da história das imigrações.

No início do século XX, em consequência de leis de países como Estados Unidos, Canadá e Argentina, que restringiam a imigração, o Brasil passou a ser um dos maiores centros receptores de imigrantes das Américas. Além de portugueses, alemães, espanhóis, italianos e japoneses que, de forma geral, vieram para o Brasil por meio de um processo conhecido como imigração dirigida ou subvencionada, outros grupos começaram a chegar ao país, configurando uma imigração diferenciada, com predominância urbana: eram os imigrantes sírios, libaneses e armênios, além de judeus de diferentes origens, sobre os quais trataremos neste capítulo.

---

[*] Este texto desenvolve e atualiza reflexões sobre a imigração árabe e judaica no Rio de Janeiro realizadas pela autora em trabalhos anteriores.

134 • HISTÓRIA DA IMIGRAÇÃO NO BRASIL

De acordo com Jeffrey Lesser (2001), no final de século XIX o governo federal e também o do estado de São Paulo (SP), incentivados por fazendeiros locais, viam no estímulo à imigração de italianos e japoneses uma alternativa para a substituição da mão de obra escrava na grande produção cafeeira. O governo do estado do Rio de Janeiro (RJ), por sua vez, também via a possibilidade de criar colônias agrícolas japonesas para a produção de arroz na região da baixada fluminense.

Em junho de 1908, aportou em Santos (SP) o navio *Kasato-Maru*, trazendo 781 pioneiros do que passaria a ser considerada a maior "colônia japonesa fora do Brasil". A partir de dados extraídos da obra de Hiroshi Saito, *Alguns aspectos da mobilidade dos japoneses no Brasil*, de 1959, Lesser (2001) aponta que, entre os anos de 1908-1914, entraram no Brasil 15.543 imigrantes japoneses. Posteriormente, por dificuldades de vida no Brasil e novas oportunidades de trabalho no Japão do período pós-guerra, a emigração foi desacelerada; no entanto, entre 1924-1935 o número de entradas de japoneses no Brasil saltou para 141.732 imigrantes. De acordo com Lesser, um dos fatores que pode explicar esse aumento é que nos primeiros anos do período entreguerras os imigrantes italianos se transferiram, em número cada vez maior, para as cidades, com a consequente abertura de vagas de trabalho no campo; mas, principalmente, atribui-se como fator determinante a política de imigração dos Estados Unidos, "que fecharam ainda mais as portas do país aos imigrantes asiáticos, culminando com a Lei da Origem Nacional de 1924". Essa Lei da Imigração de 1924 limitava o número de imigrantes que podiam entrar nos Estados Unidos (estabelecimento de cotas) e, assim, os imigrantes japoneses, indianos e da Europa Oriental — católicos e judeus — foram praticamente impedidos de entrar no país.

É nesse contexto que o Brasil começou a receber levas imigratórias distintas, fato que, conforme Grinberg e Limoncic (2010), acirrou o debate iniciado ainda no século XIX sobre os imigrantes considerados "ideais para a formação da nação brasileira". Segundo os autores, "o pensamento racial já estava bastante maduro no Brasil e os imigrantes europeu eram tidos, de modo geral, como importantes agentes branqueadores" (Grinberg e Limoncic, 2010:43-44). No entanto, apontam,

os espanhóis, portugueses e italianos eram percebidos como mais aptos a se assimilarem à sociedade brasileira, pensada como branca, católica e latina. Em princípios do século XX, alemães, ucranianos e poloneses já eram acusados de terem formado quistos de estrangeiros refratários à assimilação.

Na década de 1930, com o início da Era Vargas, havia um projeto de "construção da nacionalidade e de um novo homem trabalhador brasileiro, e marca também o início da restrição oficial à imigração, presente tanto na Constituição Federal de 1934 quanto na de 1937". Ambas estabelecem cotas de imigração e a definição do que era considerado o "imigrante desejável", privilegiando a imigração de portugueses, espanhóis e italianos, isto é, europeus cristãos.

Nos anos 1920, o processo de imigração e o estabelecimento no Brasil dos imigrantes árabes, armênios e os de origem judaica não contavam com auxílio governamental. Os que emigravam embarcavam para o Ocidente em navios europeus rumo ao porto de Marselha, na França, e ao porto de Gênova, na Itália, o que fez desses dois países as portas de entrada na Europa, de onde partiam para as Américas.

As viagens podiam significar tanto um projeto individual quanto um projeto familiar, já que as dificuldades pelas quais passavam nos países de origem influenciavam, em muito, a decisão da emigração, que aliava um certo espírito aventureiro à busca de uma melhor situação para a família. Os que chegavam ao Rio de Janeiro se engajavam na luta pela sobrevivência, que significava moradia e trabalho; por outro lado, continuavam vinculados à família que permanecia no país de origem. De acordo com Loureiro (2011),

para muitos emigrantes, sejam armênios, sírios ou libaneses, não era claro o que era a América. Muitos relacionavam tal nome com os EUA, local

136 • HISTÓRIA DA IMIGRAÇÃO NO BRASIL

de origem das missões protestantes que se instalaram no Oriente Médio nas primeiras décadas do século XX e era para lá que desejavam ir, ainda que outras circunstâncias os tivessem enviado para o sul.

Outros compreendiam "que o termo designava algo mais amplo e complexo, porém, muitos não tinham certeza em que porto da América desembarcariam após tomar o navio em Marselha" (Truzzi, apud Loureiro, 2011:4-5).

Para os imigrantes sírios e libaneses, o projeto era economizar o máximo de dinheiro no menor tempo possível e voltar para casa, realizando o sonho de "fazer a América". Outros, trabalhando duro e gastando pouco, sem família no Brasil, enviavam as economias para suas famílias, que prosperavam usando esse dinheiro para a compra de terras e, dessa forma, geravam mais recursos para proporcionar a emigração de outros membros da família.

Por sua vez, os imigrantes judeus e armênios não pensavam em retornar, na medida em que a emigração representava um rompimento com um ambiente de perseguições religiosas e étnicas, que inviabilizam a sua volta.

Imigração árabe

Geograficamente, a região da Grande Síria, ou Síria, que tinha o Líbano incluído entre suas fronteiras, pertencia ao Império Turco-Otomano até o final da Primeira Guerra Mundial (1914-1918), quando a França assumiu o controle político da região. O Líbano (capital Beirute), com população na época de maioria cristã-maronita, tornou-se protetorado francês e ficou autônomo em relação à Síria (capital Damasco), que tinha uma população, na época, de maioria muçulmana. A independência desses países da França ocorreu em 1943 e 1946, respectivamente; mas durante o domínio otomano na região houve uma grande emigração de libaneses e sírios, e o Brasil recebeu, entre os anos de 1850 e 1914, um dos maiores contingentes desses imigrantes em todo

A DÉCADA DE 1920 E ASPECTOS DA IMIGRAÇÃO... • 137

o mundo. As desigualdades sociais e religiosas e a exigência de um serviço militar obrigatório considerado abusivo foram fatores que impulsionaram essa emigração. Nos anos 1920, "a situação colonial dos mandatos francês e inglês, que gerou um quadro de depressão econômica, conflito e repressão política", afetando de diferentes maneiras o Líbano e a Síria, reativou a emigração do Oriente Médio, tendo os Estados Unidos, a Argentina e Brasil recebido um número expressivo de imigrantes de origem árabe (Pinto, 2010:39-40).

Os imigrantes de origem síria e libanesa (de fala e cultura árabe) que chegaram ao Rio de Janeiro no início do século XX eram originários de Damasco, Beirute, ou das cidades de Zahle e Homs. Eram, em sua maioria, rapazes solteiros, cristãos maronitas e ortodoxos, de cidades pequenas e de aldeias agrícolas, onde cultivavam nozes, amêndoas, uva e figo.

Em pesquisa realizada, Ribeiro (1998) identificou que as estatísticas sobre a presença árabe no Brasil se apresentam confusas, tanto as provenientes de fontes oficiais quanto aquelas produzidas pelas instituições comunitárias. Isto pode ser atribuído à forma pela qual eram identificados e registrados os imigrantes sírios e libaneses que chegavam ao porto do Rio de Janeiro ou de Santos no final do século XIX e início do século XX.

As estatísticas sobre essa presença no país são imprecisas. Truzzi (1991) cita o pesquisador Clark Knowlton, em sua obra de referência *Sírios e libaneses: mobilidade social e espacial*, de 1961, na qual apurou:

[...] contingentes modestos e irregulares até por volta de 1895; daí em diante, o fluxo imigratório se adensou para, a partir de 1903, crescer ininterruptamente até as vésperas da Primeira Guerra Mundial. O ano de 1913 registrou a chegada de 11.101 imigrantes. Nos anos 1920, o movimento foi revitalizado com um contingente ao redor de 5 mil entradas anuais. A partir de então, a depressão e o sistema de cotas adotado pelo governo brasileiro colocaram o movimento imigratório em níveis baixos. [Knowlton, apud Truzzi, 1991:7-8]

138 • HISTÓRIA DA IMIGRAÇÃO NO BRASIL

Segundo estimado por Knowlton na obra citada, até o final dos anos 1930 entraram no Brasil cerca de 100 mil imigrantes árabes. Na América do Sul, além da Argentina e do Uruguai, o Brasil recebeu esses imigrantes, que logo passaram a ser apelidados genericamente de "turcos". Isso porque os imigrantes libaneses e sírios eram portadores de documentos de viagem emitidos pelo então governo turco, o que acarretava a expressão "turco" não apenas como uma forma de tratamento, mas também a expressão utilizada em documentos oficiais brasileiros para identificar a origem de qualquer imigrante oriundo da Síria e do Líbano. Ainda segundo Ribeiro (1998:95-97), posteriormente, encontra-se em fontes oficiais, como os censos populacionais, referência a esses grupos étnicos usando as denominações: "turco-asiática", "turco-árabe", "árabes", "sírios", "libaneses" e, finalmente, o termo "sírio-libanês" que, apesar de equivocado, passou a ser usado com frequência.

As cartas e notícias enviadas do Brasil para os familiares que haviam permanecido nos lugares de origem falavam de um país de facilidades, onde a vida era tranquila, onde não havia perseguições políticas nem religiosas. Os imigrantes sírios e libaneses se fixaram, sobretudo, nos estados de São Paulo, Minas Gerais e Rio de Janeiro, e, apesar de originários de regiões agrícolas, estabeleceram-se nos centros urbanos e dedicaram-se às atividades comerciais. No início da vida no Brasil, muitos se tornaram vendedores ambulantes e aprenderam a língua trabalhando. Carregando embrulhos, iam nos diferentes bairros e "faziam freguesia", como na época se denominava a clientela. As mercadorias eram retiradas nas lojas dos "patrícios" (os originários do mesmo país), e essa rede de apoio ao recém-chegado era muito importante, pois parentes ou conterrâneos forneciam as mercadorias em consignação: o que fosse vendido se pagava e o que sobrava era devolvido. O fato é que a maioria prosperou e muitos abriram suas lojas, armarinhos e casas de tecido, deixando de lado as vendas nas ruas.

A imagem dos sírios e libaneses também está associada às atividades de mascateação pelo interior do país. O mascate se dedicava ao comércio ambulante no interior e em zonas rurais, e são vários os escritores que tratam da sua presença no país, transformando-os em personagens da literatura. Essa atividade vem desde o início da colonização, quando era exercida predominantemente pelos portugueses. Depois passou a ser exercida pelos imigrantes italianos, principalmente em São Paulo, e, posteriormente, no final do século XIX e início do século XX, passou a ser realizada pelos imigrantes sírios e libaneses. À medida que aumentava a disponibilidade de capital, passavam a oferecer também outros produtos. Com a matraca na mão, anunciavam suas mercadorias, como cortes de fazenda, rendas, lenços, perfumes, agulhas, pó de arroz e maquiagem barata, carregadas em caixotes ou malas pesadas; devido a isso, passaram a ser chamados de *ahlal kacha*, que em árabe significa o "povo da caixa" (Hajjar, 1985:89).

Capa do livro *Memórias de um mascate: o soldado errante da civilização*, de autoria de Tanus Jorge Bastani. Rio de Janeiro: Briguiet & Cia., 1949.

140 • HISTÓRIA DA IMIGRAÇÃO NO BRASIL

No Rio de Janeiro (na época Distrito Federal), um grande número de imigrantes árabes se estabeleceu na rua da Alfândega, que também ficou conhecida como a "rua dos turcos". Muitos eram de religião cristã e muçulmana, mas também havia os de origem judaica, como veremos adiante. Ali, conviviam com imigrantes de origem armênia, grega, espanhola e portuguesa. Os recém-chegados instalavam-se próximos uns dos outros, o que permitia a criação de um núcleo de imigrantes de mesma origem, muitos vindos da mesma cidade, quando não da mesma família.

Em uma análise mais detalhada do Recenseamento Populacional e do Censo Comercial do Distrito Federal de 1920, apreende-se que, entre os distritos centrais da cidade, era o do Sacramento, onde hoje se situa o espaço comercial conhecido como Saara (Ribeiro, 1998), o que abrigava a maior colônia portuguesa da cidade, sendo também a freguesia com maior número de imigrantes gregos e russos. O número de imigrantes de origem árabe ("turquia-asiática") na Freguesia do Sacramento também é o maior entre as freguesias centrais da cidade, como mostra o quadro 1.

Quadro 1
População de origem árabe nas freguesias urbanas centrais da cidade do Rio de Janeiro (1920)

Freguesias urbanas centrais	Nº de habitantes de origem árabe
Candelária	8
Sacramento	2.212
Santa Rita	75
Santo Antônio	400
São José	176

Fonte: Recenseamento Populacional e do Censo Comercial do Distrito Federal de 1920.

Os distritos centrais da cidade do Rio de Janeiro apresentaram no início do século um decréscimo de população, porque com as obras de modernização da cidade (Reforma Pereira Passos, período 1903-1906) e a abertura da avenida Central (atual avenida Rio Branco) ocorreu a demolição de inúmeras edificações de uso residencial, transformando

A DÉCADA DE 1920 E ASPECTOS DA IMIGRAÇÃO... • 141

a região em essencialmente comercial e com terrenos bastante valorizados. A exceção foi o então distrito do Sacramento, onde houve aumento populacional, o qual foi descrito no recenseamento de 1920 como sendo derivado da ocupação "por habitações e casas de negócio da numerosa colônia síria, já representada no Distrito Federal por mais de 6 mil habitantes". O censo populacional de 1890 também já havia indicado essa maioria de imigrantes oriundos da "Arábia" e da "Turquia" na então freguesia do Sacramento, o que demonstra a concentração dos imigrantes sírios e libaneses nesse espaço da cidade (Ribeiro, 1998:50-52).

A presença muçulmana no Rio ainda é pouco estudada, mas foi observada desde o final do século XIX, quando o recenseamento de 1890 apontou em 93 o número de recenseados na então freguesia do Sacramento, de longe o mais expressivo na cidade, seguido por 39 recenseados na vizinha freguesia de Santana. Foram os imigrantes que ali se estabeleceram os que fundaram, na década de 1950, a Sociedade Beneficente Muçulmana do Rio de Janeiro, na rua Gomes Freire, a mesma onde foi fundada, pelos armênios e libaneses, a Igreja Ortodoxa São Nicolau. A igreja melquita de São Basílio também foi construída nas redondezas para atender os imigrantes, sendo instalada na rua República do Líbano, que recebeu esse nome a partir de um decreto-lei de novembro de 1945, o qual justifica a mudança de nome como uma "homenagem à pátria dos numerosos negociantes sírios e libaneses que têm ali o seu comércio, dando ao local um aspecto de bairro levantino" (Ribeiro, 1998:53). As ruas adjacentes à rua da Alfândega, como a Senhor dos Passos, a Buenos Aires (antiga rua do Hospício) e a avenida Tomé de Souza, então rua do Núncio, e cuja extensão é a República do Líbano, também fazem parte do que ficaria conhecido como "pequena Turquia". Esse lugar configurou-se como um espaço de etnicidade na medida em que, ali, em uma região de sobrados antigos, os imigrantes tinham suas lojas no térreo e suas residências no andar de cima. Conviviam falando o árabe nas ruas, mantendo traços da sua cultura de origem, com a criação de ambientes para os cultos

142 • HISTÓRIA DA IMIGRAÇÃO NO BRASIL

religiosos, pequenos clubes e associações culturais, além de outras condições para a reprodução de uma vida própria do grupo, como as pequenas lojas de especiarias que vendiam o trigo para o quibe, a azeitona preta, nozes e gergelim, todos ingredientes utilizados na culinária árabe. Tinham também padaria e restaurantes árabes, além de um lugar de lazer para ouvir música, jogar bilhar, baralho, dominó e gamão (Ribeiro, 1998:54-55).

Em 1962, esse tradicional espaço de comércio no centro histórico da cidade e importante culturalmente para um grupo de comerciantes imigrantes e seus filhos é mais uma vez ameaçado por reformas urbanísticas projetadas para a rua da Alfândega e adjacências. O grupo não apenas lutou pela manutenção do espaço físico, mas também para preservar um espaço de cultura constituído durante quase um século. Fundaram, então, a associação comercial Sociedade de Amigos e Adjacências da Rua da Alfandega, cuja sigla Saara tornou-se o nome pelo qual até hoje o espaço é conhecido na cidade. Grande parte de seus ocupantes são imigrantes ou seus descendentes, de diferentes etnias, como portugueses, sírios, libaneses, judeus de diferentes origens, armênios, turcos, espanhóis, gregos e, nas últimas décadas, chineses e coreanos. Ali coexistem e marcam etnicamente, de alguma maneira, aquele espaço.

O processo de integração e assimilação à sociedade brasileira, mesmo que lento, fez com que a maior parte dos imigrantes de primeira geração não retornasse ao Líbano e à Síria. Poderíamos inclusive dizer que a maioria alcançou seu objetivo inicial e, ao se tornarem proprietários e constituírem família no Rio de Janeiro, não pensaram mais em retorno. Alguns voltam a passeio, de forma "vitoriosa", mas retornam ao Brasil, porque, como contou Demétrio Habib, em depoimento a Paula Ribeiro (1998):

Papai nasceu em Beirute, capital do Líbano e, por ser cristão ortodoxo e para fugir da perseguição otomana, ele veio para o Brasil. Em boa hora, esse é um país maravilhoso. Então vem no passaporte: local de

A DÉCADA DE 1920 E ASPECTOS DA IMIGRAÇÃO... • 143

nascimento: Beirute; nacionalidade: síria; passaporte: turco. Daí nós sermos chamados de "turcos". A priori era uma pretensa nacionalidade... depois passou a ser pejorativo. [...] Meu pai chegou como todo imigrante. Saltou no Cais Pharoux, hoje estação das barcas [na atual praça XV de Novembro], e veio caminhando pela rua da Alfândega e foi se instalar no Hotel Boueri. [...] Porque os primeiros imigrantes, aqueles que antecederam, vinham para a rua da Alfândega. Aqui é o início da vida do Brasil..., do Rio de Janeiro porque eu não vou chegar a tanto, mas talvez seja mesmo... Realmente, se nós distribuímos a mercadoria para o interior do país, nós demos o passo inicial para o crescimento desta nação! [Ribeiro, 1998:97]

Imigração armênia

A Armênia atualmente é um Estado independente, limitado pela Geórgia, Azerbaijão e Turquia, e compartilhando um pequeno trecho de fronteira com o Irã. As perseguições ocorridas nos últimos anos do Império Otomano, especialmente as promovidas a partir de 1915, resultaram no que "pode ser considerado o começo da formação das comunidades armênias no exílio, pois foi a partir desse momento que se iniciou a emigração em massa para países do Oriente Médio, da Europa e da América", entre os quais o Brasil (Porto, 2011:28).

O dia 24 de abril, quando mundialmente são rememoradas as vítimas do genocídio promovido pelo Império Turco-Otomano, foi a data na qual, no ano de 1915, o governo ordenou a prisão e a deportação de sacerdotes, professores, médicos, jornalistas, poetas, escritores, líderes e intelectuais da comunidade armênia, "totalizando cerca de 250 vítimas apenas na cidade de Constantinopla". Esse ato é considerado o marco do início do genocídio que vitimou cerca de 1,5 milhão de cidadãos armênios durante a Primeira Guerra Mundial. Nesse período, "muitos emigraram para países como os Estados Unidos (que receberam cerca de noventa mil refugiados) ou para a França (cerca de setenta mil refugiados)", conforme estima Claire Mouradian (apud Porto, 2011:38-39);

144 • HISTÓRIA DA IMIGRAÇÃO NO BRASIL

o Brasil aparece, de acordo com a autora, como o segundo país mais procurado na América do Sul, logo atrás da Argentina.

A publicação *Armenia 2020: Diaspora — Homeland Issue Paper*, de 2002, mencionada no trabalho de Loureiro (2011), apresenta números que nos permitem "dimensionar a diáspora armênia no mundo e a sua distribuição", como mostra o quadro 2.

Quadro 2
Diáspora armênia no mundo e sua distribuição por país

País	Número	País	Número
Rússia	2.250.000	Canadá	80.000
EUA	1.400.000	Uzbequistão	70.000
França	450.000	Austrália	59.400
Líbano	234.000	Alemanha	42.000
Ucrânia	150.000	**Brasil**	**40.000**
Síria	150.000	Uruguai	19.000
Argentina	130.000	Venezuela	2.500
Polônia	92.000	Chile	1.000
Turquia	80.000	Honduras	900
Irã	80.000	México	500

Fonte: Loureiro (2011:15).

Conforme aponta Loureiro (2011), o Brasil não figura como um dos principais destinos dos armênios no mundo. Ainda que tenha recebido um número mais expressivo de imigrantes do que outros países da América do Sul e América Central, "fica muito aquém dos 130 mil residentes na vizinha Argentina ou dos quase 1,5 milhão na poderosa diáspora norte-americana". Contudo, seja nos EUA, Argentina ou Brasil, "os armênios conseguiram se estabelecer e criar comunidades, com diferentes trajetórias de país para país, mas com instituições e traços em comum por todo o mundo" (Loureiro, 2011:15).

Os imigrantes armênios que chegaram ao Brasil, em sua maioria, desembarcavam no Rio de Janeiro ou no porto de Santos, de onde seguiam para São Paulo. Nessa cidade, conforme Porto (2011), constituíram um grupo coeso, "definido por uma forte identidade armênia; os que se estabeleceram no Rio, ainda que mantivessem laços com o sentimento de 'armenidade', se aproximavam de outros grupos que

A DÉCADA DE 1920 E ASPECTOS DA IMIGRAÇÃO... • 145

haviam emigrado do Império Otomano ou do Oriente Médio" (Porto, 2011:47).

Como muitos outros imigrantes e refugiados que tentavam emigrar para países onde tinham parentes ou conhecidos, a família Paboudjian, impedida pela comissão sanitária do porto do Rio de Janeiro de prosseguir viagem para o Uruguai, lugar de destino de muitos imigrantes armênios na América do Sul, acabou se estabelecendo no Brasil. Se o Brasil não era o destino preferencial, aqui se estabeleceram e mantiveram sua cultura armênia. Pagrad Paboudjian relatou à pesquisadora (Ribeiro, 1998) que seu pai, Aram (1901-1972), contava aos filhos e netos que havia sido guerrilheiro e defendido seu país, a Armênia, contra o extermínio sistemático executado pelo governo turco-otomano sobre as minorias étnicas e os cristãos, em sua própria pátria. De família cristã ortodoxa, refugiou-se no Líbano nos anos 1920, onde se casou com Mariam (1903-1977), também de origem armênia. Ao emigrarem do Líbano, tinham como destino o Uruguai, mas chegando ao cais do porto do Rio de Janeiro, não puderam prosseguir viagem. Entre os documentos de imigração do casal, o atestado de bons antecedentes afirmava "que estavam aptos para trabalhar, não sofrendo doenças mentais ou contagiosas e nunca tendo exercido a mendicância, e que não eram nem bolcheviques nem anarquistas" (Ribeiro, 1998). O casal passou pela Hospedaria da Ilha das Flores em agosto de 1926; posteriormente, se estabeleceram na então conhecida "Turquia Pequena" ou "zona árabe da cidade". No Rio de Janeiro nasceram os filhos Pagrad, Arthur Gabriel e Eduardo. Aram começou a vida no Brasil como sapateiro, sua profissão de origem, até a família abrir um pequeno comércio de meias na rua Senhor dos Passos. Orgulhosa de sua origem, a família mantinha as tradições culturais, como comer a *basturma*, uma carne de sol bem condimentada, típica da culinária armênia. Ajudaram a fundar a Sociedade Beneficente das Damas Armênias e a Associação Armênia Monte Ararat, uma homenagem às montanhas Ararat, que simbolizam a história cristã da Armênia, onde, de acordo com o livro do Gênesis, pousou a Arca de Noé, dando ao lugar um status sagrado.

146 • HISTÓRIA DA IMIGRAÇÃO NO BRASIL

Fonte: Livro de registro de entrada de imigrantes na Ilha das Flores, janeiro de 1928 (Livro 113, p. 12. Ministério da Justiça/Arquivo Nacional — Fundo: Departamento Nacional de Povoamento Registro de Entrada de Imigrantes — período 1877-1932). Indica nome do navio, procedência, nome de passageiros e nacionalidade, entre estas: sírios, armênios, franceses, italianos e poloneses.

Imigração judaica

Os judeus se diferenciam entre os de origem sefaradita e os de origem asquenazita. Depois da expulsão dos judeus sefaraditas — *Sefarad* significa Espanha — da Península Ibérica no final do século XV, esses se dispersaram principalmente em direção ao Mediterrâneo (Turquia,

A DÉCADA DE 1920 E ASPECTOS DA IMIGRAÇÃO... • 147

Itália e Grécia), ao Norte da África (Marrocos e Argélia) e ao Oriente Médio (Egito, Palestina, Síria e Líbano). Hoje, a denominação sefaradita é usada em relação aos judeus pertencentes às comunidades orientais, independentemente de suas raízes serem, na origem, de proveniência espanhola. O termo asquenazita ou asquenaze — *Ashkenaz* significa Alemanha — é a denominação aplicada àqueles que "seguem a tradição originária dessa região e que se dispersaram, através dos tempos, pela Europa Central e Oriental" (Worcman, 1991:318). Apesar de terem em comum a crença judaica e, portanto, não haver diferenças do ponto de vista da religião, há distinções entre eles, como costumes e tradições que podem ser atribuídos, no decorrer dos séculos, às influências, inserções e adaptações aos diferentes meios/sociedades onde viveram cada um desses grupos. Também há diferenças entre as línguas nas quais se expressam: os asquenazitas falavam o ídiche, a língua materna dos judeus da Europa Central desde o século X; os judeus estabelecidos no Marrocos falavam o *hakitia*, e o ladino era o dialeto judeu espanholado falado pelos sefaraditas do mediterrâneo.

No Rio de Janeiro, a comunidade judaica de meados do século XIX era marcada pela presença de judeus oriundos da Alsácia-Lorena, na Europa Ocidental, que trabalhavam no comércio de joias e artigos finos, e também de judeus que chegaram do Norte da África, provenientes do Marrocos espanhol, em especial das cidades de Fez e Tânger, e já representavam um grande grupo no Amazonas e no Pará, que em sua maioria imigraram para a região Norte do país durante o ciclo da borracha. Posteriormente, muitos se deslocaram para o Rio de Janeiro, onde fundaram a União Israelita Shel Guemilut Hassadim, cujos estatutos foram formalizados no ano de 1873.

O início do século XX também foi marcado pela chegada de imigrantes judeus ao Brasil, sendo o Rio de Janeiro o mais importante centro de recepção durante as décadas de 1920 e 1930. Como capital do país, sediava instituições de assistência aos refugiados e aos imigrantes e esse foi mais um fator que tornou a cidade, segundo Lesser (1995:27-29), "a mais importante cidade do Brasil como centro de

148 • HISTÓRIA DA IMIGRAÇÃO NO BRASIL

imigração judaica na primeira metade do século XX". Fixaram-se também em São Paulo, Porto Alegre, Curitiba, Recife Salvador e Belo Horizonte, onde recriaram uma intensa vida judaica.

Se a primeira década do século XX foi marcada pela chegada individual e esporádica de imigrantes judeus provenientes da Ucrânia, Lituânia e a então Bessarábia (hoje Moldávia), os anos 1920 foram marcados pela imigração de judeus vindos do Líbano e da Síria, de cidades como Damasco, Sidon, Alepo e Beirute. Mais expressivos, no entanto, são os números em relação aos judeus vindos da Europa Oriental, de países como Polônia e Rússia. Os imigrantes judeus de origem turca, vindos de cidades como Esmirna, Istambul e Salonica, buscavam preferencialmente Argentina, Chile e Uruguai; aqueles que vieram para o Brasil estabeleceram-se no Rio de Janeiro e em São Paulo.

Antissemitismo, *pogroms* (ataques violentos a judeus ou a bairros judeus de aldeias e cidades, provocados por grupos antissemitas), restrição de direitos religiosos, sociais e políticos em seus países de origem trouxeram esses imigrantes judeus para o Brasil, país que idealizavam por meio de propagandas de agências de navegação e cartões-postais enviados por familiares e conterrâneos. Não era decisão fácil, pois implicava uma ruptura com aspectos da cultura e da religiosidade. Assim, as dificuldades econômicas e as discriminações e perseguições nos países de origem foram fatores importantes da migração mundial dos judeus no início do século XX. Além desses fatores, havia a recusa em prestar o serviço militar, que consideravam longo, persecutório e desrespeitoso em relação às normas da religião judaica. Essa obrigatoriedade em relação ao serviço militar é descrita por Boris Fausto (1997) em livro que trata da história da imigração turca de origem judaica para o Brasil:

> Prestar o serviço militar constituía uma obrigação que, mais do que qualquer outra coisa, simbolizava a integração de um membro de uma comunidade autônoma em um Estado nacional. Realizar esse ato contra a vontade era uma situação vivida como uma imposição insuportável. Tanto assim que a decisão de emigrar, longe de ser apenas familiar e

A DÉCADA DE 1920 E ASPECTOS DA IMIGRAÇÃO... • 149

isolada, foi tomada por centenas de famílias sefarditas em Constantinopla, em Esmirna, em Ourla e em outras cidades do Império Otomano.
[Fausto, 1997:106]

A tabela a seguir mostra os números da imigração judaica para o
Brasil e o percentual relativo à imigração judaica mundial por período,
entre 1881 e 1942.

Tabela 1
**Números da imigração judaica para o Brasil e o percentual relativo
à imigração judaica mundial por período, entre 1881 e 1942**

Períodos	Imigração judaica total para o Brasil	Relativo à imigração judaica mundial (%)
1881-1900	1.654.101	0,1
1901-1914	1.252.678	0,5
1915-1920	189.417	2,2
1921-1925	386.631	1,7
1926-1930	453.584	12,9
1931-1935	180.652	5,5
1936-1942	120.318	3,6

Fonte: Tabela elaborada a partir de dados disponibilizados na obra de Lesser (1995:80).

A partir das duas primeiras décadas do século XX, a imposição de
cotas de imigração pelos Estados Unidos e pelo Canadá "redireciona"
a imigração judaica para outros países das Américas. No Brasil, pre-
valecia ainda o incentivo à entrada de trabalhadores agrícolas, mas
já se delineava uma política imigratória restritiva. Em um ofício de
outubro de 1921, a diretoria do Serviço de Povoamento do Ministério
da Agricultura, Indústria e Comércio informava ao cônsul na cidade
Galatz (Romênia) ser

bem verdade que o país necessita de imigrantes, mas essa necessidade
se restringe à classe dos *agricultores de verdade*, e a entrada de judeus não
virá, por certo, contribuir para o incremento da atividade agrícola. Na
melhor hipótese, ela importará num impulso ao *urbanismo* como sucedeu

150 • HISTÓRIA DA IMIGRAÇÃO NO BRASIL

com o ingresso em nosso país de imigrantes turcos, sírios e árabes. [...] Não nos convém, portanto, procurar atrair outras correntes emigratórias cujos resultados são, pelo menos, duvidosos. [apud Mizrahi: 2003:263-264]

MINISTERIO DA AGRICULTURA, INDUSTRIA E COMMERCIO

Directoria do Serviço de Povoamento

Rio de Janeiro, 18 de Outubro de 1921

SECRETARIA DAS RELAÇÕES EXTERIORES

Sr. Director Geral dos Negocios Commerciaes e Consulares.

Em resposta ao vosso officio nº 13, de 30 de setembro ultimo, recebido a 6 do corrente, cumpre-me dizer-vos o seguinte:

Ha tempos, o Governo Federal recebeu uma proposta para a introducção, em grande escala, de immigrantes russos, de origem israelita, proposta essa que vinha patrocinada pelo então Governo moscovita, aqui representado pelo Ministro Maximoff.

Era objecto principal, segundo se dizia, o estabelecimento do intercambio maritimo directo, entre os portos russos do Mar Negro e o Brasil, mas essa tentativa visava, sobretudo, conforme se soube depois, descongestionar o ex-imperio russo de fortes nucleos de população judaica, elemento, sabidamente, parasytario e inassimilavel, causa de constantes e sangrentos conflictos, motivados por odios de raça e de religião.

O Governo Federal, naquella epocha, recusou a proposta, não por temer conflictos, devido á questões ethnicas ou religiosas, inexistentes entre nós, e, tão pouco pelo receio de propaganda de idéas subversivas, o que, neste momento, não deve ser desprezado.

Visou o nosso Governo, especialmente, a incapacidade atavica daquella raça, para o trabalho agricola, ao qual é de todo avessa, chegando ao extremo de julgal-o humilhante.

É bem verdade que o paiz necessita de immigrantes, mas essa necessidade se restringe á classe dos agricultores de verdade, e la

entrada de judeus não virá,por certo,contribuir para o incremento
da actividade agricola . Na melhor hypothese,ella importará num
impulso ao _urbanismo_ como succedeu com o ingresso em nosso paiz
de immigrantes turcos,syrios e arabes.

Estamos com as nossas attenções voltadas para a Italia,Alle -
manha e Polonia,que nos poderão fornecer elementos de trabalho
da maior valia e em consideravel abundancia. Não nos convém,por-
tanto,procurar attrahir outras correntes emigratorias,cujos re -
sultados são,pelo menos,duvidosos.

                              Saude e Fraternidade

                                              Director

Fonte: Relatório expedido por Dulphe Pinheiro Machado, diretor do Ministério da Agricultura, Indústria e Comércio, ao cônsul de Galaz, sobre a vinda de imigrantes judeus para o
Brasil, outubro de 1921. Arquivo Histórico do Itamaraty (RJ), apud Mizrahi (2003:263-264).

152 • HISTÓRIA DA IMIGRAÇÃO NO BRASIL

Na década de 1930, a Ação Integralista Brasileira iniciou campanhas antissemitas por todo o país e, em 1937, com a implantação do Estado Novo, entraram em vigor leis restritivas à imigração de judeus para o Brasil. Jeffrey Lesser aponta que, "apesar desta situação, os judeus continuavam a imigrar para o Rio, até que em 1942 tornou-se impossível a obtenção de passagem de fora do país" (Lesser, 1995:27-31). As famosas "cartas de chamada" passaram a ser exigência do governo brasileiro a partir da legislação imigratória de 1930 e foram decisivas para a entrada, ou não, dos imigrantes judeus refugiados da Alemanha nazista (Lesser, 1995:102-103).

A imigração significava o meio pelo qual poderiam ascender econômica e socialmente e, nesse sentido, o trabalho era um dos maiores estímulos. Os judeus — sefaraditas e asquenazitas — tenderam a se concentrar nos centros urbanos e passaram a desempenhar trabalhos com os quais não tinham afinidade anteriormente, visto que a maior parte dos jovens imigrantes judeus de origem europeia era composta de artesãos: alfaiates, marceneiros, sapateiros. Por sua vez, os judeus de origem sefaradita, tanto da Síria quanto do Líbano, ocupavam atividades relacionadas com manufatura e comércio, geralmente comércio de tecidos e atividades derivadas, fosse em pequenas lojas ou como negociantes autônomos de fazendas e linhas.

O censo populacional do Distrito Federal de 1920 mostrou uma presença expressiva de judeus na freguesia do Sacramento, no entorno da rua da Alfândega, que agrupava majoritariamente judeus provenientes do Oriente Médio, seguido em termos quantitativos dos judeus localizados na freguesia de Santana, que agrupava os judeus oriundos da Europa Central e da Europa Ocidental. Esses últimos são o embrião da comunidade judaica que se formou ao redor da então praça Onze nas décadas de 1920 e 1930. Na praça Onze (demolida nos anos 1940 para a construção da avenida Presidente Vargas) e nas imediações da rua Senador Euzébio, da rua Visconde de Itaúna e das transversais rua de Santana e rua Marquês de Pombal, várias famílias de judeus oriundos da Bessarábia, Polônia, Lituânia e Ucrânia viveram e trabalharam em seus comércios e pequenas oficinas e constituíram uma vida comunitária judaica muito ativa (Ribeiro, 2008).

Os imigrantes judeus que chegavam ao Rio de Janeiro em situação distinta daqueles que imigravam já tendo com quem, e onde, trabalhar, na maioria das vezes exerciam, inicialmente, a atividade de vendedores ambulantes. Mais uma vez, a rede de relações sociais era importante, pois era possível o fornecimento do primeiro "crédito", que podia ser a entrega de mercadoria sem pagamento inicial, para iniciar a venda à prestação. Os prestamistas — o nome já diz tudo — vendiam a prestações, a prazo, e trabalhavam no perímetro dos centros urbanos (Lewin, 1993:6-7). Várias expressões se referiam a essa forma de atividade comercial e a mais usada entre os próprios imigrantes judeus asquenazitas era a expressão *klienteltshik*, que em ídiche pode ser traduzida por "aquele que tem clientela". Adotavam também os termos "ambulante", "trabalhar na rua", "vender no cartão" (como referência aos valiosos cartões em que anotavam as vendas, as parcelas e os pagamentos). No entanto, sua clientela usava outras formas de tratamento para se referir a eles e era comum o uso da expressão "gringo da prestação", "judeu da prestação" ou até mesmo "turco da prestação", que também era a forma como eram tratados os vendedores ambulantes de origem árabe. Os prestamistas judeus carregavam embrulhos que continham peças de fazenda, como tricolina e seda, adquiridas nos atacadistas da rua da Alfândega: compravam em dinheiro e vendiam a prazo. A clientela pagava a mercadoria em três ou quatro prestações. Na região da Saúde, que englobava a rua Sacadura Cabral e a rua Senador Pompeu, os prestamistas subiam o morro da Providência, antigo morro da Favella, onde não era só "prestação de fazenda" que ofereciam: se a freguesa, por exemplo, quisesse um dormitório para a casa, o prestamista ia na casa de móveis, comprava cama, armário e cômoda, e vendia à prestação para a cliente. O marido porventura precisava de um terno? O prestamista mandava fazer. Vestido de noiva? Vendiam a fazenda. Era assim... (Ribeiro, 1998).

154 • HISTÓRIA DA IMIGRAÇÃO NO BRASIL

O filho de imigrantes Isaac Meyer Nigri relembrou e contou à pesquisadora a ajuda que o pai dava aos imigrantes judeus libaneses, recém-chegados ao Rio de Janeiro:

Da Europa pra cá não podia vir, devido à guerra, a Primeira Grande Guerra da Alemanha. O grande perigo foi ali, porque na zona onde eles moravam, no Líbano, era uma zona de muito ataque; na época dos turcos, havia muita guerra interna. E eles tinham medo, as mães tinham medo, porque eles tinham que servir ao exército por obrigação; porque eles eram libaneses. Aliás, na época nem libaneses eles eram, era domínio francês ali, não é? Mas, se houvesse alguma guerra eles teriam que ir. Poucos voltavam, pouquíssimos voltaram. Então as mães, com medo, mandavam os mais velhos, principalmente os homens, que serviriam para a guerra, mandavam vir embora. Então meu pai veio pra cá em 1913, se juntou a um tio e primos, e cada um começou a trabalhar à prestação, vendendo bugigangas nas ruas e batendo de porta em porta. [...] Até que em 1918, durante a Guerra Mundial, ele conseguiu abrir uma portinha aqui na Marechal Floriano, na antiga rua Larga. E de lá ele fechou em 20 ou 21, se não me falha a memória, e veio pra rua da Alfândega, 285 — sobrado. Ele residiu nos fundos, e a sala, na frente, existia a sala de visitas, e ele fez ali o seu próprio negócio. O meu pai vendia calçados pra homem e senhoras [...]. Ele vendia para os revendedores, para os prestamistas venderem para os consumidores. [...] Todos, a comunidade toda, um ajudava o outro. Eles recebiam, conforme eles chegavam do navio, cada um, cada família pegava um, dois, e botava dentro de casa. É. Então cada um, dentro das possibilidades... aliás, fora das possibilidades, porque ninguém tinha nada, mas sempre cabia mais um, ou mais dois, até pra comer. A generosidade era total, e a afinidade, o amor. Não precisava nem ser parente, bastava ser um imigrante. [Ribeiro, 1998:107-110]

Muitas dificuldades e as diferentes visões de mundo em relação ao modo de ser dos habitantes locais e à cultura brasileira se dissipavam,

A DÉCADA DE 1920 E ASPECTOS DA IMIGRAÇÃO... • 155

quando se tratava de pensar que estavam ali desempenhando um trabalho árduo, mas que afinal tinham um sonho: o sonho de "fazer a América", qualquer que fosse ela!

A maioria desses imigrantes fincou raízes no Brasil, mas à medida que o início da Segunda Guerra Mundial se aproximava, configurou-se um novo cenário com a imposição de uma política restritiva em relação à entrada de estrangeiros no país.

Referências

BACKHEUSER, Everardo. Comércio ambulante e ocupações de rua no Rio de Janeiro. *Revista Brasileira de Geografia*, Rio de Janeiro, a. VI, n. 1, p. 3-30, jan./mar. 1944.

BENCHIMOL, Samuel. *Eretz Amazônia*: os judeus na Amazônia. Manaus: Valer, 1998.

FAUSTO, Boris (Org.). *Fazer a América*. São Paulo: Edusp, 2000.

_____. *Negócios e ócios* — história da imigração. São Paulo: Companhia das Letras, 1997.

FLANZER, Viviam. *Muros invisíveis em Copacabana* — uma etnografia dos rodeslis na cidade do Rio de Janeiro. Dissertação (mestrado em antropologia social) — Universidade Federal do Rio de Janeiro, Rio de Janeiro, 1994.

FRANCISCO, Júlio César Bittencourt. *Sírios e libaneses no Rio de Janeiro*: memória coletiva & escolhas individuais. Dissertação (mestrado em memória social) — Universidade Federal do Estado do Rio de Janeiro, Rio de Janeiro, 2006.

GOULART, José Alípio. *O mascate no Brasil*. Rio de Janeiro: Conquista, 1967.

GRINBERG, Keila; LIMONCIC, Flavio. *Judeus cariocas*. Rio de Janeiro: Cidade Viva; Instituto Cultural Cidade Viva, 2010.

HAJJAR, Claude Fahd. *Imigração árabe*: 100 anos de reflexão. São Paulo: Ícone, 1985.

156 • HISTÓRIA DA IMIGRAÇÃO NO BRASIL

IBGE. *Brasil*: 500 anos de povoamento. Disponível em: <https://biblioteca.ibge.gov.br/visualizacao/livros/liv6687.pdf>. Acesso em: 27 jun. 2019.

LESSER, Jeffrey. *A negociação da identidade nacional*: imigrantes, minorias e a luta pela etnicidade no Brasil. São Paulo: Editora Unesp, 2001.

_____. *O Brasil e a questão judaica*. Imigração, diplomacia e preconceito. Rio de Janeiro: Imago, 1995.

LEWIN, Helena. A economia errante. In: SEMINÁRIO "O OLHAR JUDAICO. PERSPECTIVAS NA CULTURA BRASILEIRA". 1993, Rio de Janeiro. Ciec/ECO/UFRJ. (Trabalho apresentado no Seminário).

LOUREIRO, Heitor de A. C. *Mascates, sapateiros e empresários*: um estudo da imigração armênia em São Paulo. 2011. Disponível em: <www.snh2011.anpuh.org/resources/anais/14/1299767610_ARQUIVO_LOUREIRO,Heitor.Mascates,sapateiroseempresarios.pdf>. Acesso em: 1º jul. 2019.

MALAMUD, Samuel. *Recordando a Praça Onze*. Rio de Janeiro: Kosmos, 1988.

MIZRAHI, Rachel. *Imigrantes judeus do Oriente Médio*: São Paulo e Rio de Janeiro. São Paulo: Ateliê, 2003.

PINTO, Paulo Gabriel Hilu da R. *Árabes no Rio de Janeiro*: uma identidade plural. Rio de Janeiro: Cidade Viva; Instituto Cultural Cidade Viva, 2010.

PORTO, Pedro Bogossian. *Construções e reconstruções da identidade armênia no Brasil (RJ e SP)*. Dissertação (mestrado em antropologia social) — Universidade Federal Fluminense, Niterói, 2011. Disponível em: <http://ppgantropologia.sites.uff.br/wp-content/uploads/sites/16/2016/07/PEDRO-BOGOSSIAN-PORTO.pdf>. Acesso em: 13 jul. 2019.

RIBEIRO, Paula. *Cultura, memória e vida urbana*: judeus na praça Onze, no Rio de Janeiro (1920-1980). Tese (doutorado em história social) — Pontifícia Universidade Católica de São Paulo, São Paulo, 2008.

. *'Saara'* — uma paisagem singular na cidade do Rio de Janeiro (1960-1990). Dissertação (mestrado em história social) — Pontifícia Universidade Católica de São Paulo, São Paulo, 1998.

TRUZZI, Oswaldo Mario S. *De mascates a doutores*: sírios e libaneses em São Paulo, São Paulo: Sumaré, 1991.

. *Patrícios* — sírios e libaneses em São Paulo. São Paulo: Hucitec, 1997.

WORCMAN, Susane. *Heranças e lembranças*: imigrantes judeus no Rio de Janeiro. Rio de Janeiro: ARI/Ciec/MIS, 1991.

Política imigratória no primeiro governo Vargas (1930-1945)

Fábio Koifman

No plano do discurso, a política imigratória brasileira no período entre 1930 e 1945 foi anunciada fundamentalmente por meio de determinados argumentos e em função de certas preocupações: privilegiar a vinda de imigrantes que se ocupassem da agricultura; a "proteção social do trabalhador" brasileiro em relação à concorrência dos imigrantes estrangeiros, assim como à potencial influência ideológica desses; a adequada seleção "étnica e capacidade física e civil do imigrante" de modo a preservar uma suposta matriz étnica brasileira. Em um país cuja população era majoritariamente descendente de africanos, a "matriz étnica", justamente, era o que os dirigentes desejavam, em essência, modificar. Inspirados por conceitos e princípios da eugenia — naquele momento apresentada como ciência —, o governo procurou estabelecer uma imigração seletiva e restritiva. Estrangeiros "brancos" — europeus, essencialmente — apontados como de boa capacidade de "fusibilidade", ou seja, com atribuída tendência à integração física e cultural com a população local, eram os desejados. A crença era de que imigração devidamente controlada contribuiria para o "branqueamento" da população e, desse modo, para o desenvolvimento do Brasil (Koifman, 2012:67-84; Neiva, 1944:511).

O ideal do "branqueamento" não era novidade no país. Desde as últimas décadas do século XIX, o incentivo à vinda de imigrantes europeus tinha como propósito substituir a mão de obra escrava, como também contribuir para o projeto de "branqueamento" da população, cuja base possuía evidentes concepções racistas (Movchovitz, 2001; Seyferth, 2002).

160 • HISTÓRIA DA IMIGRAÇÃO NO BRASIL

Do mesmo modo, a influência das ideias eugenistas já podia ser observada nos decretos publicados no início da década de 1920, conforme se constata da legislação que atribuía ao Poder Executivo a prerrogativa de "impedir a entrada no território nacional" de "estrangeiro mutilado, aleijado, cego, louco, mendigo, portador de moléstia incurável ou de contagiosa grave" e de "todo estrangeiro de mais de 60 anos".[1] A ampla atração e absorção de imigrantes europeus seguiu como política já no início da República. A paulatina incorporação do discurso de aparência científica para justificar projetos de inspiração racista explica em parte a fala dos intelectuais que creditavam o atraso do país à "má formação étnica" de seu povo e vislumbravam o desenvolvimento do Brasil associado à política imigratória. A lógica era a de que o imigrante "branco" trazido ao país se assimilaria ao "não branco" brasileiro e no decorrer de algumas décadas essa miscigenação tornaria a população do país mais clara e, portanto, mais próxima das nações desenvolvidas. Os defensores das teses de "branqueamento", mesmo com diferentes pontos de vista, identificaram-se com o eugenismo que no Brasil ganhou conotação e propostas específicas. O movimento eugenista brasileiro a partir do congresso de 1929 passou a reforçar ainda mais a ideia de que a imigração seletiva seria uma boa solução para a "melhora" da composição étnica do povo (Koifman, 2012:27-28).

Esse foi o projeto no qual esteve inserida a política imigratória brasileira no decorrer do período entre 1930 e 1945 em que Getúlio Vargas esteve à frente do governo. Ao longo de 15 anos, diversos e contínuos foram os esforços do governo para regular de maneira definitiva a imigração, conforme as expectativas e valores da classe dirigente. Em aproximadamente uma década, entre fins de 1930 e o início de abril de 1941, a conjuntura internacional em processo de desestabilização

---

[1] Itens 2º e 3º do art. 1º do Decreto nº 4.247, de 6 de janeiro de 1921. Nesse mesmo período, os Estados Unidos implementaram uma política imigratória restricionista também inspirada pela eugenia, por meio da publicação de uma série de *Immigrations Acts*.

POLÍTICA IMIGRATÓRIA NO PRIMEIRO GOVERNO VARGAS (1930-1945) • 161

e mudança contribuiu especialmente para a publicação de normas de duração efêmera. As leis foram sendo elaboradas, publicadas e logo novos decretos as substituíam ou buscaram complementar. Em um período relativamente breve de tempo, as regras recém-criadas eram percebidas como ineficientes. Na perspectiva dos homens do governo, a contínua entrada de estrangeiros considerados inconvenientes desacompanhava os anseios restricionistas e essa ineficácia foi a razão para que os dispositivos legais tivessem curta existência ou sofressem contínua complementação. Efetivamente, os imigrantes classificados como indesejáveis e os demais refugiados deixaram de ser uma séria preocupação para o Estado brasileiro quando os nazistas proibiram a saída deles de seus territórios em outubro de 1941 e a Segunda Guerra praticamente encerrou o tráfego de navios a partir de 1942.

O primeiro ato do governo provisório de Vargas relacionado com a imigração foi a publicação do Decreto nº 19.482, em 12 de dezembro de 1930, que trouxe a seguinte ementa: "Limita a entrada, no território nacional, de passageiros estrangeiros de terceira classe, dispõe sobre a localização e amparo de trabalhadores nacionais, e dá outras providências." Na imprensa de época, a nova norma assim foi anunciada: "O decreto de restrição da imigração";[2] "Foi limitada a entrada de estrangeiros imigrantes";[3] "Um ato verdadeiramente patriótico do governo provisório — Limitada a entrada de imigrantes"[4] e "Durante um ano não será permitido o desembarque no território nacional de passageiros estrangeiros de terceira classe".[5] Alguns dos jornais publicaram a íntegra do decreto.

O dispositivo legal foi o primeiro do governo Vargas a estabelecer restrições à concessão de vistos a estrangeiros europeus em sentido amplo, aos que não dispusessem de recursos, justamente aqueles que nas viagens ao país ocupavam as — muito das vezes, insalubres

---

[2] *Jornal do Brasil*, Rio de Janeiro, 14 dez. 1930, p. 8.

[3] *Diário de Notícias*, Rio de Janeiro, 14 dez. 1930, p. 2.

[4] *Diário Carioca*, Rio de Janeiro, 14 dez. 1930, p. 4.

[5] *Diário Nacional*, São Paulo, 14 dez. 1930, p. 1.

162 • HISTÓRIA DA IMIGRAÇÃO NO BRASIL

— terceiras classes dos navios, mas ainda sem especificar nacionalidades, etnias, ou o que naquele tempo apontava-se como "raças". Até aqui, as restrições diziam respeito a estrangeiro "mutilado, aleijado, cego, louco, mendigo, portador de moléstia incurável ou de moléstia contagiosa grave", "estrangeiro de mais de 60 anos" que não pudesse comprovar possuir renda para custear a própria subsistência e de maneira taxativa a "estrangeira, que procure o país para entregar-se à prostituição". Os dois primeiros impedimentos de inspiração eugenista e o terceiro direcionado a coibir o lenocínio internacional, restrições que não se relacionavam com nacionalidade ou condição econômica do estrangeiro.[6]

O conteúdo do decreto, no que diz respeito aos estrangeiros e à imigração, desenvolveu um preâmbulo com considerações relativas à crise financeira daquele momento "em que a revolução [de 1930] encontrou o Brasil" e que reclamavam medidas emergenciais, entre as quais, o tema da "desorganização do trabalho" que demandava "a intervenção do Estado em favor dos trabalhadores". Uma vez que a preocupante "situação de desemprego forçado de muitos trabalhadores" fez afluir para a então capital da República e para as demais principais cidades brasileiras um significativo contingente humano à procura de ocupação. Essa situação estaria "criando sérios embaraços à pública administração". O país sofria os efeitos da Crise de 1929 que, assim como a conjuntura econômica internacional, não foram mencionados no texto do decreto, mas que não diferente de outros países e outros tempos, tiveram suas causas parcialmente atribuídas à vinda de imigrantes, conforme explicitou o texto: "Considerando, também que uma das causas do desemprego se encontra na entrada desordenada de estrangeiros, que nem sempre trazem o concurso útil de quaisquer capacidades, mas frequentemente contribui, para aumento da desordem econômica e da insegurança social."

---

[6] Decreto nº 4.247, de 6 de janeiro de 1921, reiterado a partir daí em outras normas, como o Decreto nº 16.761, de 31 de dezembro de 1924.

POLÍTICA IMIGRATÓRIA NO PRIMEIRO GOVERNO VARGAS (1930-1945) • 163

Os imigrantes pobres eram dessa forma responsabilizados por contribuir para o desemprego e apontados como prejudiciais à economia e à segurança social. O decreto estabeleceu que a partir de 1º de janeiro de 1931 as autoridades consulares só poderiam visar passaportes de estrangeiros viajantes de terceira classe apenas se esses já fossem domiciliados no Brasil ou possuíssem documentação emitida por interventores federais, pelo ministério do Trabalho, Indústria e Comércio (MTIC) atestando a "necessidade do serviços agrícolas", ou fossem portadores de "bilhetes de chamada" — mais tarde chamados de "carta de chamada" — emitidos por parentes "a famílias de agricultores com colocação certa".

Mesmo que o decreto não tenha sido aplicado com extremo rigor e controle, ou que as particularidades da cultura brasileira em relação à efetividade das leis — permissividade ou corrupção de algumas autoridades — prejudicassem a sua eficácia, a nova lei obrigou um número significativo de imigrantes a buscarem atender as exigências; dessa maneira, é possível afirmar que o instrumento legal privou da imigração os que não obtiveram sucesso nesse esforço em providenciar a documentação comprobatória necessária. Até o fim do Estado Novo no início de 1945, mais de 250 normas, em sua maioria decretos, especificamente no tema "estrangeiros", seriam publicadas. Na cifra não estão contabilizadas as Circulares, que atingiram o número de 84, emitidas e enviadas pelo Itamaraty aos serviços consulares brasileiros no exterior no mesmo período com o objetivo de esclarecer os pormenores da legislação ou encaminhar a orientação específica do governo em relação à entrada de estrangeiros no Brasil.

As restrições e exigências para passageiros que viajavam em terceira classe estabelecidas no Decreto nº 19.482, de 12 de dezembro de 1930, foram inicialmente determinadas por um ano. Quando o prazo de vigência expirou, o governo publicou um segundo decreto renovando por mais um ano as mesmas disposições impeditivas.[7] Vencido

---

[7] Decreto nº 20.917, de 7 de janeiro de 1932.

164 • HISTÓRIA DA IMIGRAÇÃO NO BRASIL

o novo prazo e com o título de "limita, até resolução em contrário, a entrada, no território nacional, de passageiros de 3ª classe e dá outras providências", o governo publicou em 1933 um terceiro decreto, com o mesmo teor, no qual buscou estabelecer a regra impeditiva de forma definitiva, "até resolução em contrário".[8]

No início de 1934, o MTIC nomeou uma comissão presidida por Oliveira Vianna para elaborar um projeto de reforma das leis relativas à entrada de estrangeiros (Neiva, 1942:44). Da Comissão fizeram parte representantes do Ministério das Relações Exteriores (MRE), do Departamento Nacional do Povoamento (DNP)[9] e das polícias do Rio de Janeiro e de São Paulo. Entre os membros, figurava Artur Hehl Neiva que, a partir daí, nos anos seguintes estaria em diversas comissões governamentais relacionadas com a imigração. A "ideia de contingenciamento" proposta pela Comissão "se baseou nas leis imigratórias norte-americanas dos anos de 1917 e 1924" e concluiu os trabalhos em fins de abril (Neiva, 1942:44).

Com base nas conclusões dessa Comissão, dois meses antes da promulgação da nova Constituição, em maio de 1934 o governo publicou dois decretos com os quais pretendeu "controlar rigidamente a entrada de estrangeiros, evitando os indesejáveis" (Neiva, 1942:44) e regular de maneira mais "completa" — conforme esclareceu seu preâmbulo — o tema da imigração e da entrada de estrangeiros no país, argumentando que ainda subsistiam os motivos que determinaram a publicação das três normas anteriores. A ementa do Decreto nº 24.215, de 9 de maio de 1934, registrou: "Dispõe sobre a entrada de estrangeiros em território nacional." Já o Decreto nº 24.258, de 16 de maio de 1934, publicado uma semana depois, foi anunciado como "aprova o regulamento de entrada de estrangeiros em território nacional". Ambos se ocuparam da vinda de "imigrantes" e "não imigrantes" (conforme passaram então a denominar os temporários).

---

[8] Decreto nº 22.453, de 10 de fevereiro de 1933.
[9] Artigo 7º, letra d, Decreto nº 19.667, de 4 de fevereiro de 1931.

O Decreto nº 24.215 desenvolveu também em suas considerações iniciais a observação relacionada à "grande extensão territorial do país" que criaria "imprescindível necessidade [d]o povoamento de seu solo e consequente incremento da sua agricultura". O tema da "situação de desemprego" nas principais cidades brasileiras e os "sérios embaraços à pública administração" também voltaram a ser citados, assim como a responsabilização "na entrada desordenada de estrangeiros" pelo desemprego e "aumento da desordem econômica e da insegurança social".

O decreto expandiu o rol de restrições já anteriormente estabelecidas nos decretos publicados, esclarecendo que os impedimentos deveriam ser observados, "sem distinção de sexo" e que determinariam a proibição de entrada de estrangeiro imigrante, "em alguma das condições seguintes":

I — Aleijado ou mutilado, salvo se tiver íntegra a capacidade geral de trabalho, admitida, porém, uma redução desta até vinte por cento, tomando-se por base o grau médio da tabela de incapacidade para indenização de acidentes no trabalho, verificada nos moldes dos dispositivos legais sobre o assunto;

II — Cego ou surdo-mudo;

III — Atacado de afecção mental, nevrose ou enfermidade nervosa;

IV — Portador de enfermidade incurável ou contagiosa grave, como lepra, tuberculose, tracoma, infecções venéreas e outras referidas nos regulamentos de saúde pública;

V — Toxicômano;

VI — Que apresente lesão orgânica com insuficiência funcional, verificada conforme preceitua a legislação em vigor;

VII — Menor de 18 anos e maior de 60;

VIII — Cigano ou nômada;

IX — Que não prove o exercício de profissão lícita ou a posse de bens suficientes para se manter e às pessoas que o acompanhem na sua dependência, feitas tais provas segundo os preceitos do regulamento que será expedido para melhor execução da presente lei;

166 · HISTÓRIA DA IMIGRAÇÃO NO BRASIL

X — Analfabeto;

XI — Que se entregue à prostituição, ou a explore, ou tenha costumes manifestamente imorais;

XII — De conduta manifestamente nociva à ordem pública ou à segurança nacional;

XIII — Já anteriormente expulso do Brasil, salvo se o ato de expulsão tiver sido revogado;

XIV — Condenado em outro país por crime de natureza que determine a sua extradição segundo a lei brasileira.[10]

Os ciganos — termo usado para designar diferentes grupos roma, que já habitavam o Brasil desde os tempos da Colônia — inauguraram na legislação desse período a categorização étnica específica na lista que estabelecia as caraterísticas e a descrição dos imigrantes apontados como indesejáveis e, por essa razão, tiveram proibida a entrada no país. Sem a indicação de impedimento de imigração de um determinado grupo humano específico, desde pelo menos fins do século XIX a imigração de pessoas consideradas "não brancas", em especial africanos e asiáticos, já era na prática evitada e restringida, eventualmente amparada por orientações oficiosas ou formalmente expressas.[11]

[10] Art. 2º do Decreto nº 24.215, de 9 de maio de 1934.

[11] Como o Decreto nº 528, de 28 de junho de 1890, cujo art. 1º estabelecia que: "É inteiramente livre a entrada, nos portos da República, dos indivíduos válidos e aptos para o trabalho, que não se acharem sujeitos à ação criminal do seu país, excetuados os indígenas da Ásia, ou da África que somente mediante autorização do Congresso Nacional poderão ser admitidos de acordo com as condições que forem então estipuladas." Nota-se que o art. 3º do mesmo decreto recomendava que a polícia dos portos impedisse o desembarque "de tais indivíduos, bem como dos mendigos e indigentes". O impedimento formal em relação à imigração de asiáticos foi revogado por meio da Lei nº 97, de 5 de outubro de 1892. Não logramos identificar a revogação formal relativa a imigrantes africanos. Possivelmente, isso possa ter ocorrido de maneira implícita por meio da promulgação da Constituição de 1988 que estabeleceu como um dos princípios fundamentais do Estado "promover o bem de todos, sem preconceitos de origem, raça, sexo, cor, idade e quaisquer outras formas de discriminação" (Art. 3º, item IV).

POLÍTICA IMIGRATÓRIA NO PRIMEIRO GOVERNO VARGAS (1930-1945) • 167

A nova legislação considerava imigrante todo estrangeiro que pretendesse seguir para o Brasil com o objetivo de permanecer por mais de 30 dias com o intuito de "exercer a sua atividade em qualquer profissão lícita e lucrativa". Estabelecia que a entrada de imigrantes só seria permitida em determinados portos e fronteiras nas quais estivessem instaladas inspetorias federais de imigração e postos de fiscalização.[12]

Já o Decreto nº 24.258, editado dias depois, foi publicado acompanhado de um longo e detalhado "Regulamento da entrada de estrangeiros em território nacional", que incluía também modelos de formulários a serem utilizados pelas autoridades. Complementando a definição instituída dias antes em relação a quem seria considerado imigrante, o novo decreto estabeleceu duas categorias: os imigrantes agricultores e os não agricultores.[13]

Conforme o enunciado do Decreto nº 24.215, a definição era clara em relação aos interesses do governo em priorizar especialmente a vinda em caráter permanente de pessoas que se dirigissem para o trabalho agrícola. Condicionando a entrada do estrangeiro no país à existência de solicitações de governos estaduais junto ao MTIC. Para que o visto fosse concedido, exigiam-se contratos com empresas, associações ou proprietários de terras ou processos de "cartas de chamada", visando a "introdução em território brasileiro de imigrantes agricultores".[14] O detalhamento relativo ao processo de "cartas de chamadas" apareceu no regulamento e abriu também a possibilidade de emissão de visto para "imigrantes não agricultores". Para tal, o estrangeiro precisaria possuir um parente — "ascendentes ou descendentes, irmãos, tios ou sobrinhos" — já residente no país com "capacidade econômica" e dis-

---

[12] Portos de Belém, Recife, Salvador, Rio de Janeiro, Santos, São Francisco do Sul e Rio Grande. Por via terrestre, aérea ou fluvial os que possuíssem instaladas autoridades federais de imigração.

[13] Parágrafo único do art. 1º do "Regulamento da entrada de estrangeiros em território nacional, a que se refere o decreto 24.258 de 16.5.1934".

[14] Regulamento da entrada de estrangeiros em território nacional, a que se refere o Decreto nº 24.258, de 16 de maio de 1934.

168 • HISTÓRIA DA IMIGRAÇÃO NO BRASIL

posto a se dirigir à autoridade policial local para suprir as exigências detalhadamente estabelecidas e assim obter a "chamada".[15] Caso o estrangeiro não possuísse parente residindo no Brasil ou não pudesse comprovar documentalmente a intenção de ocupar-se de atividades agrícolas, não poderia imigrar.

Os decretos de maio de 1934 repercutiram relativamente pouco nos jornais da época.[16] Maior destaque recebeu dois anos depois um comunicado assinado por Dulphe Pinheiro Machado, diretor geral do DNP e vinculado ao MTIC, publicado em diferentes jornais do país ao longo dos meses do ano de 1936, contendo o resumo da legislação aprovada dois anos antes.[17] O *Diário da Noite* anunciou a matéria a respeito com a chamada "Ampla Vigilância em torno da entrada de estrangeiros no Brasil. Proibido o desembarque de ciganos, analfabetos e menores de 18 anos"; noticiou que tais instruções haviam sido baixadas pelo MTIC, sem mencionar que o conteúdo era um resumo do que já fora estabelecido pelos decretos de maio de 1934.[18]

As ideias eugenistas já eram bastante difundidas na sociedade brasileira e, em boa medida, no ambiente identificado como científico. Quando em 1933 se instaurou a Assembleia Constituinte, articulou-se nas comissões e debates um *lobby* que se ocupou especialmente de entabular propostas de inspiração eugenista. Entre as mais caras preocupações do grupo estava o estabelecimento de uma política

---

[15] Regulamento da entrada de estrangeiros em território nacional, a que se refere o Decreto nº 24.258, de 16 de maio de 1934. Art. 14º.

[16] Só logramos identificar registro no *Jornal do Commercio*, Rio de Janeiro, 19 mai. 1934, p. 4 e no *Jornal do Brasil*, Rio de Janeiro, 22 mai. 1934, p. 6, com a reprodução do conteúdo do Decreto nº 24.215, sem qualquer comentário adicional. Do Decreto nº 24.258 só localizamos referências publicadas posteriormente.

[17] Entre outros, *Diário da Noite*, Rio de Janeiro, 17 abr. 1936, p. 2; *Correio de S. Paulo*, São Paulo, 21 abr. 1936, p. 3; *A Notícia*, 24 abr. 1936, p. 8; *A República*, 24 abr. 1939, p. 4; *A Batalha*, Rio de Janeiro, 16 set. 1936, p. 2; *Diário de Notícias*, Rio de Janeiro, 16 set. 1936, p. 11; *O Radical*, Rio de Janeiro, 16 out. 1936, p. 3; *Jornal do Commercio*, Rio de Janeiro, 18 out. 1936, p. 27; *Diário da Manhã*, 18 out. 1936, p. 27.

[18] *Diário da Noite*, Rio de Janeiro, 17 abr. 1936, p. 2.

POLÍTICA IMIGRATÓRIA NO PRIMEIRO GOVERNO VARGAS (1930-1945) • 169

imigratória que favorecesse a vinda de imigrantes — notadamente, os europeus — considerados por eles adequados para se miscigenar com o povo brasileiro e que medidas fossem tomadas para restringir a entrada no país dos grupos humanos que eles julgavam inadequados. Os eugenistas tentaram aprovar uma série de emendas, como, por exemplo, só permitir "a imigração de elementos da raça branca"; impedir a "imigração africana ou de origem africana" e proibir a imigração "de elementos das raças negra e amarela", mas não obtiveram sucesso.[19] Ao fim dos trabalhos da nova Constituição, lograram instaurar o regime de quotas, cujo principal foco restricionista era a imigração japonesa (Koifman, 2012:77; Miki, 2015). O item "g" do quinto artigo da nova Carta estabelecia que a "naturalização, entrada e expulsão de estrangeiros, extradição; emigração e imigração, [...] deverá ser regulada e orientada, podendo ser proibida totalmente, ou em razão da procedência", e o sexto parágrafo do artigo 121, que tinha como mote "o amparo da produção e estabelecerá as condições do trabalho, na cidade e nos campos, tendo em vista a proteção social do trabalhador e os interesses econômicos do país", prescrevia o chamado sistema de quotas:

A entrada de imigrantes no território nacional sofrerá as restrições necessárias à garantia da integração étnica e capacidade física e civil do imigrante, não podendo, porém, a corrente imigratória de cada país exceder, anualmente, o limite de dois por cento sobre o número total dos respectivos nacionais fixados no Brasil durante os últimos cinquenta anos.

O cálculo levava em conta o período compreendido entre 1º de janeiro de 1884 e 31 de dezembro de 1933, não por acaso. Como o período mais significativo da imigração japonesa teria se iniciado em 1908, a estratégia do *lobby* era que a quota para o país asiático fosse reduzida por incluir o período entre 1884 e 1907, época da vinda de

---

[19] Neiva (1944:526.). Emendas nº 1.053, 21-E e 1.164, respectivamente.

170 • HISTÓRIA DA IMIGRAÇÃO NO BRASIL

um número expressivo de imigrantes europeus e insignificante de imigrantes nipônicos. De acordo com o DNP, o período entre 1884 e 1933 registrou a entrada total de 4.142.913 imigrantes. Conforme assinalou uma publicação oficial poucos anos depois,

a raça branca contribuiu para esse total com 96,3% e a raça amarela com 3,7%. A intenção dos constituintes de 1934, ao adotarem a quota, foi de manter para a imigração futura a proporção acima indicada, evitando assim a modificação da etnia nacional, formada principalmente de elementos de raças europeias. [Relatório..., 1940:587]

Ao longo desse período, não foram poucos os registros na imprensa dando conta do ingresso irregular de estrangeiros no país, fazendo referência a "centenas e centenas de casos" em que as leis eram burladas, conforme, por exemplo, denunciou em chamada principal de primeira página o *Diário da Noite* do Rio de Janeiro na edição de 18 de junho de 1935: "Violada repetidamente a lei sobre a entrada de estrangeiros", ou cerca de um ano depois o fez a *Gazeta de Notícias*, também em primeira página: "A imigração e os seus escândalos", tendo como subtítulo "'Carta de Chamada', uma importação que degenerou em fraude".[20]

O sistema de concessão de vistos estabelecidos pelos decretos de 1934 determinava que as pessoas interessadas em imigrar para o Brasil apresentassem ao cônsul do Brasil no ponto de embarque uma "carta de chamada". "Além das burlas na formação dos processos", as restrições pretendidas não obtiveram a "eficácia" desejada, conforme os dizeres de Péricles de Mello Carvalho em 1940 que, usando as mesmas palavras que outras autoridades governamentais de seu tempo, qualificou o sistema de "uma verdadeira indústria de 'cartas de chamada'" na qual se estabeleceu "a exploração dos incautos, havendo derrame de

---

[20] *Gazeta de Notícias*, Rio de Janeiro, 16 jul. 1936, p. 1.

POLÍTICA IMIGRATÓRIA NO PRIMEIRO GOVERNO VARGAS (1930-1945) • 171

documentos falsos" produzindo "duplo prejuízo à imigração", uma vez que, segundo o mesmo autor, contribuiu para restringir as "boas correntes imigratórias, pois o monopólio desse comércio desonesto afastava aquelas correntes com as dificuldades que lhe antepunha".

Tal estado de coisas teria acabado por formar "uma corrente de imigrantes para os centros urbanos, de modo que os 'agricultores' chamados andam aí aos milhares, como caixeiros de cafés, na cidade..." (Carvalho, 1940:726). No mesmo sentido se manifestou, em publicação oficial, o diplomata Maurício Wellisch. Ponderou que "o exame do imigrante era, pois, feito à distância, só se realizando o controle no ato do respectivo desembarque, o que acabou por dar origem a burlas e explorações de toda a sorte".[21]

No período, inúmeros imigrantes estrangeiros acabaram sendo impedidos de desembarcar nos portos brasileiros em razão da falta de documentos exigidos.[22] Em alguns casos, a razão alegada para o impedimento de desembarque, mesmo que temporário, foi a constatação de que o estrangeiro era, por exemplo, cigano.[23]

O sistema de quotas estabelecido pela Constituição de 1934 precisou ser regulamentado. Para isso, o MTIC nomeou mais uma Comissão em janeiro de 1935, presidida por Oliveira Vianna e tendo como membros

---

[21] Wellisch (1941:XL). Em 1941, Wellisch era chefe da seção técnica do CIC e secretário da *Revista de Imigração e Colonização*.

[22] Entre outros, o registrado em *O Radical*, Rio de Janeiro, 21 out. 1934, p. 2; *Jornal do Brasil*, Rio de Janeiro, 24 nov. 1934, p. 15; *Diário da Tarde*, 17 jul. 1935, p. 1; *O Imparcial*, 17 jul. 1935, p. 1; *O Jornal*, Rio de Janeiro, 7 ago. 1935, p. 14 e 25 set. 1936, p.11; *Diário de Notícias*, Rio de Janeiro, 20 ago. 1935, p. 6; *Correio Paulistano*, São Paulo, 25 ago. 1935, p. 12 e 31 ago. 1935, p. 9; *Correio de S. Paulo*, São Paulo, 27 set. 1935, p. 7; *Diário Carioca*, Rio de Janeiro, 20 mar. 1937, p. 16, *Gazeta de Notícias*, Rio de Janeiro, 9 abr. 1937, p. 8; *O Imparcial*, Rio de Janeiro, 19 ago. 1937, p. 3. Os impedimentos eram assinalados nas listas de passageiros dos navios e a maioria deles não foi de conhecimento ou noticiada pela imprensa.

[23] *O Jornal*, Rio de Janeiro, 28 jul. 1936, p. 3. O caso envolveu 29 ciganos, incluindo várias crianças, de nacionalidade polonesa e grega, embarcados em Portugal no vapor *Almirante Alexandrino* e em trânsito para o Paraguai. Tratava-se das famílias Kwiek, Ianof e Ivanowch.

172 • HISTÓRIA DA IMIGRAÇÃO NO BRASIL

alguns dos mais notórios eugenistas brasileiros. Na época noticiada como "para resolver o problema emigratório no Brasil".[24] Na mensagem que Vargas dirigiu ao Congresso em janeiro de 1935, informou que os constituintes incorporaram à Constituição "preceitos da mais alta relevância, tendentes a assegurar ao nosso país e à nossa formação social os benefícios de uma política de progressiva integração étnica, por meio de largo plano de seleção, distribuição, localização e assimilação do imigrante"; ao mesmo tempo, fixou "as quotas de entrada de estrangeiros" e que ambos os princípios não seriam compatíveis. Para solucionar o problema, o governo organizou uma comissão

> composta de especialistas nos assuntos relativos à imigração e à eugenia, incumbindo-os de estudar a questão. Dessa comissão fazem parte o dr. Roquette Pinto, antropologista e Diretor do Museu Nacional, dr. Renato Kehl, eugenista, conde Debanné, antigo cônsul do Brasil nos países do Oriente, dr. Dulphe Pinheiro Machado, antigo diretor do Departamento do Povoamento, dr. Vaz de Mello, diretor dos Serviços de Passaportes do Ministério do Exterior e o sr. Raul de Paula, representante da Sociedade de Amigos de Alberto Torres. Preside-a o dr. Oliveira Vianna, consultor jurídico desde Ministério e estudioso dos problemas etnológicos.[25]

Ao concluir os trabalhos, a Comissão propôs um projeto de criação de um "Conselho Nacional de Imigração" e de um "Código de Imigração e Colonização" que direcionaria ao Brasil, com participação ativa das representações diplomáticas, agricultores, artistas e técnicos, e, ao mesmo tempo, estabeleceria que "o que não virá, se for adotado o nosso projeto, são os profissionais de profissões parasitárias, como ciganos, ledores de buena-dicha, mascates e bufarinheiros, que em

---

[24] *Correio da Manhã*, Rio de Janeiro, 15 jan. 1935, p. 8 e 18 fev. 1935, p. 2; *Jornal do Brasil*, Rio de Janeiro, 11 jan. 1935, p. 7.
[25] *A Nação*, Rio de Janeiro, 5 mai. 1935, p. 10 e 11.

POLÍTICA IMIGRATÓRIA NO PRIMEIRO GOVERNO VARGAS (1930-1945) • 173

tamanha abundância, nestes últimos tempos, têm afluído em nosso território" (Koifman, 2002:104).

No movimento que ficou conhecido como "Intentona Comunista", de novembro de 1935, "entre seus chefes se encontravam estrangeiros que desejavam implantar, entre nós, o repugnante credo vermelho" (Neiva, 1942:45). Alguns deles identificados como judeus — a mais notória, Olga Benário. O fato contribuiu também para reforçar um dos estereótipos associados aos israelitas ao mesmo tempo que forneceu a setores da alta cúpula dirigente — composta também por elementos nacionalistas e/ou antiliberais — um álibi ou justificativa para o controle e a repressão que persistiria por muitos anos, com os estrangeiros identificados como potenciais agentes transmissores do ideário comunista.

No ano seguinte, entre 29 de outubro e 5 de novembro de 1936, ocorreu no então Distrito Federal o Congresso dos Chefes de Polícia e secretários de segurança dos estados, presidido pelo ministro da Justiça e Negócios Interiores (MJNI). Do encontro saíram recomendações assinadas também pelos representantes do MRE, do MTIC e dos ministérios da Guerra e da Marinha. A recomendação nº 21 propunha: "Que sejam adotadas medidas tendentes a reduzir a entrada de elementos parasitários como judeus, eslavos e migrantes não agricultores, cujo intuito seja de permanecer nas cidades, sendo essas medidas elaboradas pelas chefias de Polícia de cada Estado".[26] Na imprensa, um jornal noticiou que "as cláusulas referentes a imigração são as mais detalhadas possíveis" e propunham que somente os próprios chefes de polícia pudessem assinar as "cartas de chamada". Teriam recomendado também que fosse "vedado o ingresso no país de judeus prestamistas que constituem uma verdadeira praga, cada vez mais espalhada", além dos "falsos turistas".[27]

---

[26] O teor do relatório final da Conferência Policial nos foi repassado gentilmente por Henrique Samet e consta de artigo inédito do historiador.

[27] *Correio da Manhã*, Rio de Janeiro, 7 nov. 1936, p. 2.

174 • HISTÓRIA DA IMIGRAÇÃO NO BRASIL

A partir da ascensão do nazismo em 1933, ocorreu um aumento no número de refugiados europeus. O governo brasileiro recebeu dos serviços consulares inúmeros alertas relacionados com irregularidades na emissão das "cartas de chamada". Entre outros, denúncias da suposta venda das mesmas a judeus alemães e informações a respeito de anúncios publicados na Europa oferecendo ajuda para emigrar para o Brasil (Koifman, 2002:103-175).

Alguns meses antes da instauração do Estado Novo, no dia 7 de junho de 1937, atendendo à decisão do governo, foi emitida pelo MRE a Circular secreta nº 1.127 levando em conta o aumento dos refugiados judeus que chegavam, considerados, de maneira generalizada, estereotipada e preconceituosa, como indesejáveis. Em seu preâmbulo, a Circular registrou que

> tem o Governo Federal conhecimento de que, para o Brasil, se vêm dirigindo numerosas levas de semitas, que os governos de outras nações estão empenhados em afastar dos respectivos territórios [...] se confirma com o desembarque, de cada vapor que aqui aporta, de uma quantidade surpreendente de elementos dessa espécie, reunidos, segundo estamos informados, dentre o que há de pior, como antecedentes e como capacidade produtiva [...] visam todos, porém, e tem feito, é burlar a vigilância das nossas autoridades e radicarem-se clandestinamente e definitivamente nos centros urbanos e populosos do país, para numa inadmissível concorrência ao comércio local e ao trabalhador nacional, absorverem, parasitariamente, como intermediários apenas, uma parcela apreciável de nossa riqueza, quando, além disso, não se entregam, também, à propaganda de ideias dissolventes e subversivas. [Koifman, 2002:108-109]

Por meio da Circular, se estabeleceu a proibição de concessão de vistos para estrangeiros judeus deixando abertas algumas exceções, como nos casos de solicitações relativas a "pessoas de notória expressão cultural, política ou social" (Koifman, 2002:106-136).

O tema da atribuída inconveniência da imigração judaica também apareceu na 3ª Sessão do Conselho Superior de Segurança Nacional realizada semanas depois, em agosto de 1937, no Palácio do Catete, sob presidência de Vargas, com a presença de todo o ministério (Conselho Superior de Segurança Nacional, 1937). Em novembro do mesmo ano, o regime escolheu um sobrenome tipicamente judeu para dar nome a um suposto plano revolucionário comunista — o "Plano Cohen" — que o governo sabia ser falso e mesmo assim usou de justificativa para a implementação da ditadura do Estado Novo.

Para Neiva, fazendo um balanço da política imigratória, "durante o período da segunda República, de 1934 a 1937, nada ocorreu de excepcional interesse para a imigração e colonização" (Neiva, 1942:45), mas "acentuava-se assustadoramente o decréscimo na imigração para o Brasil como consequência da política restritiva que culminara com a introdução do regime de quotas na Constituição de 1934" (Neiva, 1944:565).

No dia 25 de janeiro de 1938, Vargas e o ministro da Justiça Francisco Campos assinaram o Decreto nº 2.265. Por meio dele, foi constituída "uma Comissão a fim de estudar leis necessárias para regular a entrada, fixação, naturalização e expulsão de estrangeiros" que posteriormente acabou intitulada "Comissão encarregada de elaborar a Legislação sobre Estrangeiros".[28] De acordo com Filinto Strubing Müller, chefe de polícia do então Distrito Federal, a comissão elaboraria

um conjunto de medidas restritivas que, garantindo a situação dos estrangeiros que aqui vêm honestamente colaborar para o progresso da

---

[28] *O Imparcial*, Rio de Janeiro, 15 jan. 1938, p. 15 e *Diário Carioca*, Rio de Janeiro, 26 jan. 1938, p. 2. Faziam parte da Comissão, composta por funcionários de vários ministérios, João Carlos Muniz (MRE), Dulphe Pinheiro Machado (MTIC), José de Oliveira Marques (Serviço de Colonização), Ernani Reis (MJNI) e Arthur Hehl Neiva (Neiva, 1944:565). Depois foram também nomeados para a comissão, em diferentes meses, Péricles de Faria Melo Carvalho, João Emílio Ribeiro, Odilon da Silva Conrado e Ociola Martinelli.

176 • HISTÓRIA DA IMIGRAÇÃO NO BRASIL

terra que os acolhe, armam ao mesmo tempo as nossas autoridades dos meios legais para impedir a entrada dos elementos reconhecidamente indesejáveis.[29]

Depois de algum atraso, a conclusão dos trabalhos da Comissão foi encaminhada a Vargas. O relatório continha as ponderações relacionadas com o "problema imigratório", com o grupo de trabalho se manifestando pela "necessidade imperiosa" de o governo "formular, de maneira clara, a sua política imigratória e de executá-la vigorosamente". A Comissão argumentou que, apesar da "imensa extensão e incalculáveis riquezas latentes, o Brasil ainda nem de longe alcançou o nível de prosperidade a que a natureza o destinou", a baixa densidade demográfica colaborava para isso. E que, por conta desse fator, no passado o país havia por muitos anos executado uma política de "livre imigração", mas que tal política deveria ser encerrada. Uma vez que "o movimento global da imigração" era naquele tempo reduzido, "ora mediante um sistema rígido de quotas, como acontece nos Estados Unidos ou no Brasil, ora por meio de métodos mais flexíveis, mas não menos restritivos", ou conforme os praticados "nos domínios britânicos" onde as "restrições especiais também se aplicam a certas raças, grupos ou categorias de pessoas. A razão principal invocada em favor de todas essas formas de restrições é sempre a necessidade de assegurar a assimilação do imigrante". De maneira dúbia, a Comissão declarou-se favorável à intervenção e ao controle do Estado "não somente com o fim de evitar os elementos indesejáveis e os de difícil assimilação, senão também com o propósito de propulsionar a vinda de boas correntes imigratórias de acordo com as necessidades de expansão econômica do país". Ou seja, a imigração deveria "consultar exclusivamente o interesse nacional: o Brasil não pode ser considerado como um refúgio para todos os excessos demográficos

---

[29] *Correio da Manhã*, Rio de Janeiro, 12 fev. 1938, p. 12. Texto idêntico foi publicado em *O Jornal*, 12 fev. 1938, p. 4.

POLÍTICA IMIGRATÓRIA NO PRIMEIRO GOVERNO VARGAS (1930-1945) • 177

de outros países. Ela não poderá ser apenas restritiva, mas terá que ser ativa e expansionista".[30]

A contradição da proposta residia justamente no forte empenho em atrair e, ao mesmo tempo, restringir a entrada de imigrantes, tendo como critério seletivo um conjunto de valores e conceitos positivos e negativos atribuídos aos diferentes grupos humanos. Na análise da Comissão, "boas nacionalidades" que no passado forneceram os maiores contingentes de imigrantes, e por essa razão receberam com o sistema estabelecido pela Constituição de 1934 as mais elevadas quotas, "deixaram de nos enviar imigrantes", como era o caso de italianos e alemães (Relatório..., 1940:587).

A "migração dirigida", levada a efeito por meio do estabelecimento de tratados bilaterais, foi o que o grupo propôs para remediar o dilema entre atrair novos imigrantes ao mesmo tempo que se deseja implementar restrições. A ideia da Comissão era que o Brasil estabelecesse acordos imigratórios específicos com determinados países europeus e, dessa forma, regulasse a matéria. Oferecendo também

> a vantagem de dotar o Estado de um instrumento propulsor da imigração, destinada a atrair as boas correntes e a não permitir que a imigração seja apenas dirigida pelos países interessados em resolver suas dificuldades demográficas, expelindo os excessos por vezes indesejáveis da sua população. [Relatório..., 1940:588]

Evidenciando alguma influência das proposições do grupo de 1935 presidido por Oliveira Vianna, a Comissão de 1938 propôs a criação de um Conselho de Imigração e Colonização (CIC) que se constituiria como um "órgão técnico" encarregado de "coordenar e sistematizar as questões que se prendem à imigração, assimilação e concentração

---

[30] Relatório... (1940:583-597). A revista registra que ali estava publicando "grande parte" do relatório, mas não a sua integralidade.

178 • HISTÓRIA DA IMIGRAÇÃO NO BRASIL

de estrangeiros".[31] Não por acaso, boa parte dos membros dessa Comissão acabou tomando acento no CIC que seria criado em seguida, como também escreveu significativo número de artigos na revista oficial publicada pelo órgão; alguns desses textos, justamente, são os que citamos no presente artigo. Outros membros ocupariam cargos importantes relacionados com o tema dos estrangeiros, como Ociola Martinelli, nomeado em fins do mesmo ano de 1938 chefe do Serviço de Registro de Estrangeiros (SRE) da capital.[32]

Depois de passar por Vargas e ministros, os trabalhos da comissão se prestaram em boa parte para a elaboração de oito diferentes decretos publicados no mesmo ano de 1938.[33] Dois deles, o de n$^{\circ}$ 406, de 4 de maio, e o de n$^{\circ}$ 3.010, de 20 de agosto, buscaram, uma vez mais, regulamentar e delinear a política imigratória seletiva e o trato legal para com os estrangeiros no plano interno. A aplicação dessa política deveria ser orientada pelo Conselho sugerido pela Comissão e efetivamente criado pelo art. 73 do Decreto-Lei n$^{\circ}$ 406. Na prática, foi mesmo sendo moldada pelas circunstâncias, contando de forma frequente com a interferência pessoal de Getúlio Vargas (Koifman, 2012:52). Entre as atribuições do CIC, estava a de "estudar os problemas relativos à eleição imigratória, à antropologia étnica e social, à biologia racial e a eugenia".[34]

Martinelli avaliou que o decreto de 1934

então em vigor, obsoleto, não proporcionava aos poderes competentes os meios legais necessários à execução do programa traçado pelo Estado

---

[31] Relatório... (1940:593). A proposição de 1935 intitulava o órgão de "Conselho Nacional de Imigração".

[32] *Jornal do Brasil*, Rio de Janeiro, 17 dez. 1938, p. 11.

[33] Neiva (1942:48, 1944:564-566). Decretos n°s 389, de 25 de abril de 1938; 394, de 28 de abril de 1938; 406, de 4 de maio de 1938; 497, de 8 de junho de 1938; 639, de 20 de agosto de 1938; 3.010, de 20 de agosto de 1938; 982, de 23 de dezembro de 1938, e 1023-A, de 31 de dezembro de 1938.

[34] Letra "g" do art. 226 do Decreto n$^{\circ}$ 3.010, de 20 de agosto de 1938. O CIC iniciou os trabalhos no dia 26 de setembro de 1938.

POLÍTICA IMIGRATÓRIA NO PRIMEIRO GOVERNO VARGAS (1930-1945) • 179

Novo. Havia falhas, cuja correção era de caráter absolutamente urgente, entre os quais, avultava a compressão da corrente imigratória para o Brasil.

E a nova legislação de 1938 continha "medidas relativas de restrição baseadas na capacidade de assimilação do meio nacional" (Martinelli, 1940:477). Considerava que, por um lado, a legislação de 1934 "alcançou, de uma maneira drástica", seu objetivo de restringir a entrada de estrangeiros, pois obrigava aos potenciais imigrantes a preencher "uma série de formalidades, cumpridas necessariamente no Brasil, perante autoridades policiais", e só poderiam entrar no país praticamente os que possuíam parentes aqui, mediante o "termo de responsabilidade", apresentando um fiador — que se responsabilizaria pelo repatriamento, caso infringisse a lei —, formalidades que então viabilizavam a posterior emissão da "carta de chamada" (Martinelli, 1940:478). Por outro lado, não considerava que o sistema estabelecido "representasse para o país uma segurança efetiva, na entrada de qualquer imigrante". Para ele, em essência, a efetividade dessas formalidades todas era discutível, já que o conjunto de exigências burocráticas "provocou um natural desinteresse" por parte dos potenciais imigrantes desejáveis, ao mesmo tempo que não foi eficiente para impedir a entrada no Brasil de "elementos indesejáveis sob o ponto de vista imigratório" (Martinelli, 1940:478).

Os decretos do ano de 1938 eram mais extensos, com o estabelecimento de controles detalhados relacionados com a concessão dos vistos e a entrada de estrangeiros no Brasil. Não teremos espaço aqui para uma análise minuciosa dos 92 artigos do Decreto-Lei nº 406, de maio de 1938, e, menos ainda, para os 286 artigos e anexos do Decreto nº 3.010, de agosto do mesmo ano. Diferentemente de outros decretos, esses não possuíam preâmbulos ou justificativa. O legislador daquele momento — um regime autoritário —, logo em seu primeiro artigo, o Decreto-Lei nº 406, assinalou em relação à entrada de estrangeiros no país praticamente os mesmos impedimentos da legislação anterior,

180 • HISTÓRIA DA IMIGRAÇÃO NO BRASIL

de ordem física, econômica e de segurança pública. Respectivamente: aleijados, mutilados, inválidos, cegos, surdos-mudos, indigentes, vagabundos, ciganos e congêneres, que apresentem afecção nervosa ou mental de qualquer natureza, alcoolistas, toxicômanos, doentes de moléstias infectocontagiosas graves e lesões orgânicas com insuficiência funcional, os que viajassem sós menores de 18 anos ou maiores de 60, os que não pudessem comprovar exercício de profissão lícita ou posse de bens suficientes para manter-se e às pessoas que os acompanhassem na dependência deles, os de conduta manifestamente nociva à ordem pública, e segurança nacional ou à estrutura das instituições, os já anteriormente expulsos do país, salvo se o ato de expulsão tivesse sido revogado, os condenados em outro país por crime de natureza que determinasse sua extradição, segundo a lei brasileira, que se entregassem à prostituição ou a explorassem, ou tivessem costumes manifestamente imorais. O parágrafo único do mesmo artigo deixava claro que os itens listados não excluíam "o reconhecimento de outras circunstâncias impeditivas", ou seja, o cônsul ou as autoridades portuárias poderiam observar subjetivamente outra razão e indeferir a concessão do visto ou o desembarque no Brasil, respectivamente.

De novidade, além da exclusão dos impedimentos à concessão de vistos permanentes a imigrantes analfabetos, a substituição do termo "nômada" por "congêneres", acompanhando a referência aos ciganos, essa legislação fez surgir a inovação de explicitar no art. 2º que, "por motivos econômicos ou sociais, a entrada de indivíduos de determinadas raças ou origens" poderia ser limitada ou suspendida. Algo que, na prática, o MRE já era orientado pelo governo a seguir. O decreto também pôs fim às "cartas de chamada" e à forma, "de difícil conceituação" (Martinelli, 1940:479), de classificar todas as entradas de estrangeiros como "imigração", estabelecendo como classificação "permanente" e "temporário". Os permanentes designavam os estrangeiros que pretendessem permanecer no território nacional por prazo superior a seis meses. Já os temporários poderiam ser pessoas em turismo, trânsito, negócios, artistas, conferencistas, desportistas e

POLÍTICA IMIGRATÓRIA NO PRIMEIRO GOVERNO VARGAS (1930-1945) • 181

"congêneres".[35] A política de concessão de quotas imigratórias anuais estabelecida pela Constituição de 1934 foi mantida.[36] O art. 90 do Decreto nº 406 previa que o governo expediria em um prazo de 60 dias os regulamentos necessários à execução ali disposta. Com o atraso de mais de um mês, no dia 20 de agosto o Decreto nº 3.010 foi publicado. Também dispensando os preâmbulos, logo no primeiro artigo anunciou de forma direta:

Art. 1º Este regulamento dispõe sobre a entrada e a permanência de estrangeiros no território nacional, sua distribuição e assimilação e o fomento do trabalho agrícola. Em sua aplicação ter-se-á em vista preservar a constituição étnica do Brasil, suas formas políticas e seus interesses econômicos e culturais.

Além da manutenção das quotas imigratórias por nacionalidade, surgiu a orientação de destinar 80% delas aos agricultores e respectivas famílias, e os 20% restantes aos demais estrangeiros que desejassem viver no país "com o fim de se dedicarem a qualquer profissão lícita".

O primeiro e mais importante agente executivo encarregado da aplicação dos objetivos seletivos estabelecidos no decreto passou a ser o representante consular brasileiro no exterior.[37] Era o cônsul que avaliaria o solicitante e a documentação comprobatória de modo a autorizar ou negar a concessão do visto. De acordo com Martinelli, no modelo da legislação estabelecida em 1934,

interfeririam no controle do estrangeiro os consulados brasileiros, as polícias marítimas, a Imigração e o Departamento de Terras e Colonização e as polícias locais. O difícil, entretanto, era determinar onde acabava a atribuição de cada uma e onde começava a de outra. [Martinelli, 1940:477-478]

---

[35] Art. 11 e 12 do Decreto nº 406, de 4 de maio de 1938.

[36] A relação discriminada das nacionalidades e respectivas quotas foram publicadas também na *Revista de Imigração e Colonização*, Rio de Janeiro, a. I, n. 1, p. 163-164, jan. 1940.

[37] Artigos 26 a 53 do Decreto nº 3.010/38.

182 • HISTÓRIA DA IMIGRAÇÃO NO BRASIL

A atribuição dos cônsules se limitava a exigir e verificar

> a autorização de livre embarque e desembarque, denominada "carta de
> chamada", expedida pela Polícia, e mais alguns documentos legais. Apesar
> do seu aparente papel julgador, o estrangeiro, quando solicitava o "visto"
> já estava como que munido de uma ordem para a respectiva concessão.
> A autoridade nos nossos representantes no exterior, para a apreciação do
> mérito do pedido, era quase nula. [Martinelli, 1940:478]

Já os decretos de 1938 retiraram das autoridades policiais locais a capacidade de interferir. Os cônsules é que passaram a examinar as solicitações e avaliar os imigrantes desejáveis. Deste modo, as medidas de seleção passaram a ser "do exterior para o interior". Somente depois de chegar ao Brasil

> é que o estrangeiro tem contato com as repartições que controlarão as
> suas atividades no país. Antes disso, não há intervenção policial e somente
> o cônsul é que decide se pode, ou não, conceder o "visto", de acordo com
> as condições pessoais do estrangeiro e a quota do país a que este pertence.
> [Martinelli, 1940:479]

Os solicitantes de visto permanente deveriam apresentar "negativo de antecedentes penais dos últimos cinco anos, expedido por autoridade policial competente", comprovar "não ser de conduta nociva à ordem pública, à segurança nacional ou à estrutura das instituições, passado por autoridade policial, ou duas pessoas idôneas", além de atestados de saúde, vacina e prova de que exerciam profissão lícita.

O Decreto nº 3.010, de 1938, explicitava que "a autoridade consular terá em vista que do seu critério depende, em grande parte, a seleção das correntes imigratórias para o território nacional e a boa ordem dos serviços decorrentes da entrada do estrangeiro". Também era da competência do cônsul, como "funcionário encarregado de proceder ao selecionamento", usar "de critério rigoroso a fim de evitar prejuí-

POLÍTICA IMIGRATÓRIA NO PRIMEIRO GOVERNO VARGAS (1930-1945) • 183

zo ao interesse nacional no que diz respeito à assimilação étnica e à segurança econômica, política e social". Para tal, "essa apreciação" deveria se fundamentar "no exame das condições individuais, do valor eugênico, das qualidades físicas e morais" dos solicitantes.[38] A entrada de estrangeiros no país seguiu permitida exclusivamente por determinados portos.[39] Antes do desembarque, passou a ser necessária a presença e fiscalização conjunta das "autoridades sanitárias, imigratórias, policiais e aduaneiras". Na chegada, os capitães deveriam entregar a cada uma das autoridades em serviço presentes as listas, conforme um modelo, detalhando as informações relativas aos passageiros permanentes, temporários e em trânsito. As entradas no país por via terrestre só poderiam ocorrer nos pontos em que existisse em funcionamento inspetorias federais de imigração ou Departamento Nacional de Imigração (DNI).[40]

As preocupações com a "fusibilidade" dos estrangeiros fizeram com que o decreto possuísse o subtítulo "Concentração e Assimilação", expressando que "nenhum núcleo colonial será constituído por estrangeiros de uma só nacionalidade", de modo a "evitar que sejam criados núcleos coloniais com estrangeiros e uma só nacionalidade" e, dessa forma, se "evitar a preponderância ou concentração de estrangeiros de uma nacionalidade, em conflito com a composição étnica e social do povo brasileiro" (art. 165).

De acordo com Carvalho, as leis de 1938 foram concebidas para encarar as "questões de emigração, imigração e colonização", que geraram "os problemas de economia interna e equilíbrio político" cujo enfrentamento incluía "concepções de raça, formas de assimilação e meios de evitar concentrações" (Carvalho, 1940:727). A ideia era

---

[38] Art. 27 e letra "a" do art. 65. Sobre as "qualidades físico e morais", ver Koifman (2012:284-373).

[39] Belém, Salvador, Rio de Janeiro, Santos, São Francisco do Sul ou Florianópolis e Rio Grande.

[40] Arts. 81 a 90. O Decreto-Lei nº 1.023-A, de 31 de dezembro de 1938, transformou o antigo DNP em DNI.

184 • HISTÓRIA DA IMIGRAÇÃO NO BRASIL

estabelecer uma "imigração dirigida", que foi explicada na edição de 1938 do "Manual do Estrangeiro", conforme publicado na *Revista de Imigração e Colonização*:

Imigração dirigida — é a orientação político-econômica que um Governo impõe à sua máquina administrativa, a fim de encaminhar técnica e cientificamente as correntes imigratórias para uma colonização racional, observadas as questões de etnologia, concentração, assimilação, bem como as condições de ordem política, social e moral.[41]

Para efetivar os controles desejados, além do CIC, entre outros órgãos, foram criados em 1938 o DNI, a Comissão de Permanência de Estrangeiros (CPE),[42] o SRE[43] e, em 1941, a Delegacia Especializada de Estrangeiros (DEE).[44] Uma vez regularizados todos os estrangeiros residentes, o passo seguinte foi o de restringir ao máximo a entrada de indesejáveis e os considerados inassimiláveis (Koifman, 2012:165-172).

Ainda em 1938 ocorreu também a repressão às minorias apontadas como não assimiladas no Brasil — a que se referiam como "quistos

---

[41] Apud Carvalho (1940:728). Carvalho fez referência à obra de sua própria autoria, o *Manual do estrangeiro*: legislação brasileira sobre estrangeiros. Rio de Janeiro: A Noite, 1938.

[42] Diferentemente dos demais órgãos, a CPE não foi criada por decreto, mas por ato do presidente da República em 9 de junho de 1938 (Koifman, 2012:165-170). Iniciou os trabalhos em 27 de julho de 1938, tendo como membros funcionários de diferentes ministérios: Carlos Alves de Souza Filho, Dulphe Pinheiro Machado, José de Oliveira Marques e Ernani Reis, conforme noticiou *O Jornal*, Rio de Janeiro, 28 jul. 1938, p. 4.

[43] Koifman (2012:170-172). Criado pelo art. 130 do Decreto nº 3.010/38 e iniciou os trabalhos em 17 de abril de 1939. O primeiro chefe do SRE do então Distrito Federal foi Ociola Martinelli, nomeado em dezembro de 1938. Demais estados brasileiros também tiveram criados os seus respectivos SRE, como Amazonas, Pará, Pernambuco, Minas Gerais e Bahia.

[44] Decreto-Lei nº 3.183 de 9 de abril de 1941. Embora o decreto não mencione o termo, na correspondência e na documentação do MJNI, na maioria das vezes, a delegacia era referida como "especial", assim como o delegado era referenciado como "especializado". Eventualmente, a própria delegacia também foi chamada de "especializada".

POLÍTICA IMIGRATÓRIA NO PRIMEIRO GOVERNO VARGAS (1930-1945) • 185

étnicos" —, com a proibição da publicação de jornais exclusivamente em idioma estrangeiro, entre outras medidas de inspiração nacionalista, como o Decreto nº 383, publicado em 18 de abril de 1938.[45] A partir da chegada de Oswaldo Aranha à chefia do MRE, em março de 1938, uma nova possibilidade de concessão de vistos a estrangeiros — entre eles, muitos refugiados judeus — surgiu. Embora não prevista nos decretos publicados em 1938, foi materializada pela Circular nº 1.249, emitida em 27 de setembro de 1938 pelo Itamaraty (Koifman, 2017b:248). Entre fins de setembro e dezembro de 1938, o MRE emitiu e enviou às representações consulares brasileiras na Europa certificados autorizando a emissão de vistos para parentes cônjuges ou consanguíneos, em linha direta até o 2º grau, de pessoas que estavam residindo legalmente no Brasil (Koifman, 2017b:235-257).

Se naquele momento as autoridades já tinham uma boa ideia em relação a quais seriam os imigrantes indesejáveis — os explicitados na legislação e os não explicitados: os "não brancos" e os refugiados judeus —, por outro lado, os portugueses encabeçavam a lista dos desejáveis. Ainda assim, em mais de um momento, autoridades do próprio governo, como Francisco Campos, questionaram a "qualidade" dos imigrantes lusos, que não diferentes de outros estrangeiros, não eram agricultores, se concentravam nas grandes cidades e se encaixavam nas acusações xenófobas de concorrerem com a mão de obra nacional e parasitarem a economia do Brasil, entre outras. Porém, como o principal entusiasta da imigração portuguesa era o próprio ditador Vargas, as portas do país sempre se mantiveram abertas aos imigrantes vindos de Portugal (Koifman, 2002:152-153).

O Decreto nº 3.010 já estabelecera privilégios aos imigrantes portugueses e manteve uma quota imigratória muito alta para os lusos. Em 22 de abril de 1939, a Resolução nº 34 do CIC suspendeu qualquer restrição numérica "em se tratando da entrada de portugueses no território

---

[45] O termo "quistos raciais" foi utilizado na época, inclusive por Getúlio Vargas (Neiva, 1942:54).

186 • HISTÓRIA DA IMIGRAÇÃO NO BRASIL

nacional, [essa] só poderá contribuir para o fortalecimento da nossa formação étnica".[46] Na justificativa, o CIC mencionou "a identidade de religião, de idioma e de costumes, bem como as afinidades raciais e históricas entre portugueses e brasileiros", sendo o português "de incontestável valor eugênico, com um poder de adaptação que lhe é característico, assimilando-se rapidamente ao nosso povo e ao nosso país".[47] Em 9 de fevereiro do ano seguinte, outra Resolução do CIC, a de nº 62, aboliu para os portugueses a exigência de que 80% dos vistos fossem concedidos para os imigrantes que se dirigissem à agricultura, entre outras facilidades (Wellisch, 1941:XVI-XVII).

Um assunto que vinha "preocupando o Conselho desde a sua primeira sessão, em 26 de setembro de 1938, é o difícil problema dos refugiados. Esses, mesmo antes do início da guerra, afluíram para o Brasil" (Neiva, 1944:568). Com o início da Segunda Guerra Mundial em setembro de 1939, ocorreu um aumento da pressão para sua entrada no país e "surgiu a questão dos refugiados, particularmente semitas, que afluíram para o Brasil em número consideráveis — o total geral, apurado [...] é de 6.007 (4.223 em 1939 e 1.784 em 1940). Existem, contudo, os que penetraram ilegalmente no país" (Neiva, 1944:518). Gente que estava ameaçada e sofrendo perseguições "raciais" e políticas perpetradas pelo nazismo cujo controle do continente europeu se estabelecia com o avanço dos exércitos alemães. "Era o caso dos refugiados, tão doloroso nos seus aspectos humanos, quanto inconveniente aos interesses nacionais, pela pletora de imigração indesejável que provocava e que a guerra ou a ameaça de guerra só faziam incentivar." Vinham muitas vezes como temporários "pela maior facilidade de obtenção do visto, embora tencionassem aqui permanecer, perturbando o equilíbrio das correntes imigratórias normais e burlando as disposições de lei relativas à imigração" (Neiva, 1942:53; Koifman, 2002:196-198).

---

[46] Wellisch (1941:XVI.). O trecho consta da Resolução nº 34, de 22 de abril de 1939.

[47] Resolução nº 34, de 22 de abril de 1939. *Revista de Imigração e Colonização*, Rio de Janeiro, a. II, n. 1, p. 162, 1941.

POLÍTICA IMIGRATÓRIA NO PRIMEIRO GOVERNO VARGAS (1930-1945) • 187

Apesar de se constituírem em contingentes de pessoas consideradas brancas, diferentes homens de governo ponderavam quanto à "qualidade" dos refugiados como imigrantes e a conveniência da entrada deles no país. Com um contingente significativo de judeus entre os que buscavam refúgio, entre outras acusações, a principal centrava-se na capacidade potencial dos israelitas em miscigenar-se com os não brancos brasileiros, conforme, em poucas palavras, o projeto de branqueamento vislumbrava. Outras preocupações com a vinda de estrangeiros "portadores de ideias dissolventes", ou seja, comunistas, socialistas, intelectuais liberais etc., eram manifestas (Koifman, 2012:35). Conforme se expressou em 1940 o titular da pasta do MJNI Francisco Campos, reproduzindo imagens preconceituosas então em voga, "ora, o judeu é absolutamente inassimilável e mais do que qualquer outro povo concorre para o desnaturamento da população". Acreditava o ministro em uma suposta "falta de ligação afetiva com a terra de nascimento" dos israelitas, e também que não ofereceriam "garantia de fidelidade" em relação à de adoção. Campos seguiu, dentro da lógica estereotipada, identificando que todos os judeus "formam uma estranha comunidade à parte, cujas relações com o resto da sociedade se limitam exclusivamente aos negócios, e em geral aos negócios de mera especulação" (Koifman, 2012:122). E, registrou de maneira clara que

> ninguém mais do que os judeus se têm aproveitado da tolerância e do descuido das autoridades brasileiras no que diz respeito à legislação imigratória. Todos os navios que aqui aportam trazem levas sobre levas de judeus: advogados, médicos, engenheiros, arquitetos, dentistas, químicos, músicos, dançarinos, cantores, comerciantes, intelectuais e jornalistas. Alguns desses refugiados, ou pseudorrefugiados, têm um passado policial. Crimes comuns, fraudes, escândalos, filiações a organizações comunizantes tornaram-lhes impossível a vida nos países dominados por governos autoritários. Embora o Brasil não seja fascista ou nacional-socialista, o certo é que esses elementos comunizantes, socialistas, esquerdistas ou liberais leem por uma cartilha que está muito longe de nos convir. [Koifman, 2012:126]

188 • HISTÓRIA DA IMIGRAÇÃO NO BRASIL

Mesmo com as restrições e controles estabelecidos a partir da instauração do Estado Novo e, especialmente, os decretos específicos de 1938, o contingente de estrangeiros que obtinham sucesso em entrar no Brasil — por vezes utilizando-se do expediente de imigrar por meio da obtenção de vistos temporários — seguiu aumentando entre 1938 e os primeiros meses de 1941. Isso se deu em decorrência de vários motivos, além do aumento da demanda por parte daqueles que fugiam do nazismo. A principal razão está associada ao fato de o governo ter mantido a continuidade da política imigratória de inspiração eugenista. Ou seja, esteve preocupado em não fechar completamente a possibilidade de receber novos imigrantes, pois esses eram considerados extremamente necessários para o desenvolvimento do país. A seleção dos imigrantes implicava aspectos subjetivos e pouco precisos que tornavam a tarefa dos cônsules complexa. Por outro lado, as restrições seguiram estabelecendo as exceções que permitiriam qualquer tipo de imigrante obter um visto, mesmo quando se tratasse de um estrangeiro considerado "infusível". Entre as exceções, existia a possibilidade de concessão para os chamados capitalistas, pessoas que tivessem condições de realizar transferência de capital elevado. O governo também seguiu considerando interessante, a despeito da origem étnica do proponente, receber imigrantes que possuíssem comprovada formação acadêmico-científica e assim pudessem contribuir para o desenvolvimento do Brasil. Esses poderiam ser recebidos no país como técnicos, embora o critério de análise para solicitações de judeus fosse bem mais rigoroso e, não raro, intransponível. Outras nuanças e situações se apresentaram no contexto da guerra na Europa que produziram o aumento da vinda de estrangeiros para o Brasil, a despeito de todas as restrições estabelecidas (Koifman, 2012:25-45).

Como os decretos de 1938 concentraram nas mãos dos cônsules o controle seletivo e o poder decisório em relação à adequada filtragem dos novos imigrantes, ao MRE foi imputada incompetência na restrição da vinda de imigrantes indesejáveis (Koifman, 2012:85-129). A situação de guerra e a percepção, em setores do governo e da imprensa, do

POLÍTICA IMIGRATÓRIA NO PRIMEIRO GOVERNO VARGAS (1930-1945) • 189

contínuo aumento do número de estrangeiros indesejáveis nos portos brasileiros levaram a um fechamento maior do país.

Em discurso pronunciado em 31 de dezembro de 1940, Vargas declarou:

A entrada de imigrantes continua adstrita ao regime de quotas, que permite distribuir convenientemente os contingentes indispensáveis ao nosso caldeamento racial pelo critério de utilidade e adaptação à vida social. Queremos homens válidos e laboriosos, e repudiamos os elementos moral e fisicamente indesejáveis, os de atividade parasitária, os sem ofício, os desenraizados e incapazes de fixar-se, de construir família brasileira, de amar a terra adotiva e por ela sacrificar-se [...] os que pretendam infiltrar no espírito brasileiro o falso e cômodo internacionalismo que dissolve energias patrióticas e pode servir a tudo e a todos conforme o preço e as ocasiões. Esses não terão mais entrada no país.[48]

Nessa atmosfera foi publicado o Decreto-Lei nº 3.175. A providência "se impunha em virtude do extraordinário afluxo de elementos inconvenientes aos interesses nacionais [...] o momento não era favorável à vinda do exterior de contingentes imigratórios apreciáveis" (Neiva, 1942:62). A concessão de todos os vistos permanentes e temporários passou então a ser da competência do MJNI e não mais do MRE, atendendo a uma antiga pretensão do ministro da Justiça Francisco Campos. Localizamos os registros documentais do debate que ocorreu entre diversos ministérios e órgãos de governo quando da elaboração do decreto e desse material fizemos detalhada análise em outros trabalhos que publicamos (Koifman, 2002:136-168, 2012:85-129 e 173-208). Um decreto bem menos extenso que os anteriores, apenas oito artigos. As instruções iniciais específicas para aplicá-lo que foram enviadas aos serviços consulares brasileiros possuíam o

---

[48] Wellisch (1941:XVII). A íntegra foi publicada no *Jornal do Commercio*, Rio de Janeiro, 1º de janeiro de 1941, p. 3.

190 • HISTÓRIA DA IMIGRAÇÃO NO BRASIL

dobro do tamanho.[49] Na versão final do decreto que veio a público, algumas das referências e expressões utilizadas nas considerações finais da exposição de motivos e no esboço inicial apresentado pelo ministro da Justiça, como "falso-temporários", "refugiados", "contingente aberrante na nossa formação étnica", "não judeus" e outras, não apareceram (Koifman, 2012:199-205).

No mesmo período em 1941, Wellisch opinou que convinha "assinalar que, ao contrário do que à primeira vista pode parecer, esse decreto-lei não elimina, e nem mesmo altera profundamente, a legislação que vigorava antes da sua publicação, sobre entrada e permanência de estrangeiros". Para o diplomata, tratava-se,

é verdade, de uma "lei de emergência", oriunda da situação anormal criada pela guerra na Europa. Como tal, contém a lei disposições novas, talvez com aparência de severas restrições, mas que, na realidade, apenas acentuam princípios já enunciados na legislação anterior e os aplicam com rigidez.

A "grande inovação" do decreto fora a "concentração, na pessoa do ministro da Justiça", de atribuições que antes eram repartidas entre os cônsules brasileiros, o MRE, o CIC e o próprio MJNI. E a finalidade da "inovação" era "atribuir maior controle social ao ministério da Justiça, em virtude da situação criada com a guerra" (Wellisch, 1941:IX e X). Neiva discordava de Wellisch, opinando que a aplicação do decreto "praticamente suspende o funcionamento do sistema elaborado em 1938" (Neiva, 1944:569).

Com preocupações diplomáticas e econômicas — turismo e negócios —, foram estabelecidas exceções em relação à concessão de vistos para os nacionais dos países americanos e cidadãos portugueses, cuja concessão seguiu sendo autorizada nos próprios consulados brasileiros no exterior (Koifman, 2002:203-247). No que dizia respeito ao trabalho

---

[49] Koifman (2012:211.). Circular nº 1.522, de 6 de maio de 1941, do MRE.

dos cônsules, o texto do Decreto-Lei nº 3.175 trazia em seu primeiro artigo que "fica suspensa a concessão de vistos temporários para a entrada de estrangeiros no Brasil". As exceções eram os nacionais de Estados americanos e os demais estrangeiros de outras nacionalidades, "desde que provem possuir meios de subsistência" e, especialmente, que, em qualquer caso, visando impedir especificamente aos refugiados, o estrangeiro "esteja de direito e de fato autorizado a voltar ao Estado onde obtém o visto, ou ao Estado de que é nacional, dentro do prazo de dois anos a contar da data de sua entrada no território nacional".

Quanto aos vistos permanentes, o art. 2º do decreto informava terem sido igualmente suspensas suas concessões. Contudo, nove itens discriminavam as exceções: 1) a portugueses e a nacionais de Estados americanos; 2) ao estrangeiro casado com brasileira nata, ou à estrangeira casada com brasileiro nato; 3) aos estrangeiros que tenham filhos nascidos no Brasil; 4) a agricultores ou técnicos rurais que encontrem ocupação na agricultura ou nas indústrias rurais ou se destinem à colonização previamente aprovada pelo governo federal; 5) a estrangeiros que provem a transferência para o país, por intermédio do Banco do Brasil, de quantia em moeda estrangeira equivalente, no mínimo, a 400 contos de réis; 6) a técnicos de mérito notório especializados em indústria útil ao país e que encontrem no Brasil ocupação adequada; 7) ao estrangeiro que se recomende por suas qualidades eminentes, ou sua excepcional utilidade ao país; 8) aos portadores de licença de retorno; 9) ao estrangeiro que venha em missão oficial do seu governo.

O terceiro artigo esclarecia que caberia ao MJNI coordenar as "providências necessárias à execução desta lei". Ou seja, excluía a competência de qualquer outro ministério — em especial, o MRE — no assunto da entrada de estrangeiros no Brasil. E explicitava, em seis itens, que caberia àquele ministério decidir em relação a todo e qualquer assunto relacionado com a entrada e a permanência de estrangeiros: declarar impedida a concessão do visto a "determinados indivíduos ou categorias de estrangeiros"; estabelecer os modos de prova relativos ao cumprimento das exigências; decidir a respeito da

192 • HISTÓRIA DA IMIGRAÇÃO NO BRASIL

autorização de permanência dos estrangeiros entrados no território nacional como temporários; fiscalizar a aplicação dos recursos provenientes dos depósitos efetuados pelos estrangeiros que obtiveram a concessão do "visto de capitalista", ou seja, transferiram 400 contos de réis para o Brasil, nos fins declarados; e, por fim, verificar por intermédio das organizações oficiais "a apuração de competência dos estrangeiros que tenham obtido visto como técnicos especializados". O último dos seis itens explicava que, nos casos relacionados no art. 2º, alíneas 1 a 7, ou seja, as exceções estabelecidas para a concessão de vistos permanentes, somente o MJNI é que tinha a competência para autorizar. E para isso caberia à autoridade consular, "depois de entrar em contato com o interessado e concluir que ele reúne os requisitos físicos e morais exigidos", e também "aptidão para o trabalho", além de "condições de assimilação ao meio brasileiro", proceder ao encaminhamento do pedido ao MRE com todas as observações sobre o estrangeiro e a "declaração de que este apresentou os documentos exigidos". O Itamaraty encaminharia então o pedido ao MJNI, que examinaria e decidiria a respeito da concessão ou não da "autorização para o visto". A comunicação dessa decisão seria feita pelo MRE ao consulado.

Já sob vigência do novo decreto, o MJNI foi consultado em relação à concessão de vistos para 400 cidadãos japoneses. A esse respeito, o ministro Francisco Campos dirigiu a Vargas, no dia 17 de maio de 1941, um parecer que exemplifica a percepção do MJNI em relação à imigração. Nele Campos expressou que entre os nipônicos existiriam

característicos que nenhum esforço no sentido de assimilação conseguirá remover. Ninguém logrará, com efeito, mudar a cor e a face do japonês [...] Uma larga mestiçagem se de um lado repugnaria ao sentimento de povo brasileiro e viria repetir o fenômeno que, com relação à raça negra, nos foi imposto pela colonização primitiva, de outra parte encontraria, entre os colonos japoneses e as autoridades japonesas a que eles obedecem, uma resistência ilimitada. Precisamente

POLÍTICA IMIGRATÓRIA NO PRIMEIRO GOVERNO VARGAS (1930-1945) • 193

o contrário do que sucedeu com o negro. O interesse do negro estava em confundir-se na população do país, em perder os caracteres que o privavam dos benefícios da comunidade. Contudo, a absorção do elemento negro se vem fazendo com extrema lentidão. De 2.097.426 de 1890, quando já o tráfico cessara há muitos anos, o número de negros cresceu para 5.600.000, segundo dados recentes. Daí, o aspecto que, em determinadas zonas, apresenta ainda a população brasileira, de ser uma população seminegra. [...] O fator amarelo, praticamente excluído, até 1922, da população brasileira, já aparecerá agora, nas estatísticas, com percentagem superior à do indígena. Dentro de vinte anos, esse fator terá adquirido volume e ameaçará todo o quadro da nossa composição étnica, tão pacientemente formado através de tantos anos e tamanhas dificuldades. Com os amarelos, nós não nos poderemos ufanar da política de assimilação seguida com relação ao negro. E isto porque dos próprios amarelos partirá a reação contra ela.[50]

Entre abril de 1941 e fevereiro de 1945 o MJNI passou a analisar, autorizar ou indeferir as solicitações de concessão de vistos por meio de um órgão especial que funcionou no ministério, o Serviço de Visto (SV). Ao longo de todo esse período, o órgão foi dirigido pessoalmente pelo secretário do ministro, presidente da CPE, membro do CIC, além de membro de diversas comissões encarregadas em elaborar leis relacionadas com os estrangeiros e a imigração, Ernani Reis. Situação única na história do país até então, os vistos de entrada de estrangeiros passaram a ser diretamente autorizados ou negados não mais no Itamaraty, mas pelo MJNI. Reis foi responsável pela elaboração da totalidade dos pareceres relativos à apreciação das concessões ou indeferimento dos vistos. Tais pareceres eram encaminhados ao ministro da Justiça que tinha a atribuição de decidir a respeito. Na maioria dos casos, o ministro seguiu o parecer de Ernani Reis (Koifman, 2012:131-156).

---

[50] *Jornal do Commecio*, 23/24 de agosto de 1943, p. 2.

194 • HISTÓRIA DA IMIGRAÇÃO NO BRASIL

Parte da historiografia afirma que a política imigratória estaria influenciada por ideário nazifascista e as restrições e controles seriam reflexo dessa atribuída influência, seja no contexto dos anos anteriores à Segunda Guerra Mundial, seja no tempo em que a guerra já se desenvolvia na Europa.[51] Se tal fato ocorreu, é apropriado questionar se o rompimento diplomático com o Eixo produziu mudanças na política imigratória e no controle de entrada de estrangeiros no Brasil. As evidências indicam que não.

Por meio da análise dos processos do SV do MJNI, é possível constatar que o rompimento ou o estado de guerra não produziram modificações nos critérios seletivos a imigrantes ou nos relacionados com o controle da entrada de estrangeiros, como aparece em alguns livros de memorialistas e em obras de alguns historiadores, dentro da clássica visão maniqueísta na qual simpatizantes da causa aliada (os chamados americanófilos) estariam em oposição a simpatizantes do Eixo (os chamados germanófilos), com uma maior tolerância em relação à entrada de estrangeiros, em especial refugiados, atribuída ao primeiro grupo, e uma permanente defesa da política restricionista no segundo.[52]

O que é possível constatar do estudo sistemático dos casos envolvendo a entrada de estrangeiros no país entre 1937 e 1945 é que o tema da política imigratória não foi determinado pela chamada política pendular ou pelo posterior rompimento do Brasil com o Eixo. Essencialmente, existiu consenso entre os homens de governo durante o Estado Novo em relação à necessidade de se estabelecer um controle cada vez maior e mais eficiente em relação à entrada de estrangeiros como também quanto ao tipo de imigrante que se desejaria atrair ou evitar. O debate limitou-se especialmente a estabelecer qual ministério teria melhores condições para, de forma "técnica", executar esse controle. Do mesmo modo, qual ministério teria as melhores condições de

---

[51] Essa tese aparece, entre outras, em Kestler (2003:57).
[52] Cunha (1994:128). O modelo das autoridades para diversos assuntos relacionados com a imigração eram os Estados Unidos. Ver, a esse respeito, Koifman (2012:90-129).

POLÍTICA IMIGRATÓRIA NO PRIMEIRO GOVERNO VARGAS (1930-1945) • 195

observar e aplicar as exceções de concessão previstas. Essa competência, a partir de abril de 1941, ficou a cargo do MJNI (Koifman, 2012:90-129). Ao longo de todo o tempo de funcionamento do SV do MJNI, o órgão — que não foi criado formalmente por decreto — aplicou critérios seletivos de inspiração eugenista quando da apreciação das solicitações de emissão de vistos temporários e permanentes para o Brasil. Depois da declaração de guerra, a política imigratória manteve-se a mesma.

A drástica diminuição do trânsito marítimo entre os países decorrente da intensidade do conflito nos mares e oceanos tornou a vinda de estrangeiros ainda mais diminuta. Mesmo com esse novo contexto, não foram modificadas as diretrizes da política imigratória até fevereiro de 1945. As viagens realizadas em avião, ainda limitadas, relativamente caras e com várias escalas, passaram a ser uma opção ao risco em alto-mar, mas restrita a um universo muito pequeno de pessoas (Koifman, 2012:50-52).

Uma mudança ocorrida a partir do rompimento de 1942 diz respeito aos chamados "súditos do Eixo". Não só cidadãos alemães e italianos (e respectivos aliados), mas todos os que possuíam a naturalidade de um dos países aliados ao Eixo (inclui-se Hungria, Romênia, entre outros, mas não Áustria, considerada militarmente ocupada) passaram a ter sua solicitação de entrada no Brasil indeferida pelo SV do MJNI. Mesmo os naturalizados argentinos, norte-americanos ou portugueses, nascidos em um dos países do Eixo e seus aliados (Koifman, 2012:203-247). A partir de 1943, o MJNI passou a afrouxar as regras em relação aos italianos e, no mesmo ano, apesar de estar já ocorrendo o preparo de tropas brasileiras para enfrentar os soldados do Eixo no *front* de guerra, o CIC e outras autoridades encarregadas da imigração, prevendo o fim da guerra e a possibilidade de constituição de "novas levas imigratórias" de "boa qualidade" a partir dos países então inimigos, já debatiam a respeito de como atraí-las no pós-guerra.

Uma dessas manifestações ficou registrada em artigo datado de 11 de junho de 1943 escrito pelo então presidente do CIC, o embaixador Frederico de Castelo Branco Clark, comentando texto de autoria do

196 • HISTÓRIA DA IMIGRAÇÃO NO BRASIL

conselheiro José de Oliveira Marques "Bases para um plano de colonização" apresentado em uma reunião ocorrida no Conselho dias antes, em 31 de maio. No artigo, o embaixador destacou a convergência de opinião dos membros do CIC de que "cessada a guerra em que ora estamos envolvidos e que foi, em 1941, quando ainda neutros, a causa das medidas de restrição", o Brasil deveria voltar "ao regime anterior, do Decreto n° 3.010, senão mesmo à suspensão de todos os entraves à boa imigração branca [...] a imigração estipendiada que tão bons resultados deu no sul do país" (Clark, 1944:703-707). Outro ponto de convergência citado foi a expectativa de que ocorresse depois da guerra um "afluxo de imigrantes, o excedente do potencial humano dos países europeus", e que deveriam estar "aparelhados para selecioná-los", realizando "uma rigorosa seleção *in-loco*". Afirmou que eles não pretendiam ter como propósito deliberado "excluir qualquer raça ou nacionalidade", mas que seria aconselhável "que restrinjamos as nossas preferências aos povos de raça branca, preferencialmente de origem latina, a quem devemos o sentido tradicional da formação da nossa nacionalidade". Era também consensual entre os membros do CIC que o "imigrante estrangeiro de boa raça europeia, branca — o técnico, o operário especializado, o agricultor — que uma vez amainado o vento da cizânia que ora sopra sobre o Velho Continente" se voltaria ao "mercado de trabalho mundial, por não encontrar mais ocupação em seus países devastados, devido ao fechamento da maior parte das fábricas e usinas" e "deverá ser recebido de braços abertos por nós" (Clark, 1944:704). Clark defendeu a imigração de origem alemã, desde que se evitassem "os aglomerados compactos e estanques" de povoamento, pois a germânica era "tão boa como qualquer outra raça branca" (Clark, 1944:705). E, por fim, concluiu:

> Que me seja permitido apresentar, a título de contribuição, para o estudo do problema, uma indicação no sentido de que seja expressamente proibida, no plano em elaboração, a imigração de elementos geralmente chamados de cor — das raças amarela, negra e outras — de qualquer origem, proveniência ou nacionalidade que sejam. [Clark, 1944:706]

Em período próximo, o respeitado médico e "estudioso dos problemas demográficos brasileiros" Castro Barretto publicou artigo intitulado a "Imigração do após-guerra" na *Revista de Imigração e Colonização* no qual discordou da predileção governamental pelo imigrante agricultor, argumentando que

entre as medidas norteadoras dessa futura torrente imigratória, para que a enxurrada não faça penetrar no país o inútil e o nocivo (porque o inútil, o incapaz, é socialmente nocivo, parasitário), devemos ter em vista a capacidade funcional do indivíduo em relação à sociedade na qual bem cooperar. Devemos abandonar o rigoroso critério do imigrante agricultor, dando igualmente preferência ao médio-técnico, ao trabalhador especializado, já que ingressamos numa interessantíssima fase industrial.[53]

Mas achou por bem "advertir a nação" de que "entre os imigrantes que recebemos nestes últimos anos predominou a etnia judaica, cujas atividades são conhecidamente voltadas para o comércio, para intermediar as riquezas e jamais para produzi-las". Avaliou que, em razão de não existir o "fenômeno xenófobo, nem intolerâncias religiosas" no "solo americano", os "israelitas têm imigrado enormemente para este hemisfério". Barretto acreditava que, "num futuro que não estará longe", os judeus iriam criar "certas dificuldades, dada a sua irredutibilidade para entrar no *imbreeding*, em nosso meio". Esclareceu não estar movido por "qualquer preconceito contra judeus", mas o fato de considerá-los "inassimiláveis" e, segundo ele, estabelecerem "quistos raciais" seria responsável por produzir a "intolerância racial da qual se queixam".[54]

---

[53] Barretto (1943:52-54). O nome completo do autor é Adolfo Castro Paes Barretto.
[54] Barretto (1943:52-54). O teor do artigo é a conferência realizada por Barretto na Sociedade de Amigos de Alberto Torres a convite do Instituto de Estudos Brasileiros. Embora a historiografia (entre outros, Kestler, 2003:54) o coloque como membro do CIC, não encontramos qualquer registro a esse respeito.

198 • HISTÓRIA DA IMIGRAÇÃO NO BRASIL

Corroborando o texto do médico, em setembro de 1943, Fernando Mibielli de Carvalho publicou artigo na revista do CIC no qual sugeriu os meios para fomentar "uma imigração cientificamente orientada e cientificamente policiada", conforme enunciara Barretto.[55] Endossou que, para a "imigração cientificamente orientada, o requisito essencial, tendo em vista o imigrante como elemento de composição racial no *melting-pot* brasileiro e destinado a contribuir para melhoria crescente da nossa etnia, deve ser a raça branca europeia". Fazendo referência a estudo seu apresentado à Sociedade Brasileira de Estatística, Mibielli de Carvalho reafirmou que "entre a raça branca devemos escolher as populações que maiores afinidades têm com o nosso povo e que já provaram ser facilmente assimiláveis pela massa demográfica brasileira". Apesar de no texto citar trabalho do colega dele no Instituto Brasileiro de Geografia e Estatística (IBGE) e então consultor técnico do Serviço Nacional de Recenseamento Giorgio Mortara, classificou como "'escumalha da guerra', rejeitada pelos outros países de imigração" os que naqueles anos buscaram fugir da Europa. Pontuou também que a etnia judaica seria "sabidamente endogâmica, com um coeficiente de fusão baixíssima em todos os países", e que em razão desse fator negativo, não poderia contribuir para o *melting-pot* nacional. Mortara era italiano, refugiado de origem judaica e imigrara para o Brasil em 1939.[56]

Ao longo de todo Estado Novo, a despeito da permanente reivindicação por medidas restritivas de imigração, a maioria dos homens de governo justificou a manutenção de livre entrada para portugueses, "cuja afinidade étnica é ótima" e "esplêndida do ponto de vista da assimilação", considerando especialmente o fato de os lusitanos possuírem idioma comum, serem católicos — como então a maioria dos

---

[55] Carvalho (1943:69). Mibielli de Carvalho pertencia à Secretaria-Geral do IBGE e era da Sociedade Brasileira de Estatística. Apresentava-se como urbanista e estatístico.
[56] Carvalho (1943:70). Sobre a relevância e a contribuição de G. Mortara, ver: <https://memoria.ibge.gov.br/sinteses-historicas/pioneiros-do-ibge/giorgio-mortara.html>. Acesso em: 15 jul. 2019.

POLÍTICA IMIGRATÓRIA NO PRIMEIRO GOVERNO VARGAS (1930-1945) • 199

brasileiros — e terem para com o Brasil um laço cultural forte. Eram apontados como "matriz" da composição étnica brasileira. No plano do discurso público, a ideia de trazer portugueses não estaria relacionada com qualquer inclinação racista, mas seria um projeto nacional de preservação da própria cultura, da religião e dos valores brasileiros.

Se os lusos encabeçavam a lista de imigrantes ideais, os escandinavos — em especial, os suecos — não ficavam muito atrás, embora não falassem português e nenhum outro idioma próximo, não fossem em sua maioria católicos, não possuíssem qualquer tipo de herança cultural comum, não fossem apontados como "matriz" formadora da população brasileira e, até então, entre os textos publicados na *Revista do CIC* ou entre os estudos citados na documentação oficial, nenhum indicava uma alta capacidade de assimilação "ao meio" dos brasileiros. Até mesmo porque, entre 1884 e 1933, haviam imigrado para o Brasil apenas 4.816 suecos. Ainda assim, o princípio de que "o Brasil tem, neste momento, interesse em formar ambiente para uma corrente imigratória" sueca foi uma frase que surgiu em um bom número de pareceres do SV autorizando a concessão do visto a solicitantes suecos. A despeito do entusiasmo do CIC em recebê-los, a imigração da Suécia sempre se manteve numericamente irrelevante.

Na 8ª Sessão do CIC, que ocorreu no dia 31 de outubro de 1938, o conselho debateu a conveniência da imigração finlandesa e escandinava. Na oportunidade, designaram o conselheiro José de Oliveira Marques para elaborar um parecer sobre o assunto.[57] O CIC recebeu da missão diplomática brasileira em Estocolmo a solicitação de que fosse estudada a possibilidade de facilitar "uma corrente imigratória" sueca. O esforço do diplomata foi considerado "louvável", já que tal corrente era avaliada "sob todos os pontos de vista, útil e desejável". O conselho decidiu de forma unânime "no sentido de se favorecer e encorajar tão útil imigração".[58]

---

[57] Página 7 da Seção 1 do *Diário Oficial da União* (DOU), 22 dez. 1938.
[58] *Revista de Imigração e Colonização*, Rio de Janeiro, a. V, n. 4, p. 732-733, dez. 1944.

200 • HISTÓRIA DA IMIGRAÇÃO NO BRASIL

Em 15 de março de 1940, o tema retornou durante a 96ª Sessão e também na 100ª Sessão, realizada em 12 de abril do mesmo ano, quando o CIC emitiu a Resolução nº 67 que elevou a quota imigratória atribuída para a Suécia, de apenas 96,32 pessoas por ano, para 3 mil pessoas, "considerando que a imigração sueca consulta perfeitamente os interesses nacionais nos seus aspectos étnico, econômico e cultural".[59] Em 12 de junho de 1944, uma vez mais o assunto surgiu durante a 413ª Sessão do CIC, provocado por nova consulta da Legação do Brasil em Estocolmo. O Conselho encarou novamente "o assunto com simpatia, por considerar a dita imigração como muito desejável para o país", e incumbiu, uma vez mais, José de Oliveira Marques de preparar um novo parecer e enviar as informações úteis à nossa legação naquele país.[60] Embora se tenham mencionado "agricultores e operários qualificados", o que de fato tornava tal imigração "interessante" naquele momento relacionava-se provavelmente aos seus "aspectos étnicos". O CIC concordou em flexibilizar exigências do Decreto-Lei nº 3.175 e autorizou a entrada de 10 mil colonos dinamarqueses, suecos e noruegueses para "logo que tenha cessado a guerra". O tema voltou novamente à pauta do CIC durante a 424ª Sessão, realizada em 31 de julho de 1944, registrando os esforços do órgão em apoiar a iniciativa.[61]

Do que chegou aos dias de hoje no acervo do SV, existem 15 processos relativos a pedidos de concessão de visto para um ou mais estrangeiros naturais da Suécia e um processo relativo a húngaro naturalizado sueco. Somente esse último foi indeferido, "atendendo à nacionalidade de origem". Todos os demais 15 foram deferidos sem que em nenhum dos casos o MJNI tivesse exigido qualquer comprovação documental relacionada com profissão, declarações ou solicitado qualquer esclarecimento de qualquer natureza, conforme ocorria no caso de diversos solicitantes.

---

[59] *Revista de Imigração e Colonização*, Rio de Janeiro, a. I, n. 2, p. 418, abr. 1940.

[60] Ata da 413ª Reunião do CIC. Página 10 da Seção 1 do *Diário Oficial da União* (DOU), 28 jun. 1944.

[61] *Revista de Imigração e Colonização*, Rio de Janeiro, a. V, n. 4, p. 732-733, dez. 1944.

POLÍTICA IMIGRATÓRIA NO PRIMEIRO GOVERNO VARGAS (1930-1945) • 201

Os naturais da Suécia eram muito bem-vindos. Fossem eles refugiados, doentes, clandestinos ou tivessem tido o desembarque ilegal. Dramas que para outros estrangeiros demandaram longos — e, muitas vezes, infrutíferos — esforços em busca de uma autorização de permanência, produzindo extensos processos, não raro com apelos a Vargas e que invariavelmente levaram à manutenção do indeferimento inicialmente determinado pelo MJNI. A "qualidade de sueco" aplacava qualquer suspeita comum àqueles servidores públicos, supria qualquer impedimento ou requisito estabelecido na lei (Koifman, 2012:375-400).

No dia 21 de novembro de 1943, Artur Hehl Neiva participou do I Congresso Brasileiro de Economia. Na oportunidade, apresentou um estudo de 123 páginas intitulado "O problema imigratório brasileiro" (Neiva, 1944:468-591):

> Se quisermos que, então, o Brasil continue a ser o que é hoje, bastará que fixemos quotas de entradas a brancos, negros e amarelos [...] Quero crer que nenhum brasileiro aspire a que, dentro de meio milênio, nossa civilização seja amarela ou negra [...] todos nós desejamos ser um país de civilização branca, dentro de nossa tradição histórica. Mas, neste caso, é indispensável restringir, ou de preferência excluir a imigração negra ou amarela no Brasil, favorecendo por todos os meios a corrente imigratória branca. [Neiva, 1944:468-591]

Entre as frases que constam da conclusão propositiva de 35 pontos do estudo em relação à política imigratória que Neiva divulgou naquela oportunidade, estão essas que selecionamos: "[é necessário que] o Brasil selecione as correntes imigratórias que para aqui se dirigem sob o aspecto eugênico, étnico e político"; "o Brasil deve aproveitar o estado de guerra para definir claramente uma política de seleção étnica, favorecendo a imigração branca e reduzindo ou, de preferência, excluindo a imigração negra e a amarela"; "o Brasil é a maior civilização tropical branca. O processo de branqueamento é sensível e continuará, se o ajudarmos. Escapamos de nos africanizar no período colonial, não devemos permitir que nos mongolizemos. Nossa decisão agora afetará todo o futuro do país"; "devemos continuar a política de miscigenação que seguimos desde a descoberta. Apressaremos, assim, o branqueamento e uniformização da raça no futuro. A conjugação desta política com a de exclusão de imigração negra e amarela ainda mais facilitará a absorção dos núcleos ainda existentes"; "a imigração portuguesa é a que nos convêm por motivos históricos, étnicos e políticos principalmente. Incrementando-a, e aproveitando sua imensa capacidade de miscigenação, facilitaremos enormemente a assimilação de ádvenas de outras correntes imigratórias"; "o planejamento do programa de migrações colonizadoras no após-guerra deve ser iniciado quanto antes, prevendo a seleção eugênica, étnica e política".[62]

Curiosamente, Neiva era o único no governo a defender a ideia de que "não há inconveniente em permitir uma corrente limitada de imigração semita para o Brasil. O judeu sefaradim é preferível ao ashkenazim, da Europa centro-oriental, pois se assimila mais facilmente" (Neiva, 1944: item XV). Também era um dos poucos a defender a tese de que se deveria abolir a preferência para imigrantes agricultores, já que o país "está iniciando o seu ciclo industrial, convindo, portanto, o afluxo de elementos destinados à indústria" (Neiva, 1944: item XXX).

Excetuando a opinião de Neiva a respeito dos imigrantes judeus e agricultores, os demais pontos refletiam precisamente as ideias predominantes entre os homens de governo daquele período.

Antes do fim do Estado Novo, uma última comissão de imigração ainda seria criada. Os trabalhos foram iniciados por um único indivíduo, o diplomata Wagner Pimenta Bueno. Sem ter completado 30 anos de idade, no mesmo ano de 1941 que entrou no MRE, foi designado para a chefia da Seção Administrativa do CIC.[63] Nos dois anos seguintes dedicou-se "à leitura dos textos de leis e regulamentos referente

---

[62] Neiva (1944:576-582). Respectivamente: itens VIII, X, XI, XII, XIII e XXIII.

[63] *Revista do Conselho de Imigração e Colonização*, a. III, n. 1, p. 11, abr. 1942. W. Pimenta Bueno era bisneto do marquês de São Vicente, autor do primeiro projeto de extinção da escravatura no Brasil.

POLÍTICA IMIGRATÓRIA NO PRIMEIRO GOVERNO VARGAS (1930-1945) • 203

à Imigração e Colonização, compilando-as ou sugerindo alterações, aconselháveis pela experiência, à aplicação no após-guerra". Em 30 de agosto de 1943, durante a sessão 342ª do CIC, Bueno apresentou o "Anteprojeto de Consolidação e Reforma das Leis de Imigração e Colonização" que elaborou e, a partir daí, uma Comissão foi formada.[64] O Conselho deliberou que o assunto seria discutido em sessões especiais, "com a audiência dos diversos órgãos interessados, para esse fim convocados", e a versão final do projeto seria encaminhada a Vargas. O CIC "dedicou, sempre, uma sessão extraordinária semanal à apreciação desse Anteprojeto".[65] Inicialmente, a conclusão dos trabalhos estava prevista para o fim de 1943, mas se estendeu ao longo do ano de 1944. O nº 4 da edição do ano IV da *Revista de Imigração e Colonização* trouxe como "suplemento", editado à parte, as 262 páginas do estudo elaborado por Bueno, cujo trabalho "servirá de base a todos os estudos para orientação da política imigratória do Brasil no após-guerra, mereceu, por constituir elemento histórico no futuro, esta separata".[66]

Em agosto de 1944, a imprensa anunciou que o "anteprojeto" de Bueno com "importantes alterações na política imigratória do Brasil, num sentido mais liberal e menos restritivo que o regime vigente", estaria sendo revisto e submetido ao presidente. Adiantou que seria extinto o critério de quotas e implementado "um sistema de seleção adaptado às necessidades do nosso próprio país" e que não haveria "restrições quanto aos credos políticos e religiosos dos imigrantes, embora sejam tratados por métodos condizentes à sua integração no ambiente nacional. E, do ponto de vista étnico, terão preferência os de ascendência europeia".[67]

---

[64] Página 11 da Seção 1 do *Diário Oficial da União* (DOU), 15 set. 1943. O MRE nomeou para colaborar com o CIC na redação final da "Consolidação e Reforma" e passou a chamar de "comissão" inicialmente Afrânio de Melo Filho, que permaneceu dois meses e foi substituído por Oswaldo de Morais Correia, José Júlio Carvalho Pereira de Morais e Sérgio Armando Frazão. Relatório do MRE, 1943, p. 178.

[65] *Revista do Conselho de Imigração e Colonização*, a. V, n. 1, p. 14, mar. 1944.

[66] *Revista do Conselho de Imigração e Colonização*, a. IV, n. 4, p. 9 e 23, dez. 1944.

[67] *O Jornal*, 10 ago. 1944, p. 4.

204 • HISTÓRIA DA IMIGRAÇÃO NO BRASIL

Até a deposição de Vargas, em outubro de 1945, diversos decretos-leis relacionados com o tema da entrada de estrangeiros foram publicados. Apenas um deles, o de nº 7.967, de 18 de setembro de 1945, voltou a ser extenso — possuía 100 artigos —, detalhado, de caráter abrangente e, efetivamente, de longa vigência, tendo sido revogado integralmente apenas 35 anos depois.[68] Em seu preâmbulo, registrou que considerava necessário, "cessada a guerra mundial, imprimir à política imigratória do Brasil uma orientação racional e definitiva, que atenda à dupla finalidade de proteger os interesses do trabalhador nacional e de desenvolver a imigração". Deixou bastante claro no art. 2º que o governo seguiria atendendo, "na admissão dos imigrantes, à necessidade de preservar e desenvolver, na composição étnica da população, as características mais convenientes de sua ascendência europeia, assim como a defesa do trabalhador nacional", e, para isso, manteve o sistema de quotas criado em 1934.[69]

Referências

AFONSO, Rui. *Um homem bom*. Rio de Janeiro: Casa da Palavra, 2011.

BARRETTO, Castro. Imigração do após-guerra. *Revista de Imigração e Colonização*, Rio de Janeiro, a. IV, n. 1, p. 45-57, mar. 1943.

BARROS, Orlando de. Preconceito e educação no Governo Vargas (1930-1945). Capanema: Um episódio de intolerância no Colégio Pedro II. In: CADERNOS avulsos da biblioteca do professor do Colégio Pedro II. Rio de Janeiro: Colégio Pedro II, 1987.

CARVALHO, Fernando Mibielli. Ainda a imigração do após-guerra. *Revista de Imigração e Colonização*, Rio de Janeiro, a. IV, n. 4, p. 67-80, dez. 1943.

CARVALHO, Péricles de M. A Legislação imigratória do Brasil e sua evolução". In: *Revista de Imigração e Colonização*, Rio de Janeiro, a. I, n. 4, p. 719-736, out. 1940.

---

[68] Revogado totalmente pela Lei Ordinária nº 6.815, de 19 de agosto de 1980, intitulada "Estatuto do Estrangeiro".

[69] Arts. 2º e 3º do Decreto-Lei nº 7.967, de 18 de setembro de 1945.

CONSELHO SUPERIOR DE SEGURANÇA NACIONAL. *Ata da 3ª Sessão.* 31 de agosto. Arquivo Nacional, 1937.

CLARK, Frederico de Castelo Branco. Contribuição para o Estudo da Imigração e Colonização no Brasil. *Revista de Imigração e Colonização,* Rio de Janeiro, a. V, n. 4, p. 703-707, dez. 1944.

CUNHA, Vasco Leitão da. *Diplomacia em alto-mar:* depoimento ao CPDOC. Rio de Janeiro: FGV, 1994.

GERALDO, Endrica. *O "perigo alienígena":* política imigratória e pensamento racial no governo Vargas (1930-1945). Tese (doutorado) — Departamento de História, Instituto de Filosofia e Ciências Humanas, Universidade Estadual de Campinas, Campinas, 2007.

KOIFMAN, Fábio. *Imigrante ideal:* o Ministério da Justiça e a entrada de estrangeiros no Brasil (1941-1945). Rio de Janeiro: Civilização Brasileira, 2012.

_____. O Estado Novo e as restrições à entrada de refugiados: história e construção de memória. *Revista Acervo,* Rio de Janeiro, v. 30, n. 2, p. 71-88, jul./dez. 2017a.

_____. Oswaldo Aranha e os refugiados judeus. In: LIMA, Sérgio Eduardo Moreira; ALMEIDA, Paulo Roberto de; FARIAS, Rogério de Souza (Org.). *Oswaldo Aranha:* um estadista brasileiro. Brasília: Funag, 2017b, v. I, p. 235-257.

_____. *Quixote nas trevas:* o embaixador Souza Dantas e os refugiados do nazismo. Rio de Janeiro: Record, 2002.

KESTLER, Izabela Maria Furtado. *Exílio e literatura:* escritores de fala alemã durante a época do nazismo. São Paulo: Edusp, 2003.

LESSER, Jeffrey H. Legislação imigratória e dissimulação racista no Brasil (1920-1934). *Arché,* Rio de Janeiro, a. III, n. 8, p. 79-98, 1994.

_____. *O Brasil e a questão judaica:* imigração, diplomacia e preconceito. Rio de Janeiro: Imago, 1995.

MARTINELLI, Ociola. O serviço de Registro de Estrangeiros do Distrito Federal (Relatório dos trabalhos realizados em 1939). *Revista de Imigração e Colonização,* Rio de Janeiro, a. I, n. 3, p. 475-522, out. 1940.

206 • HISTÓRIA DA IMIGRAÇÃO NO BRASIL

MIKI, Bianca Sayuri. *Os inassimiláveis*: o antiniponismo na Assembleia Nacional Constituinte de 1933-34. Dissertação (mestrado em história) — Programa de Pós-Graduação em História Social da Cultura, Pontifícia Universidade Católica do Rio de Janeiro, Rio de Janeiro, 2015.

MILGRAM, Avraham. Arthur Hehl Neiva e a questão da imigração judaica no Brasil. In: FALBEL, Nachman; MILGRAM, Avraham; DINES, Alberto (Org.). *"Em nome da fé"*: estudos *in memoriam* de Elias Lipiner. São Paulo: Perspectiva, 1999, p. 145-156.

MOVCHOVITZ, Jeronymo. *Nem negros, nem judeus*: a política imigratória de Vargas e Dutra (1930-1954). Rio de Janeiro: PPGH-Uerj, 2001.

NEIVA, Artur Hehl. Getúlio Vargas e o problema da imigração e da colonização. Conferência pronunciada no Instituto Nacional de Ciência Política, no dia 13 de dezembro de 1941. *Revista de Imigração e Colonização*, Rio de Janeiro, a. III, n. 1, p. 24-70, abr. 1942.

_____. O problema imigratório brasileiro. *Revista de Imigração e Colonização*, Rio de Janeiro, a. V, n. 3, p. 468-589, set. 1944.

RELATÓRIO da Comissão encarregada de elaborar a legislação de estrangeiros. *Revista de Imigração e Colonização*, Rio de Janeiro, a. I, n. 3, p. 583-597, jul. 1940.

SANTOS, Ricardo Augusto dos. Estado e eugenismo no Brasil. In: MENDONÇA, Sônia Regina de. *Estado e historiografia no Brasil*. Niterói: EdUFF, 2006.

SEYFERTH, Giralda. Colonização, imigração e a questão racial no Brasil. *Revista USP*, São Paulo, n. 53, p. 117-149, 30 mai. 2002.

WELLISCH, Maurício. *Legislação sobre estrangeiros*: anotada e atualizada. Rio de Janeiro: Setor de Publicações do Ministério das Relações Exteriores; Imprensa Nacional, 1941.

Entre deslocados e espontâneos: a imigração para o Brasil no pós-Segunda Guerra

Luís Reznik
Guilherme dos Santos Cavotti Marques

Este capítulo objetiva apresentar os debates e a implementação de diferentes políticas de imigração no período do pós-Segunda Guerra Mundial. O conflito internacional lançou novas bases de um processo já presente na história mundial, encetando reflexões e ações políticas no trato dos fluxos internacionais, ao criar massas humanas de "deslocados de guerra", novos refugiados políticos, étnico e/ou ideológicos, ou, ao aumentar a pobreza e os infortúnios da sobrevivência, acrescentou novos números aos emigrantes "econômicos".

As situações vivenciadas, especialmente pelos europeus, desde o período entreguerras, propiciaram mudanças estruturantes nas políticas migratórias. As migrações forçadas verificadas no século XX levaram à mobilização de diferentes autoridades, sobretudo dos países mais desenvolvidos, a diversas propostas de regulação e regulamentação dessas experiências, vicejando ainda mudanças importantes no direito internacional. Não sem razão, é nesse período que se verificaram tentativas de erigir agências e sistemas de assistências às pessoas nessas condições, que migravam em busca de proteção, que tinham na defesa da vida seu principal motivo.

A construção do conceito de refugiado e as agências internacionais

O conflito mundial e o impacto de suas atrocidades em pleno século XX fizeram emergir uma nova concepção em direitos humanos, relacionada com a ideia de "dignidade humana". Com a fundação da Organização das Nações Unidas (ONU) em 1945, objetivava-se

208 • HISTÓRIA DA IMIGRAÇÃO NO BRASIL

assegurar a paz e a segurança internacionais, bem como promover a cooperação internacional a fim de atingir o desenvolvimento socioeconômico, sobretudo por meio de seu Conselho Econômico e Social (Ecosoc), e o respeito aos direitos humanos (Moreira, 2006). O conflito global marcou igualmente uma nova concepção de direitos humanos, qual seja, a defesa da dignidade humana. Segundo Hanna Arendt (2012), esse último aspecto está diretamente ligado à experiência das guerras mundiais e do holocausto, quando *tudo é (foi) possível*, levando ao desmoronamento de valores caros à tradição ocidental que tinha sua pedra angular na construção da pessoa humana como *valor fonte* (Arendt, 2007). O direito à vida seria um valor relacionado com os direitos naturais da humanidade. A lacuna aberta na estrutura desse entendimento a partir da experiência da *shoah* levou à estruturação de novos parâmetros, não mais baseados estritamente no direito natural, mas direitos positivados no âmbito internacional por meio de tratados, convenções, entre outras iniciativas. No desenvolvimento das discussões desse novo paradigma, se deu a conhecer, em 10 de dezembro de 1948, a Declaração Universal dos Direitos Humanos.

A partir das experiências vivenciadas desde a Primeira Guerra Mundial, no concernente aos deslocamentos forçados em vista de conflitos armados e perseguições, foram sendo criadas agências especializadas no trato de pessoas que são impactadas por conflitos e catástrofes, conhecidas, regra geral, como refugiados. Já em 1921, a Liga das Nações criou o Alto Comissariado para Refugiados Russos, mais adiante ampliado como Alto Comissariado da Liga das Nações para Refugiados. Interessa nos deter na Conferência de Évian, ocorrida em 1938, quando foram traçadas importantes discussões sobre a questão dos refugiados que se afiguravam na ordem do dia no continente europeu e as possibilidades de reassentamento destes. Foi nessa conferência que ocorreu a criação do Comitê Intergovernamental para Refugiados, sob os auspícios dos Estados Unidos.

A Conferência de Évian ocorreu entre os dias 6 e 15 de julho de 1938. Encabeçada pelos Estados Unidos, que não era Estado-membro da Liga das Nações, a conferência viria a se debruçar sobre a questão das vítimas do regime nazista em território europeu, notadamente de origem judaica. Ao todo, participaram 32 Estados, incluindo o Brasil, tendo como preocupações pontos econômicos e políticos resultantes do êxodo alemão (Andrade, 1996:122).

Ao convocar a Conferência, Roosevelt pretendia criar um organismo internacional permanente, localizado na Europa, para auxiliar os refugiados, tanto os já existentes como os potenciais. Todavia, esse organismo não deveria estar sob os cuidados da Liga das Nações, mas ser formado por Estados possivelmente "receptores" dos refugiados e composto por representantes de seus governos. Ainda assim, o Comitê Intergovernamental deveria trabalhar em complementaridade e cooperação com o organismo da Liga das Nações competente a esse assunto. Formalmente, seria fundado em 14 de julho de 1938, reunindo-se pela primeira vez em Londres.[1]

Nas discussões levadas a cabo na cidade francesa, um ponto importante para os avanços na compreensão do que ora se desenvolvia nos quadros europeus foi a definição conceitual acerca da ideia de refugiado, entendido como:

a) Pessoas que ainda não partiram de seu país de origem — Alemanha, incluindo a Áustria —, mas que devem emigrar em razão de suas opiniões políticas, credos religiosos ou origem racial;

---

[1] De acordo com a Encyclopaedia Britannica: *"Intergovernmental Committee on Refugees (IGCR or ICR), agency created in 1938 on the initiative of U.S. Pres. Franklin D. Roosevelt to administer intergovernmental efforts to resettle refugees from Nazi Germany and to prepare for the resettlement of future German emigrants, thus originating planned resettlement of refugees. The IGCR was directed from 1939 by Sir Herbert Emerson, who also served as the League of Nations high commissioner, and was financed by member contributions. Its work was expanded in 1943 to cover all European refugees. The IGCR was terminated in 1947 when its activities were taken over by the International Refugee Organization, a special agency of the United Nations"*. Disponível em: <www.britannica.com/topic/Intergovernmental--Committee-on-Refugees>. Acesso em: 12 mar. 2020.

210 • HISTÓRIA DA IMIGRAÇÃO NO BRASIL

b) Pessoas definidas no item anterior que já partiram de seu país de origem e que ainda não estabeleceram permanentemente alhures. [Simpson, apud Andrade, 1996:126]

Importante destacar que é a primeira oportunidade que uma definição jurídica internacional menciona causas das fugas dos refugiados, incluindo elementos "ideológicos", em uma referência direta à violação, ou sua possibilidade, de direitos fundamentais no país originário. Essa definição fundamentaria duas inovações, a saber: inclusão de fatores políticos, credos religiosos e origem racial como causas de refúgio, e tornava o Comitê Intergovernamental o primeiro órgão capaz de reconhecer como refugiados pessoas que ainda se encontravam em seus países de origem e, nesse sentido, aptos a receber proteção e assistência. Igualmente, foi a partir da segunda inovação que surgiria a denominação de *deslocados* ou *pessoas deslocadas (displaced person)*[2], cujo problema introduziu um novo conceito de imigração planejada (Andrade, 1996:127).

Entretanto, a realização daquilo que fora pensado em Évian não veio a efetivar-se sem muitas dificuldades. De acordo com Andrade, as autoridades reunidas na França estavam cientes das atrocidades cometidas pelo regime nazista, mas reagiam, em geral, de modo desinteressado (Andrade, 1996:123). Os Estados sul-americanos, por exemplo, mostravam-se bastante hesitantes no acolhimento destes refugiados, preocupados com possíveis retaliações vindas de Berlim. A bem da verdade, muitas críticas se direcionaram à Conferência pela pouca contribuição para a solução prática, ainda que tenha trazido importantes questões ao tema.

---

[2] Trata-se de uma categoria de refugiados à qual, a partir de 1950, não mais foi feita referência em instrumentos jurídicos internacionais, apesar de o termo ter continuado a ser utilizado, mais coloquialmente que outrora, para designar pessoas, em particular numerosos grupos que, em situações semelhantes às dos refugiados, não se caracterizavam *stricto sensu* de acordo com a definição convencional, mas que, contudo, necessitavam de assistência. Ver Andrade (1996:127-128).

ENTRE DESLOCADOS E ESPONTÂNEOS • 211

Foi na Conferência de Bermudas em 1943 que o conceito sofreria um alargamento temporal, de modo que abarcava "todas as pessoas de qualquer procedência que, como resultado de acontecimentos na Europa, tiveram de abandonar seus países de residência por terem em perigo suas vidas ou liberdades, devido a sua raça, religião ou crenças políticas"[3]. Tal conferência, mais uma vez, fora convocada pelo presidente dos Estados Unidos Roosevelt, e se estendeu pelos dias 19 a 29 de abril. Além do alargamento conceitual, trouxe maiores atribuições ao Comitê Intergovernamental no tocante à proteção jurídica, manutenção e assentamento dos refugiados (Andrade, 1996:129). Muitas foram as críticas que também se dirigiram à conferência, que não logrou nenhuma mudança de atitude na política do regime nazista, porém a cooperação de Estados não membros das Liga das Nações trouxe um caráter mais universal ao comitê, se comparados às já existentes e sob responsabilidade da Liga das Nações.

Com o avançar dos trabalhos de gestão sobre os fluxos internacionais, a prática iluminaria a teoria e uma nova legislação viria a aparecer. É na esteira desse processo que viria a surgir a Declaração Universal dos Direitos dos Homens, em 1948, tornando-se esta o novo paradigma humanitário, propondo a salvaguarda de tais direitos às pessoas humanas, independentemente de cidadania. Nesse particular, incluíam-se os refugiados como depositários de direitos internacionalmente reconhecidos.

A definição de refugiado sofreria um alargamento do conceito aqui já trabalhado, de modo que sua aplicação se dirigia

1. A toda pessoa que partiu, ou que esteja fora de seu país de nacionalidade, tendo perdido ou não sua nacionalidade, pertença a uma das seguintes categorias: a. Vítimas dos regimes nazistas ou fascistas ou de regimes que tomaram parte ao lado destes na Segunda Guerra;
b. Republicanos espanhóis e vítimas do regime falangista na Espanha;

---

[3] ACNUR. *An introduction to the international protection of refugee.* Genebra: Acnur, 1992. Apud Moreira (2006).

212 • HISTÓRIA DA IMIGRAÇÃO NO BRASIL

c. Pessoas que foram consideradas refugiadas antes do início da Segunda Guerra Mundial.

2. Estiverem fora de seu país de nacionalidade como resultado de eventos subsequentes ao início da Segunda Guerra Mundial, estejam incapazes ou indesejosos de se beneficiarem da proteção do governo de seu país de origem.

3. Sejam órfãs de guerra ou cujos parentes desapareceram, e que estejam fora de seu país de nacionalidade. [Andrade, 1996:163]

A Convenção de 1951 (Groppo, 2002:85), apesar de suas limitações,[4] marcou uma etapa decisiva na definição do estatuto internacional de refugiado.[5] Tal instrumento veio pôr fim à prática que consistia em definir quem era refugiado a partir de listas vindas de seu país de origem, e fundamentou uma definição geral e universal para o refugiado.

---

[4] Há limitações de caráter temporal e geográfico. Eram reconhecidas como refugiadas as pessoas que haviam assim sido identificadas nos acordos anteriores, a saber: Ajuste de 12 de maio de 1926 e 30 de junho de 1928, e as Convenções de 28 de outubro de 1933 e 10 de fevereiro de 1938, além do Protocolo de 14 de setembro de 1939 ou ainda da Constituição da Organização Internacional dos Refugiados. Para além destes, definia-se por refugiado as pessoas que em decorrência dos acontecimentos verificados antes de 1º de janeiro de 1951, temendo ser perseguidas por diferentes motivos e não gozando de proteção de seu país de nacionalidade, encontram-se fora deste ou recusam-se a regressar. A seguir, o Estatuto indica que: "Para os fins da presente Convenção, as palavras 'acontecimentos ocorridos antes de 1º de janeiro de 1951', do art 1º, seção A, poderão ser compreendidas no sentido de ou a) 'acontecimentos ocorridos antes de 1º de janeiro de 1951 na Europa' ou b) 'acontecimentos ocorridos antes de 1º de janeiro de 1951 na Europa ou alhures' e cada Estado contratante fará, no momento da assinatura, da ratificação ou da adesão, uma declaração precisando o alcance que pretende dar a essa expressão do ponto de vista das obrigações assumidas por ele em virtude da presente Convenção." Para mais informações ver: Convenção relativa ao Estatuto dos Refugiados (1951). Disponível em: <www.acnur.org/fileadmin/Documentos/portugues/BDL/Convencao_relativa_ao_Estatuto_dos_Refugiados.pdf>.

[5] Entre as inovações, destacamos a ferramenta do *non-refoulement*, "o qual define que nenhum país deve expulsar ou 'devolver' (*refouler*) um refugiado, contra a vontade do mesmo, em quaisquer ocasiões, para um território onde ele ou ela sofra perseguição". Para mais informações: <www.acnur.org/t3/portugues/informacao-geral/o-que-e--a-convencao-de-1951/>.

ENTRE DESLOCADOS E ESPONTÂNEOS • 213

O primeiro órgão criado com a denominação "Nações Unidas" foi a Administração das Nações Unidas para Auxílio e Reestabelecimento (Anuar), de novembro de 1943, quando fora concluído o acordo de sua constituição na Casa Branca, em Washington. Esse organismo, que recebeu ratificação de 44 Estados, tinha como objetivo coordenar programas de repatriamento no imediato pós-guerra, dado o montante já estimado de dezenas de milhões de pessoas deslocadas, somente em território europeu (Andrade, 1996:142), porém ressalta-se que desde sua criação fora concebido como um órgão temporário. A partir de então, acordou-se que estariam aptas a receber auxílio da Anuar as pessoas que

> escaparam fundamentalmente durante os conflitos — refugiados, ou seja, pessoas que deixaram seus países de origem por vontade própria, com o único objetivo de escapar de perseguição ou da destruição causada pela guerra. A maioria das pessoas que fugia das forças do Eixo enquadravam-se nessa definição. Os deslocados eram considerados pessoas que haviam sido removidas por ação oficial ou paraoficial. Notou-se logo que, praticamente, era quase impossível fazer uma distinção razoável entre "refugiados" e "deslocados", o que fez com que esses dois grupos fossem amalgamados pela Unrra para todos os fins práticos. Assim foram considerados aptos a receber tanto a assistência material quanto o serviço de repatriamento para os quais deveriam se submeter às autoridades militares dos Aliados.[6]

O cenário da Europa no pós-guerra: o surgimento da OIR

Estima-se que cerca de 40 milhões de pessoas foram deslocadas de seus locais de origem devido ao conflito (Bravo, 2014). Como Anne O'Hare McCormick ressaltaria em artigo publicado no *The New York*

---

[6] Andrade (1996:138). Anuar, em inglês, United Nations Agency for Relief and Rehabilitation (Unrra).

214 • HISTÓRIA DA IMIGRAÇÃO NO BRASIL

Times, em 14 de março de 1945: "O problema humano que a guerra vai deixar para trás de si ainda não foi sequer imaginado, muito menos enfrentado por quem quer que seja. Jamais houve tamanha destruição, tamanha desintegração da estrutura da vida."[7] Observa-se que, com a expansão territorial do regime nazista, os países invadidos e ocupados tiveram uma experiência fundamentalmente civil. Isso significa dizer que muitos cidadãos desses países se tornaram, forçosamente, prisioneiros do Exército nazista, e viram-se obrigados a trabalhar, em muitas ocasiões, na produção bélica germânica. Este fato se verificou tanto no interior dos países invadidos quanto, posteriormente, dentro dos limites da própria Alemanha. Ali, em setembro de 1944, como destaca Judt (2008:28), havia cerca de 7,5 milhões de estrangeiros que perfaziam 21% da força total de trabalho.

O cenário de destruição aumentava cada vez mais com o avançar da guerra e com a progressão das forças Aliadas não seria diferente:

As cidades litorâneas francesas de Royan, Le Havre e Caen foram estripadas pela Força Aérea norte-americana. Hamburgo, Colônia, Dusseldorf, Dresden e dezenas de outras cidades alemãs foram arrasadas pelas bombas múltiplas lançadas de aviões britânicos e norte-americanos. No Leste Europeu, 80% da cidade de Minsk, na Bielorrússia, estavam destruídos ao final da guerra; Kiev, na Ucrânia, era uma grande ruína ardendo a fogo lento; e, no outono de 1944, Varsóvia, a capital polonesa, foi incendiada e dinamitada, casa por casa, rua por rua, pelo Exército alemão em retirada. Quando a guerra na Europa acabou, grande parte da capital alemã estava reduzida a montes de escombro e metal retorcido soltando fumaça. Dos prédios da cidade, 75% estavam inabitáveis. [Judt, 2008:30]

Assim, muitas casas e habitações acabaram sendo destruídas, de modo que o número de sem-tetos crescia demasiadamente. Estimativas indicam que havia pessoas nessas circunstâncias em diversos lugares

---

[7] Prólogo do livro de Judt (2008).

ENTRE DESLOCADOS E ESPONTÂNEOS • 215

da Europa.[8] No Leste Europeu se somam às ocupações nazistas o avanço soviético e as lutas de resistência que tornaram a experiência da guerra muito específica naquela região. Diretamente ligado aos conflitos bélicos, na União Soviética 70 mil vilarejos e 1.700 cidades de pequeno porte foram destruídas, além de 32 mil fábricas. Na Iugoslávia, 25% dos vinhedos, 50% do gado, 60% das estradas, 75% das terras cultivadas, uma em cada cinco casas, simplesmente deixaram de existir quando do momento anterior à guerra.[9] Esse é justamente o *background* do cenário da guerra no seio das sociedades europeias. Ainda que dramático, não é mais aterrorizador quando contraposto às perdas humanas da guerra. Números indicam que 36,5 milhões de europeus sucumbiram por causas ligadas aos conflitos, sendo, destes, 19 milhões de civis, número extremamente impactante e que superou as baixas militares em países como União Soviética, Hungria, Polônia, Iugoslávia, Grécia, França, Holanda, Bélgica e Noruega.[10]

Deve-se ter em mente que o final da guerra não levou ao completo fim dos deslocamentos, que prosseguiam. Todavia, muitos *displaced persons* (DPs), notadamente de nacionalidades dos países que ficavam situados no Leste Europeu, começavam a apresentar crescentes objeções ao retorno a seus países. Um impasse foi instaurado, pois a Anuar não havia sido formada para lidar com esse tipo de situação. Ela fora pensada e, por conseguinte, estava apta a cuidar daqueles DPs que estivessem dispostos ao repatriamento e não tinha qualquer autoridade para aqueles que se recusavam a regressar (Reinisch, apud Bravo, 2014).

Nesse cenário, disputas foram engendradas pelas duas potências mundiais, EUA e URSS, em torno do "milhão restante" de refugiados que se encontravam nos campos europeus e se negavam a regressar aos

---

[8] Estimativas apontam 25 milhões na União Soviética; 20 milhões na Alemanha, dos quais 500 mil só em Hamburgo. Ver mais: Judt (2008).

[9] Dados retirados de Judt (2008:31).

[10] JUDT, Tony. Pós-Guerra: uma história da Europa desde 1945. Rio de Janeiro. Objetiva, 2008, p. 31

216 • HISTÓRIA DA IMIGRAÇÃO NO BRASIL

seus países originários. As objeções apresentadas por muitos dos *displaced persons* podem ser percebidas a partir de dois vieses: o ideológico e o pragmático. Havia, por certo, uma recusa aos regimes socialistas, que viriam a se instalar no Leste Europeu a partir de reconfigurações de suas fronteiras e com uma nova lógica geopolítica; entretanto, a resistência ao repatriamento também significou a rejeição às novas condições materiais de existência das antigas pátrias. Devemos ter em mente que o final da Segunda Guerra Mundial não representou, efetivamente, o término dos conflitos nessa região, onde guerras civis se estenderam por algum tempo.

Afinal, na sequência da Segunda Guerra, o continente europeu poderia ser vislumbrado como a síntese da miséria e desolação total. Como alerta Judt (2008:27), "a verdade essencial sobre a condição da Europa após a derrota da Alemanha era de desespero e exaustão". O encerramento das atividades da Anuar veio a ocorrer em 1º de julho de 1947, mesmo dia no qual também seria suprimido o Comitê Intergovernamental. Como destaca Andrade, o fato de a agência não ter solucionado a questão dos "irrepatriáveis" não veio a influenciar as posteriores políticas de reassentamento, justamente por estas últimas não fazerem parte de sua competência inicial. Ademais, ressalta, que, se tentativas de repatriamento fossem realizadas à força, chocar-se-iam com o princípio do *non-refulement*,[11] já debatido à época (Andrade, 1996:148-149).

Ademais, a temática do refúgio seria retomada como prioridade pela Assembleia Geral da ONU, agência criada, em outubro de 1945, com o objetivo de assegurar a paz, a segurança internacional e alcançar o desenvolvimento socioeconômico por meio da cooperação inter-

---

[11] O princípio da "não devolução ou não expulsão" é um juízo fundamental do direito internacional que veda um país que tenha recebido requisição de asilo que devolva o requerente ao país onde ele possa estar em risco de sofrer perseguições com as bases já reconhecidas, quer dizer, perseguições baseadas na "raça, religião, nacionalidade, associação a grupo social ou político, opinião, entre outros". Visa-se, assim, preservar valores fundamentais dos solicitantes. Ver nota 15.

nacional. Na sua primeira sessão, os países recomendaram a criação de um "Comitê Especial", que teria por objetivo analisar a questão dos refugiados e, por conseguinte, elaborar um relatório que seria analisado posteriormente pelo Ecosoc, fato que viria a acontecer em 3 de outubro de 1946, aprovando assim o projeto de constituição da Organização Internacional para Refugiados (OIR).[12] A criação de tais organismos, tanto da Anuar quanto da OIR, deve ser entendida a partir do contexto de final do conflito bélico e início de novas relações internacionais que vão se desdobrar na Guerra Fria.

Objetivando, então, dar prosseguimento aos trabalhos, foi criada em dezembro de 1946 a Comissão Preparatória da Organização Internacional para Refugiados (CPOIR),[13] por meio do "Acordo sobre medidas provisórias a serem tomadas concernentes aos refugiados e deslocados". Entretanto, a constituição da OIR passou a vigorar apenas a partir de agosto de 1948.[14] Desde seu início, o Brasil se fez representar nas reuniões acerca da questão dos refugiados. No Comitê Especial de Refugiados, ocorrido em 1946, o representante brasileiro, o diplomata Argeu Guimarães, realizou um discurso enfático sobre as possibilidades do país na recepção de levas de refugiados. Apresentou dados estatísticos onde se procurava destacar a tradição brasileira em recepção de imigrantes (Bravo, 2014), apresentando informações e indicadores de mais de um século de imigração no país. Segundo ele, o Brasil estava à disposição para receber "elementos assimiláveis à formação étnica, econômica e social" brasileira, reforçando as qualidades que os europeus iriam trazer para o desenvolvimento nacional, fossem

---

[12] Em inglês, International Refugee Organization (IRO).

[13] Todavia, foi somente com o término das atividades do Comitê Intergovernamental e da Unrra que a CPOIR pôde, em 1º de julho de 1947, assumir as responsabilidades e as atividades operacionais. Ver: Andrade (1996:157).

[14] Atentemos para o fato de que, neste interregno, entre sua aprovação em dezembro de 1946 e a efetivação de sua Constituição em 1948, os trabalhos se desenvolveram por meio da Comissão Preparatória da Organização Internacional para Refugiados (CPOIR). Vale destacarmos que a substituição da CPOIR pela OIR não representou nenhuma alteração em seu *modus operandi*. Para mais detalhes, ver: ONU (1947:910).

218 • HISTÓRIA DA IMIGRAÇÃO NO BRASIL

"agricultores, técnicos ou trabalhadores qualificados". É a partir desses argumentos que reforçava a circunstancial aliança entre humanitarismo e interesses nacionais, de modo que, ainda que reconhecesse as demandas de assistência inerentes ao primeiro aspecto, destacou em todo o seu discurso que os ditames para a gestão dessas levas deveriam estar de acordo com os diferentes interesses da nação. Afirmou que o Brasil poderia receber 100 a 200 mil imigrantes por ano.

A OIR trouxe, com o desenvolvimento de seu trabalho, importantes contribuições para a definição de refugiado, em especial a própria compreensão de que a perseguição política ou seu fundado temor para tal representavam condições válidas para demarcar aquela condição. Sob a responsabilidade da OIR, encontravam-se cerca de 1.279.000 pessoas, com predominância da nacionalidade polonesa, que perfazia 29% do total. Se, a princípio, objetivavam-se políticas mais rigorosas em relação aos refugiados, no decorrer da Guerra Fria essas foram se flexibilizando. Nas palavras de Donald Kingsley, diretor-geral da OIR: "como resultado das mudanças no cenário político depois de 1948, a organização flexibilizou as interpretações de suas próprias definições com o objetivo de chegar a uma concepção mais ampla de refugiado"[15]. A partir deste momento, o critério de perseguição ganhou cada vez mais legitimidade, sobretudo a perseguição política.

No Brasil, o Decreto-Lei nº 25.796, de 10 de novembro de 1948, veio a implementar a execução do acordo com a agência internacional, e cria a Comissão Mista Brasil-CPOIR, acarretando no comprometimento do país na recepção de uma cota de refugiados de guerra e no auxílio mútuo entre o governo e a comissão. A cooperação se estendia

---

[15] COHEN, Gerard Daniel. In war's wake: Europe's displaced persons in the postwar order. Oxford: Oxford University Press, 2011, p. 46. Apud Bravo (2014:58). A mudança no cenário político ao qual se refere Kingsley seria o "Golpe de Praga", ou, na historiografia marxista, "Fevereiro Vitorioso". Esse evento foi a efetivação de um movimento de tomada do poder orquestrado pelo partido comunista da Tchecoslováquia com apoio soviético. No ocidente [EUA], esse fato foi interpretado como movimento de expansão comunista deliberada. Ver: Bravo (2014:27).

às áreas de recepção, reclassificação das profissões, encaminhamento e assistência.

O Acordo Brasil-CPOIR veio em substituição ao acordo firmado entre o país e a Comissão Intergovernamental, realizado anteriormente. Durante os trabalhos da comissão mista, o Brasil passou a receber levas maiores de refugiados e deslocados. Entre dezembro de 1948 e agosto de 1949, o Brasil recepcionou 14.016. No total, até 1953, o país receberá 29 mil *displaced persons*, de 28 nacionalidades diferentes, com destaque para a polonesa, com 5.468 pessoas (Andrade, 1996).

O debate sobre políticas imigratórias no Brasil

A política brasileira para imigração, por sua vez, estava ancorada em dois vetores. O primeiro, o alinhamento estabelecido, desde 1942, durante a Segunda Guerra, com as políticas norte-americanas, tendo por ações o rompimento das relações com os países do Eixo, bem como sua entrada no conflito logo após o torpedeamento de embarcações brasileiras no oceano Atlântico (Moura, 1991). O segundo, as diretrizes que vinham sendo estabelecidas pelo Conselho de Imigração e Colonização (CIC), desde sua criação, em maio de 1938.[16] Composto por membros de diferentes áreas profissionais, mas que de alguma maneira se debruçavam sobre a questão da imigração e colonização, o conselho teria por objetivos a coordenação e sistematização de todas as questões relativas à imigração, à colonização e à concentração de estrangeiros no Brasil. Nesse aspecto, o CIC, órgão responsável por lidar diretamente com questões da imigração,

discutiu todas as políticas nacionalistas aplicadas na época, como as proibições de publicações de jornais exclusivamente estrangeiros, bem como as demais estratégias adotadas no sentido de limitar manifestações

---

[16] O Conselho de Imigração e Colonização foi criado por meio do art. 73 do Decreto-Lei nº 406, de 4 de maio de 1938. Ver: Brasil (1938).

220 • HISTÓRIA DA IMIGRAÇÃO NO BRASIL

culturais ditas não brasileiras [...] a partir do que se levantaria a bandeira da nacionalização dos "quistos étnicos", exercida ao longo do Estado Novo. [Koifman, 2002:540]

Ao final do Estado Novo, foi promulgado o Decreto-Lei n⁰ 7.967 (Brasil, 1945), que regularia a política imigratória brasileira no pós--guerra. Dispunha sobre "imigração e colonização" e marcaria uma retomada nos fluxos imigratórios para o país, ainda que o regime de cotas não estivesse totalmente abolido na nova legislação. Pois que, em seu art. 3⁰ está claro que o regime de cotas ainda estaria vigorando, sob os mesmos termos de 2% do total já entrado entre os anos de 1884 e 1933. Todavia, essa limitação, por meio das cotas, marcaria apenas a imigração de caráter espontâneo, conforme já argumentava, à época, Hehl Neiva, conselheiro membro do CIC,

[...] o Brasil pôde tornar mais flexível o regime de quotas. Isto foi conseguido a meu ver com felicidade, na redação do artigo 3⁰ pelo qual a quota de 2% se aplica tão somente à corrente imigratória espontânea de cada país. Assim sendo, ficam excluídos da quota os contingentes da imigração dirigida. [O BRASIL, 1946:7]

O regime de cotas viria a ser suprimido, para algumas nacionalidades, na década de 1950, como para espanhóis e franceses. O caso dos portugueses é singular, pois a limitação imposta pelas cotas de imigração havia sido retirada para os lusitanos pela Resolução n⁰ 34 do CIC, datada de 22 de abril de 1939 (*Revista de Imigração e Colonização*, 1940:416). O fim do Estado Novo proporcionou uma maior atenção e abertura no campo imigratório. Verificou-se uma preponderância e destaque para a imigração de caráter dirigido, que possibilitava o controle e fluxo migratório a partir da circunstancial aliança entre interesse nacional e humanitarismo (Marques, 2017). Ainda assim, como nos alerta Fischel de Andrade, os resultados obtidos a partir de então só não foram mais expressivos devido à permanência de boa

ENTRE DESLOCADOS E ESPONTÂNEOS • 221

parte do corpo de funcionários de segundo e terceiro escalões, tendo "sido muitos deles [...], doutrinados por uma política deveras restritiva" (Andrade, 2005:13).

Nesse contexto havia, em linhas gerais, dois tipos de fluxo migratório para o Brasil: a imigração dirigida e a imigração espontânea. O pós-Segunda Guerra ensejou transformações importantes nas políticas de imigração e a temática da imigração gozava de importância nos meios políticos. O Brasil participou de diversos acordos com organismos multilaterais e também de acordos bilaterais entre Estados nacionais. Entre os anos de 1947 e 1952, observa-se um tipo de imigração voltado à recepção dos deslocados e refugiados do pós-Segunda Guerra, momento no qual o Brasil lançava novos parâmetros de análise sobre o tema que, inclusive, influenciariam suas ações nas décadas seguintes. Já a partir de 1952 há um alargamento desse fluxo migratório dirigido, não sendo apenas de deslocados e refugiados, mas também do excedente populacional especializado na Europa. Importa destacar que a imigração espontânea, sobretudo de portugueses, também foi um importante marco nesse período em análise.

Como destacamos anteriormente, as correntes migratórias internacionais, no imediato pós-Segunda Guerra, seriam marcadas pelos deslocados e refugiados. Seu ingresso em território nacional foi regido pelos arts. 9, 10, 11 e 12 do Decreto-Lei nº 7.967/1945. Para a concessão de visto permanente, o nono artigo do capítulo 1 previa que tal visto seria concedido ao estrangeiro que estivesse em condições de permanecer definitivamente no Brasil e nele pretendesse se fixar, porém, conforme o art. 11, tal visto não poderia ser concedido ao estrangeiro,

I. menor de 14 anos de idade, salvo se viajar em companhia de seus pais, ou responsáveis, ou vier para a sua companhia;

II. indigente ou vagabundo;

III. que não satisfaça as exigências de saúde prefixadas;

IV. nocivo à ordem pública, à segurança nacional ou à estrutura das instituições;

222 · HISTÓRIA DA IMIGRAÇÃO NO BRASIL

V. anteriormente expulsos do país, salvo se a expulsão tiver sido revogada;

VI. condenado em outro país por crime de natureza que, segundo a lei brasileira, permita sua extradição. [Brasil, 1945]

Parte-se, logicamente, do pressuposto de que os DPs selecionados atendiam às demandas que ora se faziam presentes na lei. Perceberemos, porém, que críticas à mesma se verificaram durante todo o período analisado, sobretudo em relação ao inciso III da lei, relacionado com a saúde dos deslocados e refugiados. Em relação ao desembarque dos estrangeiros, e aqui não restringindo aos refugiados, os arts. 23 e 25 do capítulo 3 destacam que a entrada será realizada somente pelos portos onde houver a fiscalização necessária, como no porto do Rio de Janeiro, e que, para os fins de fiscalização, todo estrangeiro obrigatoriamente deveria apresentar o passaporte e a ficha consular de qualificação (Brasil, 1945:4). Esta última, segundo o art. 80, era obrigatória e individual para todos os estrangeiros, com exceção dos turistas em listas coletivas, dos portadores de títulos permanentes e dos menores de idade (Brasil, 1945:11).

A questão imigratória ganhou relevância junto à sociedade e, para além de artigos publicados em revistas especializadas, rodas de conversa, debates e entrevistas foram realizadas na imprensa a fim de discutir amplamente o tema. Foi o caso da *Revista do Comércio*, que, em junho de 1946, realizou uma mesa-redonda com importantes ideólogos da política imigratória brasileira cuja discussão partia de um questionamento: "O Brasil precisa de imigrantes?" (*Revista do Comércio*, 1946). Presentes na ocasião estavam Artur Hehl Neiva (vice-presidente do CIC); Rafael Xavier (diretor técnico do Serviço Nacional de Recenseamento); Péricles de Carvalho (diretor do Departamento Nacional de Imigração); Castro Barreto (demógrafo); Helio Gomes (professor da Universidade do Brasil); Josué de Castro (diretor do Instituto Nacional de Nutrição); João Martins de Almeida (diretor da Hospedaria de Imigrantes); Edgard Teixeira Leite (economista e presidente da Sociedade dos Amigos de Alberto Torres) e Izidoro Zanotti (representante do Ministério da Justiça).

As questões que mobilizaram toda a conversa estavam centradas nas seguintes ponderações:

O Brasil é um país despovoado? Devemos receber muitas levas de trabalhadores estrangeiros ou devemos aproveitar o elemento nacional? Como faremos nesse inquieto após guerra para a conquista de imigrantes capazes de emprestarem ao país um novo influxo de trabalho e produtividade? [Estudos e reportagens, 1946]

Segundo Hehl Neiva, a imigração seria realmente de interesse nacional e contribuiria para a própria nacionalidade; a partir de um povoamento adequado se alcançaria o progresso industrial do país, permitindo-lhe ocupar assim o tão ambicionado lugar no concerto das nações desenvolvidas. Sobre as correntes dirigidas ao Brasil, Péricles de Carvalho, que então ocupava a direção do Departamento Nacional de Imigração (DNI), sublinhou que a chegada da corrente imigratória ordenadamente e de acordo com a capacidade receptiva do país era conveniente, e que seria impensável um movimento imigratório de massa. Além dessa constatação, destacava que já estavam sendo realizados estudos para o "preparo do terreno" para receber as levas, analisando o mercado de trabalho, o reestabelecimento de transportes, as condições de alojamento e os processos de distribuição em território nacional. Esse último aspecto em consonância com as "diversas fases de transformação da economia, a transição da fase agrícola para a industrial" (Estudos e reportagens, 1946:3). Teixeira Leite, que presidia a Associação dos Amigos de Alberto Torres, por sua vez, acreditava ser dificílimo que o europeu viesse para cá e se fixasse na lavoura quando tomasse consciência das condições precárias então existentes. Ainda assim, entendia que a lavoura necessitava de braços e que as iniciativas gestadas junto aos operários europeus não eram as mais acertadas para esse fim, ainda que esse possuísse uma formação técnica, e era exatamente de técnicos que o campo necessitava.

224 · HISTÓRIA DA IMIGRAÇÃO NO BRASIL

A partir da análise das três falas referidas, subentende-se que a imigração nesse contexto não seria contrária à valorização do trabalhador nacional, mas ao contrário, levaria o Brasil a ingressar no *hall* das nações desenvolvidas a partir da assimilação do imigrante técnico europeu no meio social brasileiro. Levaria, mais ainda, a uma melhora na qualidade do trabalhador nacional, aprimorando seu conhecimento e aumentando, por conseguinte, a qualidade de vida do povo brasileiro. Péricles de Carvalho era enfático em indicar o direcionamento para a nova política imigratória, visando então o fortalecimento da indústria na economia nacional. Como indica Sakurai e Paiva (2004:8), a imigração para o Brasil no pós-Segunda Guerra estava fundamentalmente ligada à necessidade que o país tinha de atrair imigrantes especializados que seriam partícipes centrais no processo de desenvolvimento nacional. Teixeira Leite, por exemplo, indicava que, independentemente de ser para a cidade ou para o campo, o Brasil necessitava de trabalhadores técnicos. E, do seu ponto de vista, o desenvolvimento tecnológico no setor agrícola seria fundamental, de forma que os agricultores seriam selecionados mais pela sua formação técnica que pela tradição ou prática no campo. Do ponto de vista econômico, Sakurai e Paiva nos alertam que "processos de integração econômica reforçaram os vínculos de dependência entre as economias centrais e as consideradas em *fase de desenvolvimento*" (Sakurai e Paiva, 2004:18).

Fato que, em outubro do mesmo ano, chegavam à Europa as três comissões de seleção que foram enviadas pelo governo, chefiadas por Artur Hehl Neiva. Este afirmou que a delegação, apesar de ter chegado em outubro no porto de Roma, só obteve a permissão militar especial para entrar na Alemanha em 6 de dezembro. Os motivos para tamanha demora estão inscritos em uma série de desencontros e recusas por parte do governo soviético, contrários às políticas de reassentamento já debatidas na ONU e que, como já visto, viriam a ser sistematicamente desenvolvidas com a criação da OIR (Neiva, 1949).

Já na Alemanha e presente nos Displaced Camps, Neiva propôs um *ranking* entre as nacionalidades mais aptas a participar de tal processo, levando em conta sobretudo dois paradigmas: as aptidões profissionais e a facilidade de assimilação. Neste sentido, o Brasil coloca-se favoravelmente ao recebimento de levas de refugiados, desde que a seleção dos mesmos fosse orientada a partir das necessidades, e a adequação dos refugiados, aos interesses nacionais.

Neiva construiu critérios de seleção a partir de um conjunto de estereótipos sobre supostas capacidades e propensões intelectuais, sociais e morais de coletivos étnico-nacionais. O *ranking* viria a ser utilizado como diretriz nos processos de seleção dos refugiados. Neste sentido, os bálticos, na análise da delegação brasileira, eram os melhores entre todos os DPs. Eles eram "portadores de arraigadas convicções democráticas, seriam todos alfabetizados, fortes, saudáveis, habituados a condições severas de vida e de clima e com elevado índice de religiosidade. Poderiam ainda ser empregados como artífices, operários, agricultores e técnicos" (Neiva, 1949:42). A seguir, estariam os ucranianos que, diferentemente dos bálticos, eram majoritariamente agricultores, sendo caracterizados como potenciais colonos de fazenda e pequenos proprietários rurais. Os poloneses estariam na terceira posição. Poderiam, em linhas gerais, ser divididos em duas categorias: a primeira, de agricultores, todavia mais atrasados que os ucranianos, e, a segunda, da *inteligentsia* que, segundo as diretrizes do CIC, não interessaria de imediato ao Brasil. Ademais, estes seriam mais propensos, segundo os olhares dos ideólogos da imigração, à criminalidade e menos laboriosos que os dois primeiros. Não podemos nos esquecer de que, elemento fundamental no processo de seleção, os poloneses eram compreendidos como pessoas passíveis de repatriação. Nas duas últimas posições encontravam-se os russos brancos e apátridas, além dos iugoslavos. Os primeiros, apesar de "delirantemente" anticomunistas, pareciam-se com os baltas quanto ao tipo de profissão, todavia eram mais velhos e de qualidade profissional inferior. Já os iugoslavos eram os menos limpos e cultos entre todos os visitados, e a maioria destes era composta por "homens sós".

226 • HISTÓRIA DA IMIGRAÇÃO NO BRASIL

Em resumo, o *ranking* proposto por Neiva assim se definia: 1º) bálticos, 2º) ucranianos, 3º) poloneses, 4º) russos brancos e 5º) iugoslavos (Neiva, 1949:42-44). Analisando as linhas anteriores, podemos ter a percepção de que alguns parâmetros qualificavam positivamente a pessoa no desenvolvimento da seleção. Entre esses parâmetros, podemos citar a formação profissional, a religiosidade, a migração familiar, entre outros. Por último, mas igualmente importante, havia o desejo de trazer elementos contrários à ideologia comunista. Segundo Francisco Azeredo,

> [...] para Hehl Neiva, os deslocados teriam especial valor como um grupo de trabalhadores qualificados que, além disso, seriam anticomunistas. O que, dentro do contexto da Guerra Fria, era encarado como uma característica positiva. Ademais, a efetivação da vinda desses refugiados ao Brasil teria um caráter de "vitória" frente à disputa com os países do outro lado da Cortina de Ferro. [Azeredo, 2008:113-114].

Neste sentido, os refugiados, na acepção anteriormente referida, deveriam ser encarados como agentes propulsores do desenvolvimento econômico. Não à toa, parte significativa dos refugiados que para cá imigraram era caracterizada por técnicos que se dirigiam às cidades e às indústrias. Todavia, não devemos conjecturar que a imigração direcionada ao campo estaria relegada em segundo plano, afinal de contas, a orientação do Conselho em respeito à proporção de 70% agricultores e 30% técnicos não havia sido extinta. Em contraste, verificam-se mudanças no pensamento de quem seria o homem do campo. Não bastava nesse momento desenvolver políticas demográficas para o campo sem possibilitar os meios de desenvolvimento deste setor nacional. Segundo Neiva, "o aspecto que mais interessa à lavoura é o do técnico. Esse problema que deve ser encarado na nova orientação da política imigratória no país" (O BRASIL, 1946:13).

Por seu turno, João Alberto, então presidente do Conselho de Imigração e Colonização (CIC), estipulava que seriam privilegiados no processo de seleção os trabalhadores voltados para o campo e técnicos, reafirmando: "nada de licença para certa classe de comerciantes vulgares, que atropelam hoje as nossas cidades, agravando os problemas locais" (Ecos e novidades, 1946:3). Ainda assim,

> a imigração de refugiados ou de pessoas deslocadas interessa ao Brasil porém não é fundamental para o seu problema imigratório. É de interesse, sem dúvida, e acha que o Brasil pode e deve tirar proveito da oportunidade que ora se apresenta, uma vez que a seleção dos elementos que iremos receber caberá exclusivamente a nós. Com a vinda de braços iremos beneficiar a lavoura e as indústrias nacionais e prestar a nossa cooperação aos Estados Unidos que está tratando de colocar milhões de pessoas do continente europeu que foram levadas de roldão em consequência da última guerra.[17]

A fala do presidente do CIC é sintomática da circunstancial aliança entre interesse nacional e humanitarismo no desenvolvimento das políticas em relação aos deslocados e refugiados nesse momento. Pensamento este que permaneceria nas décadas seguintes em relação às demais levas de imigrantes.

O primeiro grupo de refugiados, alinhado ao acordo do Brasil com a OIR, desembarcaria no Rio de Janeiro em maio de 1947. O jornal encampado pelo governo *A Noite*[18] reservou um grande espaço em seu caderno para tratar da chegada dos refugiados e deslocados de guerra, estando esta em duas páginas do matutino, sendo uma delas a capa

---

[17] Ata da 678ª sessão do Conselho de Imigração e Colonização ocorrida em 27 de agosto de 1946. In: Neiva (1949:163).

[18] A chegada do transporte de guerra norte-americano "General Sturgis" — conduz os primeiros imigrantes "deslocados de guerra" para o Brasil. *A Noite*. Edição 12.566. Rio de Janeiro. Hemeroteca Digital Brasileira/Biblioteca Nacional. 16 mai. 1947, p. 1 e 3.

228 • HISTÓRIA DA IMIGRAÇÃO NO BRASIL

em posição de destaque. A hospedagem ficaria a cabo da Hospedaria de Imigrantes da Ilha das Flores.[19] Em maio de 1946, na já citada roda de conversa realizada pela *Revista do Comércio*, o diretor da Hospedaria de Imigrantes da Ilha das Flores, João Martins de Almeida, argumentava que o básico na recepção era a cordialidade, e que era dever dar aos imigrantes o apoio moral e material necessário, pois eram eles que contribuiriam para o país. Certamente, a recepção deveria se submeter às medidas sanitárias e de seleção de caráter político e social, sendo o principal objetivo da recepção sujeitar o imigrante a uma triagem.

> Nosso serviço [quanto à recepção] consiste, principalmente, em submeter o imigrante a uma triagem. Em verdade, o Brasil no momento não dispõe de uma estação sanitária em condições para proceder a essa seleção. O imigrante, ao chegar, deve ser submetido a um exame bastante rigoroso, complementar do que se presume ter sido feito no país de origem. [...] No momento, depois de uma guerra tão cruel e devastadora, não sabemos qual seja sua situação no particular [do imigrante]. No Rio de Janeiro, o Governo cogita de estabelecer uma estação sanitária marítima, convenientemente aparelhada com técnicas modernas, para fazer aqui o papel de filtro final. [Estudos e reportagens, 1946:25]

As maiores transformações na estrutura da Hospedaria visando à recepção e acolhimento dos refugiados de guerra ganhariam fôlego a partir de fins de 1946 e início de 1947. É a partir da experiência da chegada das primeiras levas que, de fato, se vê a necessidade de transformações. Neste ano, foi registrada a entrada de 3.500 refugiados (Figueiredo, 1948), o que deixou eufórico o então presidente do CIC, Jorge Latour:

---

[19] Para informações mais detalhadas, que não cabem neste artigo, sobre a estrutura e recepção dos refugiados de guerra na Hospedaria de Imigrantes da Ilha das Flores, ver: Marques (2017).

Assim, pois, embarcados em Bremenhaven, nas frias coordenadas do norte europeu, e desembarcados na Ilha das Flores, banhada de sol, são as levas, em número de 800 imigrantes cada uma, aproximadamente, divididas em parcelas, que, a seu tempo, são encaminhadas a "Campo Limpo", localidade sobre a linha da Mogiana, de onde irradiavam os deslocados, na medida dos contratos de trabalho que conseguem, espalhando-se pelas regiões subtropicais do Brasil imenso e promissor. [Latour, 1947:95]

O desenvolvimento da política imigratória brasileira levava em consideração um elemento fundamental que, ao lado do caráter técnico laboral, era fundamental para a construção do país e da nacionalidade brasileira: a assimilação. O discurso de Argeu Guimarães, aqui já trabalhado, é sintomático nesse sentido. Também o cônsul Wagner Pimenta Bueno, membro técnico do CIC, indicava que a aceitação do estrangeiro no país estava diretamente ligada a sua tendência de assimilação, e que o Estado deveria prover meios para facilitar tal movimento; em suas palavras: "pode-se dizer que é no sentido de assegurar a supremacia e a unidade do meio nacional — preocupação máxima das cogitações neste particular — que, em última análise, devem se dirigir os esforços visando o abrasileiramento do imigrante" (Buêno, 1943:195). A assimilação, nesse caso, possibilitava a melhoria da formação do trabalhador nacional, pois aprenderia na experiência novas técnicas com os imigrantes, contribuiria para a formação da nacionalidade; afinal, assimilar-se mais que integrar-se significa "ser absorvido e incorporado" ao meio social brasileiro.

Foi também com essa perspectiva que em maio de 1949 aconteceu a I Conferência Brasileira de Imigração e Colonização, em Goiânia. Nessa Conferência, as ideias de colonização do território e de integração do trabalhador estrangeiro estavam na pauta dos discursos da *intelligentsia* governamental (Quintela e Costa, 2011). Além do presidente do CIC, Jorge Latour, participaram o evento entidades administrativas, religiosas, educacionais, públicas e privadas. A escolha por Goiânia não foi à toa, discutiam-se as estratégias para se colonizar o Planalto Central

230 • HISTÓRIA DA IMIGRAÇÃO NO BRASIL

brasileiro e o Norte do país, além de medidas visando a assimilação do estrangeiro. O pronunciamento do ministro da Agricultura, representando o presidente Gaspar Dutra, faz um apelo ao povoamento, por nacionais e estrangeiros assimiláveis, e a colonização tanto dos "ermos goianos quanto do estado de Amazonas, do Mato Grosso, do Maranhão e do Piauí" (Quintela e Costa, 2011:221). Todavia, a tentativa de criação de colônias agrícolas com refugiados do centro-leste europeu derivou em um fracasso.[20]

Entre espontâneos e dirigidos: os fluxos migratórios para o Brasil

A OIR veio a ter uma existência efêmera e suas atividades foram encerradas em 1952 (Moreira, 2006). Destacamos, porém, que, durante a gestão dessa Organização, em âmbito internacional, o Estado brasileiro recebeu 29 mil *displaced persons*. Nos anos finais da atuação da OIR verificou-se a criação de outro órgão também filiado à ONU, o Alto Comissariado das Nações Unidas para Refugiados (ACNUR), em 1950. Sua criação estava relacionada com o contexto das sucessivas crises entre os dois blocos, que se verificaram a partir de 1947, como o bloqueio de Berlim, ocorrido em 1948-1949, e a Guerra das Coreias, entre os anos de 1950-1953. Além da ACNUR, outro organismo que se debruçou sobre os fluxos migratórios no continente europeu e desempenhou um importante papel quando da extinção da OIR foi o Comitê Intergovernamental para as Migrações Europeias (Cime) (Andrade, 2005:11).

Com o fim das atividades da OIR, os fluxos migratórios não cessaram, pois os deslocamentos internacionais não se restringiram à questão dos deslocados e refugiados de guerra. Ao contrário, com o alvorecer da década de 1950, acordos de imigração com outros

---

[20] MAGALINSKI, Jan. *Deslocados de guerra em Goiás*. Goiânia: Cegraf/UFG, 1980. Apud Quintela e Costa (2011).

países,[21] além da adoção da constituição do Cime, em outubro de 1953, marcariam a tônica das migrações. Prosseguindo com a perspectiva engendrada desde a década anterior, o perfil do imigrante deveria ser de formação técnica, voltado, sobretudo, aos trabalhos urbano--industriais, mas sem perder de vista a dimensão técnica na agricultura. Nesse período, se alterariam, igualmente, as nacionalidades que chegariam ao Brasil. Se no período imediatamente anterior as nacionalidades dos deslocados e refugiados de guerra eram majoritariamente do centro e leste Europeu, na década de 1950 voltaria a entrar, por meio da agência internacional, grande número de italianos, espanhóis, alemães, entre outras. Nesse contexto, o Cime coordenaria os trabalhos de gestão dos fluxos migratórios da Europa para países da América, África e Oceania, e suas atividades se relacionaram com o processo de distensionamento social naquele continente. Eram atribuições do Cime:

(a) tomar medidas para o transporte de emigrantes para os quais os meios de vida são deficientes e que não poderiam de outra forma ser transportados de países com excesso de população para países ultramarinos que oferecem oportunidades para uma imigração ordenada; (b) promover o aumento do volume da emigração da Europa, proporcionando, a pedido e em conformidade com os Governos interessados, serviços durante o processo, e recebendo a primeira colocação e estabelecimentos dos emigrantes que outras organizações internacionais não podem proporcionar e outras facilidades mais condizentes com os fins do Comitê. [Paiva, 2008]

Nota-se que a preocupação central do Comitê estava em estreito diálogo com o momento do desenvolvimento econômico do pós--Segunda Guerra, onde não apenas havia deslocamento de capitais e empresas, mas igualmente de trabalhadores técnicos, possuidores de

---

[21] O Brasil faria acordos bilaterais com a Itália em julho de 1950; com os Países Baixos em novembro de 1951; novamente com a Itália em dezembro de 1960 e com a Espanha em julho de 1963. Fonte: Secretaria de Estado da Cultura — Departamento de Museus e Arquivos Memorial do Imigrantes/Museu da Imigração, 2002.

232 • HISTÓRIA DA IMIGRAÇÃO NO BRASIL

conhecimento especializado e que, não conseguindo ser absorvidos em seus países de origem, poderiam ser os agentes do desenvolvimento socioeconômico de outras áreas do globo (Santos, 2018), incluindo o Brasil.

Havia cinco formas de transporte e inserção no país de destino das pessoas que se filiavam aos programas do Cime:

1. Passagem subsidiada (*assisted-passage*). Transporte de imigrantes selecionados por oficiais dos países de recepção, geralmente sob os termos de acordos bilaterais em que o país de emigração estabelece critérios de aceitação; 2. Mão de obra qualificada. Trabalhadores urbanos ou agricultores selecionados pelos países de imigração baseados na qualificação; 3. Reunião familiar ou de dependentes. Parentes ou dependentes chamados por imigrantes suficientemente bem estabelecidos para dar as garantias necessárias para o sustento; 4. Casos individuais. Cidadãos ou refugiados indicados por agências voluntárias para serem encaminhados sob os termos do mandato constitucional do Cime para o transporte dos imigrantes sem condições para pagar o transporte; 5. Refugiados. Qualificados pelo Alto Comissário das Nações Unidas para Refugiados; *The United States Escapee Program*; *The International Refugee Organization*; *Trust Found* e agências voluntárias.[22]

Vale ressaltar que, no período de 1952 a 1977, o Cime teve sob seus auspícios o deslocamento de 2.255.764 indivíduos, dos quais 982.066 classificados como imigrantes nacionais, ou seja, não refugiados, enquanto os refugiados propriamente ditos configuraram-se em 1.273.698 pessoas. Desse agregado, 366.327 vieram a desembarcar na América Latina, sendo 330.831 representantes da imigração nacional. No caso brasileiro, aportaram 119.785 pessoas nesse período, sendo os refugiados em torno de 15% desse total. Tal percentual estava próximo

---

[22] BOUSCAREN, Anthony T. *International migration since 1945*. Nova York: Frederick A. Praeger, 1963. Apud Paiva (2005:3).

ENTRE DESLOCADOS E ESPONTÂNEOS • 233

aos de países como Nova Zelândia e África do Sul, que receberam, respectivamente, 17,2% e 16,74% de refugiados, mas com números absolutos menores comparativamente ao brasileiro.[23]

No caso dos italianos, o Cime criou três planos de ação para o Brasil: 1) a emigração de trabalhadores para a indústria e para a agricultura; 2) transferência de coletividades, com preferência à criação de colônias agrícolas; e 3) reunião de núcleos familiares. Angelo Trento afirma que o plano de colonização agrícola teve um resultado pífio, enquanto a reunião de familiares gozou de melhor êxito. O terceiro plano, que se referia aos trabalhadores para as indústrias e para a agricultura, canalizou maiores energias do comitê que concentrar-se-ia na transferência de operários e técnicos industriais, no âmbito do plano MOPC (mão de obra pré-colocada). A emigração agrícola assalariada foi de difícil implementação (Trento, 1988:414 e 415).

Já em relação à prática das ações do Cime, Trento indica que,

A maioria dos trabalhadores industriais era enviada ao Brasil com base na lista de pedidos gerais. Ao chegarem, os imigrantes eram mandados às Hospedarias. Eram assistidos pelo Cime, que tinha escritórios no Rio, São Paulo e, depois, Brasília, Belo Horizonte e Porto Alegre, e desfrutavam do apoio do Departamento de Imigração e Colonização. Os funcionários do Comitê encarregavam-se de pôr a mão de obra em contato com as empresas e dirigi-la para outras fábricas, caso o resultado da entrevista fosse negativo, até a sua colocação. [Trento, 1988:416]

As relações entre o Brasil e o Cime foram fecundas e estreitas, a ponto de o presidente Getúlio Vargas avalizar a delegação brasileira a solicitar a colaboração deste organismo no planejamento da colonização do território nacional, durante a 4ª Sessão do Comitê, ocorrida em outubro de 1952. Havia, inclusive, um planejamento geral onde a

---

[23] Para mais informações acerca dos dados apontados neste parágrafo quanto para as fontes sobre os deslocamentos sob responsabilidade do Cime, ver: Paiva 2005:5-7.

234 • HISTÓRIA DA IMIGRAÇÃO NO BRASIL

composição das pessoas que participariam dessas colônias agrícolas seria de 70% de europeus e 30% de brasileiros[24]. Tal qual ocorrido na década de 1940, o governo brasileiro organizara uma Comissão de Seleção, ligada ao CIC e vinculada ao Cime, que atuou na Itália e na Áustria, com o objetivo de analisar, selecionar e encaminhar imigrantes destinados às lavouras e às indústrias do país (Santos, 2018:7).

Além das relações estabelecidas com o Cime e seus programas de gestão dos fluxos migratórios do continente europeu, o Brasil firmou acordos de imigração diretamente com diversos países da Europa, destacando-se a Itália e a Espanha. Tais acordos tinham uma preocupação com o nível de qualificação e o encaminhamento dessas pessoas. Em alguns casos, dirigiam-se para trabalhos no campo em iniciativas de colonização, sobretudo nas novas áreas abertas no norte do Paraná e na região central do Brasil, mas, ao contrário do que se verificou em outros momentos históricos, predominavam trabalhadores qualificados (Azeredo, 2008:36).

Em sua Mensagem de abertura dos trabalhos legislativos do Congresso Nacional, em 1954, o presidente Vargas destacava a necessidade de atrair mão de obra especializada para o Brasil, carente de trabalhadores dotados de conhecimentos técnicos, e que, vicejando tal tipo de migração, superava-se um obstáculo ao desenvolvimento da nação. Todavia, cuidava para que sua fala não entrasse em choque com a política de valorização do trabalhador nacional, uma das marcas varguistas desde a década de 1930. Nesse sentido,

o operário imigrante traz consigo o conhecimento e a experiência de técnicas e métodos mais avançados, que irão ser transmitidos, por um processo natural de assimilação, ao trabalhador brasileiro, contribuindo para a elevação geral de seu nível técnico e de seu padrão de vida

---

[24] Diário do Congresso Nacional. Livro 3, p. 104, mar. 1954. Livros dos Anais do Senado da República. Arquivo do Senado. Disponível em: <www.senado.leg.br/ publicacoes/anais/pdf-digitalizado/Anais_Republica/1954/1954%20Livro%203. pdf>. Acesso em: 11 jun. 2019.

ENTRE DESLOCADOS E ESPONTÂNEOS • 235

e abrindo-lhe a possibilidade de uma ascensão mais rápida, na escala profissional e salarial.[25]

Tais acordos, não à toa, influenciaram igualmente os fluxos imigratórios dessas nacionalidades no Brasil. A tabela seguinte nos permite analisar os impactos que tais acordos tiveram nos números absolutos de imigrantes. Entre os acordos, destacamos o estabelecido entre Brasil e Itália, primeiramente em 1950 e depois em 1960. No caso italiano, entre os anos de 1946 e 1960, saíram deste país com destino ao Brasil 110.932 imigrantes, com uma taxa de retorno de 28,4%, ou seja, 31.546 pessoas, fazendo com que o Brasil estivesse em terceiro lugar como destino preferível na América Latina, atrás de Argentina e Venezuela.[26]

Para que pudessem emigrar, os imigrantes tinham de passar por duas etapas de seleção, uma de caráter laboral e outra médica. Nos consulados brasileiros espalhados pela Itália havia médicos, brasileiros e italianos, que se encarregavam dos exames de saúde. Além destes critérios, era necessário não estar ligado a "ideologias reacionárias" e ser um "bom cristão" (Facchinetti, 2004:85).

Estabelecido em 5 de julho de 1950, o "Acordo de Migração entre os Estados Unidos do Brasil e a Itália" possuía 24 artigos que regulamentavam e visavam fomentar a imigração italiana no país. Nesses artigos, pode-se perceber que as condições de ingresso no Brasil poderiam se desenvolver de maneira espontânea, com transferência de sociedades, cooperativas ou grupos de trabalho, ou ainda de maneira dirigida. Relativa à primeira possibilidade, a concessão de visto permanente do Brasil estava condicionada aos imigrantes juntarem-se a parentes e exercer atividade de trabalho para o qual tenha se realizado oferta por parte de pessoa residente no Brasil. Já a imigração dirigida se desenvolveria por

---

[25] Diário do Congresso Nacional. Livro 3, p. 105, mar. de 1954. Livros dos Anais do Senado da República. Arquivo do Senado. Disponível em: <www.senado.leg.br/publicacoes/anais/pdf-digitalizado/Anais_Republica/1954/1954%20Livro%203.pdf>.
[26] ROSOLI, G. (Org). *Un secolo di emigrazione italiana*: 1876-1976. Roma: Centro di Studi Emigrazione, 1978, p. 355. Apud Trento (1988:409).

236 • HISTÓRIA DA IMIGRAÇÃO NO BRASIL

meio de comissões consultivas mistas entre os Estados soberanos constituídas por adidos, estes, responsáveis pelo recrutamento e seleção.[27] Um dos argumentos mais utilizados para o fomento à imigração italiana no Brasil estava ancorado na dupla vantagem para os países. Enquanto, para a Itália, o emigrante representaria "um consumidor a menos e um contribuinte a mais", este último por meio das remessas; no país receptor, haveria a incorporação desta mão de obra qualificada no parque industrial pela sua capacidade e experiência. Aqueles desejosos de deixar a Itália deveriam apresentar um contrato de trabalho ou uma carta de chamada, devidamente visado pelo Consulado, instrumento pelo qual parentes e amigos residentes no Brasil firmavam o sustento eventual ao imigrante nos primeiros momentos deste no país (Trento, 1988:410).

A tabela seguinte nos possibilita conjecturar a eficácia, ainda que não na plenitude pretendida pelo governo brasileiro, no ingresso de italianos no país em 1950 e nos anos subsequentes, sobretudo até 1954. Todavia, retornando a declinar os percentuais da imigração italiana no final da década de 1950, outro acordo viria a ser proposto e efetivamente estabelecido em 1960. Entretanto, como se pode constatar, os números permaneceram tímidos se comparados aos do acordo da década anterior, e menos expressivos quando analisados juntamente às entradas de espanhóis e japoneses. Vale salientar, entretanto, que a Itália viria a suspender a imigração de profissionais qualificados para o Brasil em 1963, tendo como base as repatriações em excesso que, por sua vez, sugeriam a falta de oportunidades de trabalho e salário[28]. A imigração para o Brasil, no caso dos italianos, não propiciou a mesma penetração no campo econômico que se pode verificar, por exemplo, no período da Grande Imigração (Trento, 1988:406).

---

[27] ACORDO de migração entre os Estados Unidos do Brasil e a Itália de 5 de julho de 1950. Ministério das Relações Exteriores. Coleção de Atos Internacionais. N. 499. Serviço de Publicações. Apud Facchinetti (2003:100-101).
[28] LACAVA, Glória. Italians in Brazil: the post World War II experience. *Studies in Modern European History*, Nova York, v. 30, p. 56, 1999. Apud Facchinetti (2003:105).

Tabela 1
Número de imigrantes, por nacionalidades — 1945-1969

ANOS	TOTAL	Segundo as nacionalidades					
		Portugueses	Italianos	Espanhóis	Alemães	Japoneses	Outros
1945	3.168	1.414	180	74	22	–	1.478
1946	13.039	6.342	1.059	203	174	6	5.255
1947	18.753	8.921	3.284	653	561	1	5.333
1948	21.568	2.751	4.437	965	2.308	1	11.106
1949	23.844	6.780	6.352	2.197	2.123	4	6.388
1950	35.492	14.739	7.342	3.808	2.725	33	6.845
1951	62.594	28.731	8.285	9.636	2.858	106	12.978
1952	84.720	40.561	15.254	14.082	2.326	261	12.236
1953	80.070	30.675	16.379	17.010	2.149	1.255	12.602
1954	72.248	30.062	13.408	11.338	1.952	3.119	12.369
1955	55.166	21.264	8.945	10.738	1.122	4.051	9.046
1956	44.806	16.803	6.069	7.921	844	4.912	8.257
1957	53.613	19.471	7.197	7.680	952	6.147	12.166
1958	49.839	21.928	4.819	5.768	825	6.586	9.913
1959	44.520	17.345	4.233	6.712	890	7.123	8.217
1960	40.507	13.105	3.431	7.662	842	7.746	7.721
1961	43.589	15.819	2.493	9.813	703	6.824	7.937
1962	31.138	13.713	1.900	4.968	651	3.257	6.649
1963	23.859	11.585	867	2.436	601	2.124	6.246
1964	9.995	4.249	476	616	323	1.138	3.193
1965	9.838	3.262	642	550	365	903	4.116
1966	8.175	2.708	643	469	377	937	3.041
1967	11.352	3.838	747	572	550	1.070	4.575
1968	12.521	3.917	738	743	723	597	5.803
1969	6.595	1.933	477	568	524	496	2.597
TOTAL	861.009	341.916	119.657	127.182	27.490	58.697	186.067

Fonte: Tabela elaborada por Guilherme dos Santos Cavotti Marques com dados compilados por meio dos Anuários Estatísticos do Brasil dos anos de 1945 a 1970. Disponíveis em: <https://biblioteca.ibge.gov.br/biblioteca-catalogo?id=720&view=detalhes>.

O período fora igualmente marcado por fluxos de deslocamentos espontâneos que perpassaram diferentes nacionalidades. Ressaltamos que, a partir de 1950, as cotas que se direcionavam a algumas nacionalidades haviam deixado de existir, assentadas pela resolução do CIC

238 • HISTÓRIA DA IMIGRAÇÃO NO BRASIL

nº 1.676, de 18 de outubro daquele ano (Imigrantes internacionais no pós-Segunda Guerra Mundial, 2013:9). Essencialmente, a supressão das cotas foi direcionada para nacionalidades que tinham uma herança latina e tais fluxos dirigiam-se, sobremaneira, às profissões urbanas. A tabela anterior nos permite dimensionar mais clara e amplamente os fluxos migratórios a cada ano dividido pelas principais nacionalidades que ingressaram no Brasil. O momento de maior crescimento se verifica no início da década de 1950, justamente quando há paralelamente os processos de imigração dirigida, tanto pela OIR quanto pelo início de trabalho do Cime, e os primeiros acordos bilaterais são celebrados. A partir de tais dados, percebemos que mais de 860 mil imigrantes, refugiados ou não, chegaram ao Brasil entre os anos de 1945 e 1969, com o intuito de reconstruírem suas vidas.

A partir da tabela, um fluxo imigratório salta aos olhos, o dos japoneses. A partir de 1953, os ingressos aumentam, sobremaneira, até 1961. Em determinados anos, o ingresso de japoneses se equiparou e, mesmo, ultrapassou outros fluxos migratórios, tradicionais no Brasil, como de italianos e espanhóis.

Em 10 de agosto de 1953, chegaram 253 famílias, ligadas ao campo, como agricultores. Saíram do porto de Kobe, no Japão, a bordo do navio *América Maru*. Parcela desses imigrantes foi destinada a núcleos coloniais, como o de Una, na Bahia, para onde se dirigiram 50 famílias de japoneses entre os anos de 1953 e 1957.[29] Vale destacarmos que a viagem fora custeada pelo governo japonês e o assentamento destes no Brasil ficara a cargo do governo federal por meio do Departamento Nacional de Imigração (DNI).

---

[29] Entre as famílias que chegaram em 1953, duas eram sobreviventes de Hiroshima e Nagazaki, aguardando, desde então, para sair do Japão. Chegando ao Brasil, ficaram hospedadas, por poucos dias, na Hospedaria de Imigrantes da Ilha das Flores. Ver: *A Noite Ilustrada*, n. 01278, 28 ago. 1953, p. 8. Hemeroteca Digital/Fundação Biblioteca Nacional. Disponível em: <http://memoria.bn.br/DocReader/DocReader.aspx?bib =120588&pesq=%22japoneses%22&pasta=ano%20195>. Acesso em: 25 jun. 2020.

Para além das experiências dos núcleos de colonização, que particularmente, nesse caso, foram bem-sucedidos, a imigração japonesa manteve um traço característico à imigração verificada nas primeiras décadas do século XX, dirigindo-se para o estado de São Paulo. Ao lado da imigração notadamente de caráter rural, acompanhando as transformações verificadas em outros fluxos, o perfil desse imigrante contava também com trabalhadores que se direcionavam às atividades urbano-industriais. Todavia, a redução da imigração japonesa para o meio rural ocorreu de maneira mais evidente somente a partir de meados da década de 1960 (Azeredo, 2008:39-40).

No que tange a acordos bilaterais que visavam o fomento aos fluxos imigratórios, o Brasil e o Japão viriam a firmar um em 1963 que, comparado a acordos congêneres, sobretudo com Estados europeus, revelar-se-ia um tanto tardio e não trouxe impactos significativos, como demonstrado na tabela.

Ademais, o contexto da Guerra Fria impactou outros fluxos migratórios que se originaram a partir de conflitos que se desenvolveram no território do leste europeu, que naquele momento estava sob influência do regime comunista soviético, seja como integrante da URSS, seja como país satélite. Em 1956, parte da população húngara da capital Budapeste se levantou contra o domínio soviético. O Levante, que nos meses seguintes ganharia apoio importante das forças armadas húngaras, ficou conhecido como Revolução Húngara. Entre os meses de outubro e novembro de 1956, a cidade teve várias manifestações que foram coibidas com violência, enfrentou bombardeios e foi sitiada e invadida por tanques soviéticos. O saldo seria de dezenas de milhares de mortos e presos. Estima-se que 200 mil pessoas tenham fugido da Hungria, dada a repressão política que se seguiu contra os revoltosos (Judt, 2008:325). Húngaros, agora passados à condição de refugiados, receberam apoio e auxílio da Cruz Vermelha Internacional em seus deslocamentos. Entre os países de destino estava o Brasil, que recepcionou 2.213 húngaros entre os anos de 1957 e 1959, tendo seu pico de ingresso no ano de 1957 com 2.017 imigrantes, sendo 1.861 imigrantes

240 • HISTÓRIA DA IMIGRAÇÃO NO BRASIL

espontâneos (IBGE, 1960:30). Tais números, no ano imediatamente posterior à Revolução Húngara, demonstram o impacto que a fuga em massa teve nesse fluxo em específico.

Outra experiência relevante está relacionada com os fluxos migratórios espontâneos que foram mobilizados pela instituição da "carta de chamada". Ela foi um instrumento importante para se avalizar a possibilidade de chegada ao Brasil, além da oferta de empregos (Imigrantes internacionais no pós-Segunda Guerra Mundial, 2013). A carta de chamada, fundamentalmente, uma carta privada, se constitui como

> *una de las fuentes cualitativas más importantes en los estudios sobre historia de la familia. Ellas nos permiten recrear la compleja trama de las motivaciones personales, nos informan sobre los impulsos que determinan la conducta, nos explican las antipatías y simpatías que desencadenan las personas y sus acciones [...] y nos enseñan los sentimientos y pasiones de los sujetos. Estamos en presencia, por lo tanto, de una fuente que nos permite indagar, de manera rigurosa, en los universos mentales de las sociedades pasadas.*[30]

Escritas por esposos, pais e filhos, parentes e amigos, nas cartas são apreendidas emoções, sentimentos e conselhos, muitas vezes pragmáticos, sobre a viagem, o desembarque, e quais procedimentos tomar. Não obstante, há uma dimensão muito maior envolvida no processo de escrita das cartas de chamada, como apontado por Silva:

> O próprio ato de escrita dessas cartas revela relações onde a família se desenha através de laços de sangue, o significado de compadrio e da vizinhança e a interação que se desenvolve entre os membros de uma comunidade onde a solidariedade e o conflito determinam, com a religião, um modo de ser e estar na vida, uma cultura. [Silva, 2014:53-54]

---

[30] SALINAS MEZA, René; GOICOVIC DONOSO, Igor. *A través del tiempo*. Diccionario de fuentes para la historia de la familia. Múrcia: Universidade de Múrcia, 2000, p. 53-56. (Colección Mestizo). Apud Silva (2014:53).

Mas a carta de chamada possui um efeito legal/oficial e produz um efeito prático no seio do processo migratório. Seu objetivo, ao fim e ao cabo, é o de reunião entre o emissor e o destinatário. Como argumenta Silva (2014:56), esse documento se revestiu como instrumento privilegiado de comunicação, não apenas entre o grupo familiar dividido, "como entre os membros de uma comunidade de origem e os que possam considerar como tal no território de destino". Desejava-se refazer laços e reestabelecer afetividades com amigos, conhecidos e parentes.

Os efeitos desse instrumento foram impactantes para a imigração portuguesa. Como indicado na tabela anterior, essa nacionalidade teve, de longe, a primazia em termos numéricos de imigrantes que ingressavam no Brasil, perfazendo mais de 300 mil pessoas. O fluxo de portugueses se manteve independentemente de subsídios, que tinham por meta estimular outros tipos de fluxos, como os acordos bilaterais praticados com a Itália e a Espanha. Aqueles vieram estimulados pelas redes já estabelecidas e consolidadas de contato e pelo forte associativismo das várias regiões de origem portuguesa, no Brasil. Seja por possuirem familiares, parentes e amigos, os portugueses performavam fluxos específicos e autônomos. Vale destacar também que, no caso dos portugueses, os limites impostos pela cota de imigração haviam sido suprimidos desde abril de 1939.

Tradicionalmente, como é sabido, a parte maior dos fluxos internacionais saídos de Portugal tivera como destino o Brasil, tendência que se manteve até a década de 1960, ainda que se verifique um importante incremento da emigração para a França. No Brasil, os portugueses concentravam-se, sobretudo, nas áreas urbanas do país (Azeredo, 2008:39) e parcela importante desse fluxo emigrou com uma "carta de chamada". A esse respeito, há vários depoimentos de imigrantes da década de 1950. Em depoimento ao Centro de Memória da Imigração da Ilha das Flores, Joaquim Marques, que chegou ao Rio de Janeiro em 1953 pelo navio *North King*, afirma:

242 • HISTÓRIA DA IMIGRAÇÃO NO BRASIL

No Brasil já estavam meu irmão Adriano, e meus tios Alberto, Alfredo e Firmino de Oliveira Marques. Eu solicitei que escrevessem uma carta de chamada e meu tio Firmino a escreveu e me enviou, e a pedido de minha mãe vim para o Brasil. Além da carta de chamada, tio Firmino quem pagou a passagem do navio, eu recebi tudo junto. Quando cheguei aqui (no Rio de Janeiro) vim para junto de meu tio, e depois trabalhando eu paguei tudo a ele.[31]

Esta memória da imigração, individual, espontânea e realizada pelo estatuto da carta de chamada, certamente ilustra uma trajetória que marca a vida e o deslocamento de muitos imigrantes portugueses para o Brasil nesse período. A essa memória, podemos somar as das irmãs Lídia e Nilza Almeida. A primeira emigrou para o Brasil em 1967 e nos informa que: "passados doze anos (se refere à imigração de seu pai), ele mandou a carta de chamada e eu vim"[32]. No que se refere às causas que levaram seu pai a sair de Portugal, suas filhas relembram que ele "veio para não servir o quartel lá, porque muitos iam e não voltavam. Iam para a África"[33].

No pós-Segunda Guerra, especificamente no caso português, escapar do alistamento militar obrigatório era um fator que mobilizava muitos jovens a pensarem e efetivamente optarem pela imigração. Naquele contexto, o alistamento significava servir no continente

---

[31] Entrevista realizada por Guilherme dos Santos Cavotti Marques, na casa do entrevistado, em São Gonçalo, em 15 de julho de 2017 e 5 de dezembro de 2017. Transcrição: Marianna Carolina Oliveira Costa Reis. Edição: Luís Reznik. Acervo Centro de Memória da Imigração da Ilha das Flores — Uerj/FFP.

[32] Entrevista concedida a Julianna Oliveira Costa e Guilherme dos Santos Cavotti Marques, em 12 de julho de 2017, na loja das entrevistadas, São Gonçalo. Transcrição: Marianna Carolina Oliveira Costa Reis. Edição: Luís Reznik. Acervo Centro de Memória da Imigração da Ilha das Flores — Uerj/FFP.

[33] Entrevista concedida a Julianna Oliveira Costa e Guilherme dos Santos Cavotti Marques, em 12 de julho de 2017, na loja das entrevistadas, São Gonçalo. Transcrição: Marianna Carolina Oliveira Costa Reis. Edição: Luís Reznik. Acervo Centro de Memória da Imigração da Ilha das Flores — Uerj/FFP.

africano, por cinco anos, envolto nas lutas e conflitos coloniais, no momento em que as colônias lutavam pela sua independência. Seja por medo de ir aos conflitos, seja por discordar da política portuguesa de manutenção de territórios como colônias, seja somente para não se ver atrelado por tanto tempo ao alistamento, o deslocamento era tido como possibilidade a ser analisada.

As lutas coloniais, ou de independência, também estimularam novos deslocamentos de portugueses, aqueles que viviam na África. Um caso a ressaltar é o de Luis Manoel Fernandes[34] que, nascido em Benguela, Angola, no ano de 1957, indica que devido à Revolução teve de sair junto de sua mãe e padrasto. Sua vida em Angola, afirma, era boa, pois seus pais eram comerciantes, até que, durante as lutas pela independência, tiveram de escolher um dos partidos e, rememora, "aí que as coisas começaram a se complicar". Com o avançar da guerrilha, e a vitória do Movimento Popular pela Libertação de Angola (MPLA), a família de "portugueses ultramarinos" resolveu abandonar Angola, em 1975. Voltaram para Portugal, e nove meses depois vieram para o Brasil.

Não temos a pretensão de esgotar as múltiplas facetas de que se reveste a imigração portuguesa. Buscamos com esses três exemplos ilustrar possibilidades que fizeram, e ainda fazem, parte da história de tantos imigrantes lusos e de suas famílias. Decerto que o instrumento da carta de chamada não se restringe aos portugueses. Da mesma forma, ingressaram no Brasil imigrantes vindos da Itália, Espanha e outros países, reestabelecendo laços familiares e comunitários. Destacamos com maior ênfase o caso dos portugueses justamente por esse fluxo se desenvolver no pós-Segunda Guerra independentemente dos subsídios do governo brasileiro.

---

[34] Entrevista concedida a Rui Aniceto Nascimento Fernandes, em 22 de junho de 2019, na residência da filha do entrevistado, Jacqueline Fernandes do Couto, São Gonçalo. Transcrição: Marianna Carolina Oliveira Costa Reis. Edição: Rui Aniceto Nascimento Fernandes. Acervo Centro de Memória da Imigração da Ilha das Flores — Uerj/FFP.

244 • HISTÓRIA DA IMIGRAÇÃO NO BRASIL

Por fim, voltemos à tabela. A década de 1950 se constituirá como o último momento de grandes deslocamentos para o Brasil, durante o século XX. A partir dos anos 1960, o movimento imigratório iniciou um declínio mais acentuado. A título de comparação, nos primeiros anos dessa década, segundo os dados presentes nos Anuários Estatísticos do Brasil, o número de imigrantes que ingressaram no país remonta às cifras da década de 1930 pós-políticas de restrição, e nos anos finais da década de 1960 continuaria mantendo níveis baixos. Limitavam-se, muitas vezes, a técnicos e profissionais especializados em setores da economia, mas não se configurando como levas imigratórias que ensejaram políticas de Estado para sua gestão.

Conclusão

A partir das questões aqui levantadas, podemos perceber uma série de fatores acerca da imigração no período pós-Segunda Guerra. Um elemento a analisar foi a gradativa flexibilização dos mecanismos de restrição à entrada dos imigrantes gestados durante a década de 1930. O regime de cotas ainda se fazia presente na legislação, é verdade, porém circunscrita às imigrações espontâneas, e, ainda assim, no alvorecer da década de 1950, tal sistema seria abolido para algumas nacionalidades. Tal movimento nos leva a refletir sobre o fluxo de imigração a partir do mecanismo da carta de chamada, instrumento este que se revestia de natureza oficial para chancelar a saída e o ingresso de muitos europeus no Brasil.

Por outro lado, a imigração dirigida ganhava definitivamente relevância dentro do governo, com os ideólogos da política imigratória e nos espaços de decisão. A proeminência do Conselho de Imigração e Colonização estabelecendo as diretrizes da política imigratória, por parte do Brasil, foi fundamental, pois era onde residiam as ideias de ação política do país sobre a temática. Ademais, o contexto do pós-Segunda Guerra, e sua reorganização econômica e política, com a projeção dos Estados Unidos como potência e financiadora, muitas

ENTRE DESLOCADOS E ESPONTÂNEOS • 245

vezes, de transportes e agências internacionais sobre os deslocamentos globais, inseria o Brasil na centralidade desses debates e na promoção de seus interesses de se alcançar o desenvolvimento, a partir da imigração. A imigração dirigida se consolida nesse momento também por estar afeita à ideia de assimilação do imigrante. De modo a, pensavam os agentes públicos que se debruçavam sobre a temática, evitar os erros do passado, evitando a criação dos "quistos étnicos", da fissura nacional, mas ao mesmo tempo incorporando ao tecido social do país imigrantes que, atendendo a uma série de parâmetros, tais quais, religião, formação laboral, especialização, pudessem contribuir para o crescimento do país e seu ingresso definitivo no *hall* das nações desenvolvidas. Em outras palavras, o principal argumento para uma nova política imigratória era que o país necessitava de pessoas qualificadas, tanto para a lavoura quanto para o parque industrial brasileiro. Não nos surpreende que o país iria viver, em um curto espaço de tempo, seu momento de nacional-desenvolvimentismo.

Cabe ressaltar, inclusive, que os acordos bilaterais com outras nações cujo objetivo era fomentar o fluxo imigratório para o Brasil, e trabalhamos especificamente o caso italiano, previa a possibilidade de imigração de ambas as maneiras, quer dizer, tanto os fluxos dirigidos quanto os fluxos espontâneos. Tendo este último um elemento importante que oficializava o procedimento que era a carta de chamada.

Vale destacar igualmente que o imigrante do pós-Segunda Guerra era dotado de exigências bem diferentes quando comparado aos imigrantes da virada do século XIX/XX, além de ser portador de uma dignidade humana anteriormente desconhecida. Esse fator influenciou o movimento imigratório para o país, seja refletido nas taxas de retorno, seja na não aceitação de condições da vida no campo, que pouco havia mudado, ou nas estratégias lançadas pelas cartas de chamada para a reunião de famílias e que impactavam, ainda, a remessa de divisas para os países de origem.

Em termos absolutos, o número de imigrantes que ingressaram no Brasil nesse momento certamente foi menor do que o verificado

246 • HISTÓRIA DA IMIGRAÇÃO NO BRASIL

em outros momentos históricos. Um elemento que pode refletir essa realidade é o aparecimento de novos países de imigração, na América do Sul a Venezuela é um exemplo, que disputariam a preferência daqueles que se enveredavam no deslocamento internacional, além dos países já tradicionais.

Ademais, o crescimento econômico observado na Europa Ocidental, com o desenvolvimento da política norte-americana de reconstrução dos países, impactou nações anteriormente filiadas a políticas de emigração para que se tornassem receptoras ou mesmo restringissem a saída de seus nacionais.

Por fim, pudemos perceber as diversas facetas de que os fluxos imigratórios para o Brasil se revestiram nesse contexto de importantes transformações, globais e locais. Espontâneos ou dirigidos, tais deslocamentos marcam a reconstrução das vidas de muitos imigrantes e de suas famílias. Denotam a importância de se analisar a imigração nesse período, que se configurou como movimento relevante na história da imigração do Brasil.

Referências

ANDRADE, José Fischel de. *Direito internacional dos refugiados*. Evolução histórica (1921-1952). Rio de Janeiro: Renovar, 1996.

ANDRADE, José Fischel de. O Brasil e a OIR (1946-1952). *Revista Brasileira de Política Internacional*, v. 48, n. I, p. 60-96, 2005.

ARENDT, Hannah. *A condição humana*. Rio de Janeiro: Forense Universitária, 2007.

ARENDT, Hannah. *Origens do totalitarismo*. Rio de Janeiro: Companhia das Letras, 2012.

ATAS da I Conferência Brasileira de Imigração, de 30 de abril a 7 de maio de 1949. Organização do Conselho de Imigração e Colonização. Rio de Janeiro: Conselho de Imigração e Colonização, 1949.

AZEREDO, Francisco Aragão. *Políticas imigratórias brasileiras no Pós--Segunda Guerra*: uma análise a partir dos periódicos de geografia. Dissertação (mestrado) — Programa de Pós-Graduação em Geografia, Universidade do Estado do Rio de Janeiro, Rio de Janeiro, 2008.

BRASIL. *Decreto-Lei nº 406*, de 4 de maio de 1938. Disponível em: <www2.camara.leg.br/legin/fed/declei/1930-1939/decreto-lei-406--4-maio-1938-348724-publicacaooriginal1-pe.html>. Acesso em: 13 mar. 2020.

_____. *Decreto-Lei nº 7.967, de 18 de setembro de 1945*. Dispõe sobre a Imigração e Colonização e dá outras providências. Brasília, DF: set. 1945.

BRAVO, André Luiz Morais Zuzarte. *O milhão restante*: o Brasil e a evolução da proteção internacional a refugiados (1946-1952). Dissertação (mestrado) — Centro de Pesquisa e Documentação de História Contemporânea do Brasil, Fundação Getulio Vargas, Rio de Janeiro, 2014.

BUÊNO, Wagner Pimenta. *Anteprojeto de lei sobre imigração e colonização*. Rio de Janeiro: Conselho de Imigração e Colonização; Imprensa Nacional, 1943.

DIÁRIO do Congresso Nacional. Livro 3, p. 104, mar. 1954. Livros dos Anais do Senado da República. Arquivo do Senado. Disponível em: <www.senado.leg.br/publicacoes/anais/pdf-digitalizado/Anais_Republica/1954/1954%20Livro%203.pdf>.

ECOS e novidades. O problema imigratório. *A Noite*, Rio de Janeiro, ed. 12.269, 25 mai. 1946. Hemeroteca Digital Brasileira/Biblioteca Nacional.

ESTUDOS e reportagens — O Brasil precisa de imigrantes? *Revista do Comércio*, Rio de Janeiro, a. II, v. II, n. 8, jul. 1946. Hemeroteca Digital Brasileira/Biblioteca Nacional.

FACCHINETTI, Luciana. *A imigração italiana do segundo pós-guerra e a indústria brasileira dos anos 50*. Dissertação (mestrado) — Universidade Estadual de Campinas, Campinas, 2003.

_____. *Parla!* O imigrante italiano do segundo pós-guerra e seus relatos. São Paulo: Angelara, 2004.

FIGUEIREDO, Morvan Dias de. *Relatório referente ao ano de 1947 apresentado ao exmo. sr. presidente da República*. Rio de Janeiro: Ministério do Trabalho, Indústria e Comércio, 1948.

248 • HISTÓRIA DA IMIGRAÇÃO NO BRASIL

GROPPO, Bruno. Os exílios europeus no século XX. *Diálogos*, v. 6, p. 69-100, 2002.

IBGE. Conselho Nacional de Estatística. Anuário Estatístico do Brasil. *Imigrantes entrados no país, por nacionalidade*. Rio de Janeiro, 1960.

IMIGRANTES internacionais no pós-Segunda Guerra Mundial. Organização de Maria do Rosário Rolfsen Salles et al. Campinas: Núcleo de Estudos de População/Universidade Estadual de Campinas; Faculdade Anhembi Morumbi; Universidade Federal de São Paulo; 2013.

JUDT, Tony. *Pós-guerra*: uma história da Europa desde 1945. Rio de Janeiro: Objetiva, 2008.

KOIFMAN, Fábio. *Quixote nas trevas*: o embaixador Souza Dantas e os refugiados do nazismo. Rio de Janeiro: Record, 2002.

LATOUR, Jorge. "Displaced persons" — locução ao filme documentário sobre a chegada dos deslocados de guerra e seu encaminhamento aos mercados de trabalho no território nacional. *Noticiários*. Revista de Imigração e Colonização, Rio de Janeiro, a. VIII, n. 4, p. 96, dez. 1947.

MARQUES, Guilherme dos Santos Cavotti. *A porta de entrada do Brasil*: a recepção dos refugiados no pós-Segunda Guerra na Hospedaria de Imigrantes da Ilha das Flores. Dissertação (mestrado) — Universidade do Estado do Rio de Janeiro. Rio de Janeiro, 2017.

MOREIRA, Julia Bertino. *A questão dos refugiados no contexto internacional (de 1943 aos dias atuais)*. Dissertação (mestrado) — Programa San Tiago Dantas, Universidade Estadual de Campinas, Instituto de Filosofia e Ciências Humanas, Campinas, 2006.

NEIVA, Artur Hehl. Os deslocados de guerra. A verdade sobre sua seleção. Rio de Janeiro: *A Noite*, 1949.

O BRASIL precisa de imigrantes? *Revista do Comércio*, Rio de Janeiro, n. 8, v. II, a. II, p. 6-26, jul. 1946.

ONU. *Yearbook of the United Nations (1946-1947)*. Nova York: Department of Public Information, United Nations, 1947.

PAIVA, Odair da Cruz. Migrações internacionais e processo de exclusão e intolerância (1950-1980). In: SIMPÓSIO NACIONAL DE HISTÓRIA, XXIII, 2005, Londrina. *Anais...*

_____. Migrações internacionais pós-Segunda Guerra Mundial: a influência dos EUA no controle e gestão dos deslocamentos populacionais nas décadas de 1940 a 1960. In: ENCONTRO REGIONAL DE HISTÓRIA: PODER, VIOLÊNCIA E EXCLUSÃO, XIX, 2008, São Paulo. *Anais...* São Paulo: 2008.

PERES, Elena Pájaro. Proverbial hospitalidade? A *Revista de Imigração e Colonização* e o discurso oficial sobre o imigrante (1945-1955). *Revista Acervo*, Rio de Janeiro, v. 10, n. 2, p. 85-98, jul./dez. 1997.

QUINTELA, Antón Corbacho; COSTA, Alexandre Ferreira da. Uma conferência relativamente fracassada: I Conferência Brasileira de Imigração e Colonização. *Revista UFG*, a. XIII, n. 10, p. 215-225, 2011.

REVISTA de Imigração e Colonização, a. I, n. 2, abr. 1940.

SAKURAI, Célia; PAIVA, Odair da Cruz. Migrações internacionais, geopolítica e desenvolvimento econômico (1947-1980). In: ENCONTRO DA ANPOCS, 28., 2004, Caxambu. *Anais...*

SANTOS, Amanda Pereira dos. Política de imigração e colonização pós-Segunda Guerra Mundial: práticas e debates nacionais sobre o Comitê Intergovernamental para as Migrações Europeias. In: ENCONTRO ESTADUAL DE HISTÓRIA — ANPUH/RS, XIV, 2018, Porto Alegre. *Anais...*

SALLES, Maria do Rosário Rolfsen. A política imigratória brasileira no pós-Segunda Guerra Mundial e os refugiados: uma leitura da *Revista de Imigração e Colonização*. *Revista Cena Internacional*, v. 9, n. 2, p. 184-210, 2007.

SILVA, Brasiliana Pereira da. Cartas de chamada. A dimensão familiar da emigração Sernancelhe no início do séc. XX. Porto: Cepese — Centro de Estudos da População, Economia e Sociedade, 2014.

TRENTO, Angelo. *Do outro lado do Atlântico*. São Paulo. Nobel; Instituto Italiano di Cultura di San Paolo; Instituto Cultural Ítalo-Brasileiro, 1988.

Sobre os autores

Fábio Koifman é professor do departamento e do programa de pós-graduação em História da FRRJ. É bacharel em direito (UFRJ), licenciado e mestre em história (Uerj), doutor em história (UFRJ). Autor dos livros *Quixote nas trevas: o embaixador Souza Dantas e os refugiados do nazismo* (2002) e *Imigrante ideal: o Ministério da Justiça e a entrada de estrangeiros no Brasil (1941-1945)* (2012), entre outros títulos que organizou, assim como de artigos e capítulos de livros.

Guilherme dos Santos Cavotti Marques é formado em história pela Uerj — Faculdade de Formação de Professores, mestre em história social pelo PPGHS/Uerj e atualmente é doutorando pelo mesmo programa. Membro-pesquisador do Centro de Memória da Imigração da Ilha das Flores (Uerj/FFP), é um dos curadores da exposição do Museu da Imigração da Ilha das Flores. Pesquisa o tema da imigração desde a graduação. É autor de diversos artigos e capítulos de livros sobre imigração e temas correlatos.

Julianna Carolina Oliveira Costa é graduada em história pela Uerj, mestre pelo Programa de Pós-Graduação em História Social (Uerj). Atualmente, é aluna do doutorado do PPGHS/Uerj. Pesquisadora do Centro de Memória da Imigração, participou da curadoria do Museu da Imigração da Ilha das Flores e foi coautora dos artigos "Como manter saudáveis nossos imigrantes: preceitos higienistas na constituição da Hospedaria de Imigrantes da Ilha das Flores" (2019) e "Se o Rio é lusitano, por que a Ilha das Flores não o é? A recepção de imigrantes portugueses no Rio de Janeiro (1883-1892)" (2019).

Lená Medeiros de Menezes é professora emérita da Uerj; presidente do Instituto Histórico e Geográfico do Rio de Janeiro (IHGRJ); doutora pela USP; professora da Pós-graduação em História e Relações Internacionais da Uerj; Bolsista do CNPq, Capes, Faperj; fundadora do Laboratório de Estudos de Imigração (Labimi-Uerj). Foi Pró-reitora de Graduação e Diretora da Anpuh-RJ (1996-1998). Entre seus livros, destacam-se: *Tramas do mal: imprensa e discursos de combate à revolução* (Ayran, 2019); *Os indesejáveis* (EdUerj, 1996); *Os estrangeiros e o comércio do prazer nas ruas do Rio, 1890-1930* (Arquivo Nacional, 1992); *Gênero e imigração: mulheres portuguesas em foco* — coautoria (E-manuscrito, 2017).

Luís Reznik é licenciado e mestre em história pela UFF; doutor em ciência política pelo Iuperj, atual Iesp. É professor do Departamento de Ciências Humanas e dos Programas de Pós-Graduação em História Social (PPGHS/Uerj) e Ensino de História (ProfHistória). Bolsista de produtividade do CNPq e Cientista do Nosso Estado da Faperj, ambos desde 2016. Coordena o Centro de Memória da Imigração da Ilha das Flores. Publicou *Patrimônio cultural no Leste Fluminense* (2013), *Imigração no Brasil e a hospedaria da Ilha das Flores* (2015), *Experiências da imigração: São Gonçalo nos séculos XX e XXI* (2019), entre outros títulos que organizou, assim como de artigos e capítulos de livros.

Marieta de Moraes Ferreira é doutora em história pela UFF, com pós-doutorado pela École des Hautes Études em Sciences Sociales e pela Universidade de São Paulo (USP). Professora titular do Instituto de História da UFRJ, foi coordenadora nacional do Mestrado Profissional em Ensino de História (ProfHistória) e é pesquisadora da FGV. Publicou *Histórias de família: casamentos, alianças e fortunas* (2008) e *Dicionário de Ensino de História* (2019), entre outros títulos que publicou e organizou, assim como de artigos e capítulos de livros.

SOBRE OS AUTORES • 253

Paula Ribeiro é formada em ciências sociais pela Universidade Federal Fluminense (UFF), com mestrado e doutorado em História Social pela Pontifícia Universidade Católica (PUC-SP). Na Universidade Estácio de Sá (Unesa), é professora na graduação, onde leciona disciplinas ligadas à área de educação e licenciaturas. Atua e pesquisa os seguintes temas: cultura urbana e etnicidade, imigração, memória e história oral.

Paulo Cesar Gonçalves é graduado em história, mestre e doutor em história econômica pela USP. Realizou estágio de pós-doutorado junto à Cátedra Jaime Cortesão (USP). É professor do Departamento de História e do Programa de Pós-Graduação em História da Universidade Estadual Paulista (Unesp), pesquisador colaborador do Centro de Investigação Transdisciplinar "Cultura, Espaço e Memória" (CITCEM/ Universidade do Porto), do Laboratório de Estudos de Imigração (Labimi/Uerj) e da Cátedra Jaime Cortesão (USP). Publicou *Mercadores de braços: riqueza e acumulação na organização da emigração europeia para o Novo Mundo* (2012) e *Migração e mão de obra: retirantes cearenses na economia cafeeira do Centro-Sul, 1877-1901* (2006).

Rui Aniceto Nascimento Fernandes é doutor em história social da cultura pela PUC-RJ, mestre em história social pela UFF. Procientista e professor do Departamento de Ciências Humanas, do Programa de Pós-Graduação em História Social e do ProfHistória da Uerj. Membro da equipe curadora do Museu da Imigração da Ilha das Flores. Coordenador acadêmico do Memorial da Igreja Matriz de São Gonçalo. Conselheiro municipal de Cultura de São Gonçalo. Organizador, com Luís Reznik, de *Experiências da imigração. São Gonçalo nos séculos XIX e XX* (Mauad, 2019), entre outros títulos que organizou, assim como é autor de artigos e capítulos de livros.

Este livro foi impresso nas oficinas gráficas da Editora Vozes Ltda.,
Rua Frei Luís, 100 – Petrópolis, RJ.